用賢則治　失賢則亂
德才兼備　任人唯賢
親賢臣　遠小人
治主思賢　若農夫之望歲
視其所以　觀其所由
用人如器　棄短用長
任人之道　要在不疑
考績黜陟　察其善惡
終身之計　莫如樹人

中国古代用人思想

侯建良 刘玉华 ◎著

党建读物出版社

图书在版编目(CIP)数据

中国古代用人思想 / 侯建良，刘玉华著. —北京 ：党建读物出版社，2015.9

ISBN 978 -7 -5099 -0629 -3

Ⅰ.①中… Ⅱ.①侯… ②刘… Ⅲ.①人才管理—中国—古代 Ⅳ.①C96 -092

中国版本图书馆 CIP 数据核字(2015)第 168989 号

中国古代用人思想

ZHONGGUO GUDAI YONGREN SIXIANG

侯建良　刘玉华　著

责任编辑:郝英明

责任校对:郭涛

封面设计:春天 · 书装工作室

出版发行:党建读物出版社

地　　址:北京市西城区南横东街 6 号（邮编:100052）

网　　址:http://www. djcb71. com

电　　话:010 -58587632/7681

经　　销:新华书店

印　　刷:北京盛通印刷股份有限公司

2015 年 9 月第 1 版　2015 年 9 月第 1 次印刷

710 毫米 ×1000 毫米　16 开本　21.75 印张　253 千字

ISBN 978 -7 -5099 -0629 -3　定价：48.00 元

前　言

2010年拙著《中国古代文官制度》由党建读物出版社出版，并于2011年11月入选原新闻出版总署第三届“‘三个一百’原创出版工程”。使我深受鼓舞的是，这本书得到了不少同志的积极评价，其中有各级人事部门的同行，也有不是同行的历史专家。还有一家出版机构在国际书展上发现这本书后，正在组织将它翻译成外文。也许是因为受到了顺利出版《中国古代文官制度》的鼓励，但更重要的是，在我写这本书的过程中也接触到了古代很多有关用人思想的资料，其论述之精辟，思想之深刻，令人割舍不下，不由得又产生了将古代用人思想加以整理提炼、与读者共享的想法，于是用了三年时间写成了呈献在读者面前的这本《中国古代用人思想》。用人制度是固化的用人思想，用人思想是用人制度的源泉。若将这两本书互相对照参阅，会收到相得益彰的效果。

2014年10月，正当《中国古代用人思想》的写作进入最后两章时，我在报纸上看到了习近平总书记在中央政治局集体学习时作重要讲话的报导，其中关于中华传统文化“最核心的内容已经成为中华民族最基本的文化基因”的论述，关于总结历史经验“为推进国家治理体系和治理能力现代化提供有益借鉴”的论述，都是第一次正式提出的，将我们对于中华传统文化伟大作用的认识带到了一个新的高度。毋庸讳言，这给我的写作也增添了新的动力。一个人所做的事情如果能与国家的事业联系起来，便会受到莫大鼓舞。我虽是退休之人，但若能在弘扬基因文化、为国家治理体系和治理能力现代化提供借鉴方面略尽绵薄之力，也足以让我倍感欣慰。

《中国古代用人思想》共十一章，若以内容分，可看作是三个单元。其中前三章是一个单元，讲的是用人的重要性。古人以历史事实为依据，阐发了“得贤才者得天下”“用贤则治、失贤则乱”以及“治天下以用人为本”的深刻道理。第四章、第五章是一个单元，讲的是用人标准，辩证地论述了“才德兼备、以德为先”的用人原则，鲜明地强调了“亲君子远小人”的治国之要。后六章为一个单元，讲的是用人方法，分别介绍了古人在求才、识才、用才、护才、管才及育才等方面的经验、观点和做法。洋洋大观，博大精深，透着古人治国用人的聪明智慧，彰显着基因文化的独特魅力，足以让后人从中受到“知兴替”的有益启发。

由于是介绍古代的用人思想，当然所用资料都是古言古语。古语虽然简练，耐人品味，但无疑会给广大读者阅读带来一定困难。所以，我在写《中国古代文官制度》时，便采取了“白话叙述、原文入注”的办法，在正文引用古文资料时皆直接译为现代汉语（但对少量简洁易懂的古文仍用原文），而将原文放到注解里。读者都反映此种做法使书中内容更加通俗易懂。有一位曾长期在组织人事部门工作、后又到出版部门担任领导的老朋友，退休后重拾对干部人事制度的研究，为弄清某些制度的来龙去脉，有时需要了解古代制度。他对我说，翻看很多介绍书籍总看不明白，还是看了你的书才能明白。当然，之所以能让广大读者看得明白，也不全是采用了白话叙述的功效，因为有些制度和论述仅靠古文变今文是说不明白的，关键是作者自己首先要弄明白。在这方面，我主要得益于长期在政府人事部门工作的经历，在人事管理专业知识和人事工作实践经验方面皆有一定积累，因而在理解古代用人制度时容易融会贯通。在写《中国古代用人思想》时，我充分运用了写前一本书的经验，力求写得通俗明白，以让广大读者轻松阅读，特别是能让各级领导干部和组织人事部门的干部看起来毫无艰涩难懂之感，因为只有他们不用费时费力就能看明白，并且喜欢看，才有可能使古代用人经验真正发挥出“古为今用”“提供有益借鉴”的作用，才有可能使广大读者从中品味出中华民族文化基因的伟大魅力。

在历史专业著作或文章中，将引用的历史资料直接处理为白话文，关键是要做到通俗而不失真，这方面还需要有志于此者，尤其是那些学富五车的教授专家们共同探索和完善。我的认识和处理方法是这样的：一是要让读者在读到译文时，同时能方便地看到原文。现在经常见到一些直接使用译文而不加注的做法，恐怕未必妥当。因为谁也不敢保证自己的翻译全部准确无误，一旦译文不准确，便容易产生以讹传讹的问题。我采取的办法是，引文直接用译文，而将原文放在注解里，使有兴趣看古文或对译文有疑问的读者方便对照。这也是对历史、对读者负责的态度。二是保留少量精彩而易懂的原文。不是所有古文都需要翻译，有的作者将容易理解的原文也坚持用白话文再说一遍，其实并无必要。我们翻译的目的是担心大多数读者看不懂，不是为翻译而翻译，广大读者能看懂的就不必画蛇添足了。为此，本书中凡遇简洁易懂，尤其是堪称精辟的语言，尽量仍用原文，注解里只注出处。三是有时会遇到资料原文较长，且不需要逐句翻译，只需意译即可的情况，本书处理为注解里不录原文，而注明“见某某出处”，以方便有兴趣者查考。这些方法是否妥当，还有没有更好的处理方法，有待于广大读者指正。

在我撰写拙著过程中，得到了老伴刘玉华始终如一的支持和鼓励。她经常帮助我查对资料，我有新的观点时便与其讨论，得到她的赞许后，我才感到踏实。为了让我有更多的时间写书，她无怨无悔地承担了几乎全部家务劳动。所以，这本书自然有老伴的一份功劳。

最后我要强调的是，本书的顺利出版离不开党建读物出版社领导和编辑同志的支持和帮助。书稿未完，出版社领导已指定得力编辑负责与我联系；凡遇诸如送稿、校对等我应去出版社的事，编辑同志都是坚持跑到我家来处理，以免我路途之累。在此，对出版社领导和编辑同志表示诚恳感谢！

侯建良

2015 年 8 月

目 录

第一章 得贤才者得天下

中国古代历史，悠久绵长。其间，围绕着夺取国家最高政治权力的斗争，上演了无数次群雄逐鹿、改朝换代的历史大剧。其中包括运筹帷幄的指挥较量、惨烈悲壮的战场厮杀和密谋策划的明争暗斗。失败者的感想可能各有不同，但胜利者的体会都是一样的，那就是：得贤才者得天下。

第一节 得贤则兴 失贤则亡

中国自古以来就有尊贤重贤的优良传统。远在春秋战国之前，就有很多尊贤的动人故事，也有一些关于人才重要性的精辟论述。例如，辅佐周成王的周公就被后人标榜为尊贤重贤的典范。据《史记·鲁周公世家》载：周公送儿子伯禽到自己的封地“鲁”去就职，临行时特别告诫儿子要注意尊重贤人。他讲自己对待贤人的态度是：“我一沐三捉发，一饭三吐哺，起以待士，犹恐失天下之贤人。”他讲的是这样两件事：有一次他正在吃饭，听说有贤人来见，便赶忙吐掉嘴里的饭去接待客人。送走客人刚吃几口饭，又有客人来见。一顿饭的工夫，竟然三次中止吃饭而去接待客人。还有一次正在洗头，听说贤人来见，不待洗完，赶忙把头发挽起来（古人留长发）去接待，接待完回来继续洗，又来了客人再挽起头发，如是者三次。即使如此，他还怕失掉贤人。可见周公对贤人是多么重视。

春秋战国之前，尽管出现了周公这样尊贤重贤的代表人物，但能认识到人才重要性的还只限于个别所谓“圣贤”；而到了春秋战国时期，对人才重要性的认识便出现了一次飞跃：人才重要性已成为众多政治家和思想家的共识，尊贤用贤的思想也更加清晰和系统。

公元前770年，周平王将首都从镐京迁至洛邑。从这一年至公元前221年，史称东周，前半期（至公元前476年）称为春秋，后半期称为战国。春秋战国时期是社会大变革、阶级关系大变动的时期，也是思想特别活跃的时期，出现了百家争鸣的局面，涌现出了不少思想家。进入春秋时期，周王室的地位一落千丈，渐渐名存实亡，各诸侯国群雄并起，争夺霸主地位，战争不断，人们说“春秋无义战”。打到战国时期，小国皆灭，出现“战国七雄”，这时战争的目的已不再是称霸，而是要称王，要一统天下。

争霸争王的长期实践告诉人们：谁能得到人才，并能正确发挥人才的作用，谁就会由衰而盛，由弱变强；如果失去人才，则会由盛而衰，由强变弱，直至灭亡。

管子说：“争天下者，必先争人。”①

---

① （先秦）《管子·霸言》。编者注：本书所引古代史料，像这样简洁而又比较好懂的古文，则引用原文，不作翻译，只注明出处。一般直接译为现代文，而将原文放在注解里。

孟子说："不用贤则亡。"①

春秋战国时期各诸侯国无数盛衰兴亡的事例，使思想家们通过观察、认识、再观察、再认识，最后得出这样的结论。古人在论述这一时期人才重要性时，常常结合如下这样一些事例来说明问题：

一、齐桓公称霸

齐桓公是春秋时齐国的国君，是春秋时最先成为霸主的人。当初，齐襄公死后，有继承权而逃亡在外的公子纠和小白赶忙回国抢夺王位。公子纠在向齐国进发的路上，就派自己的老师管仲去半路劫杀小白。管仲一箭射中了小白的衣服带钩，小白假装被射死。于是公子纠便放心地放慢了前进速度，而小白和老师鲍叔牙抢先赶回齐国都城临淄继承了王位，这就是齐桓公。齐桓公即位后，发兵攻打鲁国，迫使鲁国杀死在那里避难的公子纠，并将管仲囚禁送回齐国。按照一般逻辑，齐桓公应杀掉管仲以报一箭之仇。但这时鲍叔牙表现出了高风亮节，他主动放弃自己可以成为国相的机会，力劝齐桓公拜管仲为相，说管仲的才能比自己强若干倍。齐桓公听从劝告，不计前嫌，任管仲为相，并尊其为"仲父"。仲父在这里有两种解释：其一，"仲"是在弟兄中排行第二的意思，仲父即叔父；其二，"仲"指管仲，"父"是视之如父，按现在话说就是称他为"管仲爸爸"。不管怎么说，反正是管仲被放到了非常尊贵的地位。管仲为相后，举贤任能，改革行政制度，改革征税办法，改革兵制，发展盐铁和渔业等。于是，齐国政局稳定，经济实

① （先秦）《孟子·告子下》。

力和军队战斗力显著增强，齐桓公最终登上了中原霸主的宝座。

对于齐桓公任用管仲为相而称霸这件事，当时人及后人多有评价。

汉代学者刘向讲过孔子对这件事的看法：有人对齐桓公能够称霸的原因疑惑不解，认为从道德层面上讲，齐桓公是个阴险奸邪、生活奢侈、贪图享乐的人。像他这样的人不但没有灭亡，反而成为霸主，是为什么呢？孔子回答说："齐桓公在大节上有天下最大的长处啊，有谁能使他灭亡呢？他一眼就看出管仲的才干足以让人把治国大任托付给他，这是天下最大的明智啊！"他不计一箭之仇，给予管仲三项待遇：尊他为仲父；给予上卿职位；给予厚禄。这三项，如果诸侯能对贤人提供一项，就不会亡国，而齐桓公全做到了，他怎么会亡呢？"他能够称霸是顺理成章的事，这不是侥幸，而是必然的。"①

汉高祖刘邦曾下诏求贤，开头便说："听说做王的功绩未有高过周文王的，做霸主的功绩未有高过齐桓公的，他们都是由于重用贤才才成就如此名望的。"② 可见，齐桓公用贤称霸这件事已成为大家公认的历史经验。

金代曾出过一个好皇帝，这就是金世宗。金世宗汉化程度较高，治国有方，当时有"小尧舜"之称。他认为大臣们对推荐人才的工作做得很差，因而提出了非常严厉的批评，其中有这样一

---

① （汉）刘向：《荀子·仲尼篇》："夫齐桓公有天下之大节也，夫孰能亡之？倓然见管仲之能足以托国也，是天下之大智也……其霸也，宜哉！非幸也，数也。"

② （汉）班固：《汉书》卷1下，《高帝纪下》："盖闻王者莫高于周文，伯者莫高于齐桓，皆待贤人而成名……"

句话："齐桓公只是一个平常的君主，因为得到一个管仲，就成就了霸业。"① 认识可谓深刻。

二、弱燕打败强齐

战国中期，齐威王即位之初，九年不理朝政，国家衰弱，经常受到其他诸侯国欺负，割地求和。齐国有个贤人叫邹忌，他借弹琴比喻治国，感动了齐威王；又讲故事劝齐威王广泛听取意见。齐威王拜邹忌为相，进行改革，任用贤才，很快就使齐国强大起来。后来齐宣王即位，国力仍保持强大势头。而这时邻国燕国内乱，齐宣王乘机攻燕，燕国国君战败被杀。后来燕昭王即位，立志要使国家强盛，报仇雪恨。怎么办？燕昭王想到的，就是招用贤才。《史记·燕召公世家》讲了这个故事：

燕昭王是在齐国破燕之后即位的，以谦恭态度和丰厚报酬来招揽人才。他对郭隗说："齐国乘我国内乱而侵占了燕国部分领土。我深知燕国弱小，难以报仇。然而能得到贤士共同治国，以雪先王之耻，这是我的愿望啊。先生您如果看到这样的贤士，我将全心全意为他服务。"郭隗说："君王您如果一定要尊贤用贤的话，不妨先从我做起。这样，那些德才高于我的贤者，就会不远千里而来。"于是，燕昭王为郭隗改建豪宅，并以师礼相待。这事传扬出去后，乐毅从魏国前往，邹衍从齐国前往，剧章从赵国前往，贤士们争着到燕国去……过了不久，燕国日益富强，士兵也都乐于为国作战。于是燕昭王任命乐毅为上将军，联合秦、楚、三晋（即韩、赵、魏）共同伐齐。齐兵大败，齐湣王逃亡在外。联军见已打败齐国，便各自班师回国，燕军独自北进，到达齐国

① （元）脱脱等：《金史》卷8，《世宗纪下》："齐桓，中庸主也，得一管仲，遂成霸业。"

首都临淄，尽取齐国宝物，烧毁齐国宫室宗庙。①

从此，燕昭王以优厚待遇招贤纳士的故事便流传后世。

三、秦国靠引进人才由弱变强

据《史记·李斯列传》讲：李斯是楚国人，曾师从先秦诸子中最后一位大师荀况。学成之后，李斯认为楚王不能成大事，其他几个国家正在走向衰弱，唯有秦国是可以建功立业的地方，于是投奔秦国。在秦国，他被秦王任为长史。但不久，有人散布说从其他诸侯国来到秦国的都是各国的奸细，应该把他们驱逐出去。于是李斯向秦王上了一道有名的《谏逐客书》，它之所以有名，是因为其中有几句名言："泰山不让土壤，故能成其大；河海不择细流，故能就其深；王者不却众庶，故能明其德。"在《谏逐客书》里，李斯对秦王嬴政（即后来的秦始皇）摆事实，讲道理，他说：

当年秦穆公由于重用了来自其他诸侯国的由余、百里奚、蹇叔、丕豹、公孙支这五位优秀人才，才吞并了二十个小国，称霸"西戎"（指当时陕西、甘肃等西部地区）；以后秦孝公重用来自卫国的商鞅，变法图强，国力迅速强盛，百姓富庶，领土扩大；秦惠王重用来自魏国的张仪，实行"连横"策略打破东方各国联合抗秦的"合纵"策略，地盘进一步扩大；秦昭王重用来自魏国的范雎，采用"远交近攻"的策略，使秦国进一步壮大，为成就帝业奠定了基础。由此看来，如果以上四位君主不重用外来人才的话，那就不会富庶和强大。

秦王嬴政接受了李斯的建议，取消了逐客的打算，继续重用

---

① 见（汉）司马迁：《史记》卷34，《燕召公世家》。编者注：原文较长，且皆叙述性文字，故略。下文如遇同样情况，亦不录原文。

李斯。这时又从魏国跑过来一个叫尉缭的人，他向秦王进献了离间诸侯、各个击破的策略，为秦的最后统一作出了贡献。

以上李斯提到了八位外来人才，加上李斯本人，再加上尉缭，共是十位。他们每人都有自己的故事，其中百里奚、商鞅、李斯等人的故事更是为人所津津乐道。例如百里奚，他原来是虞国的大夫，虞亡时被晋国俘虏。晋国并没有发现他是一个难得的人才，而将他作为陪嫁的奴隶送到秦国。他又从秦国出走到楚国，被楚国抓起来。秦穆公知道后要将他要回，怕楚国人知道他的重要性而不给，于是装作一件平常的交易，用五张黑色的公羊皮将他赎回来，然后用为大夫。“羖”是黑公羊，所以以后人们就叫他“五羖大夫”。

对于秦国招揽重用外来人才的重大意义，当时及以后的政论家多有论述，据说孔子就对秦穆公任用百里奚这件事有过很高的评价。

刘向在《说苑》里讲了这样一个故事：

齐景公有一次问孔子：“秦穆公的国土面积很小，地处偏僻，却能称霸，这是为什么？”孔子回答说：“他的国家小而志气大，地处偏远而政策正确。其举措果断，其谋略得当，其政令畅通无阻。尤其是他亲自将在楚国蹲监狱的‘五羖大夫’百里奚赎回来，跟他详谈三日，然后授之以治国大任。由此来看，秦穆公称王也是完全可以的，称霸则是小事一桩啦。”①

孟子也评价过秦用百里奚这件事，他说：“虞不用百里奚而

① （汉）刘向：《说苑·尊贤》：“（孔子）对曰：‘其国小而志大，处虽僻而政中。其举果，其谋合，其令不偷。亲举五羖大夫于系缧之中，与之语三日而授之政。以此取之，虽王可也，霸则小矣。’”

亡，秦穆公用之而霸。”并由此得出结论说：“不用贤则亡。”① 百里奚做虞国大夫时，晋国向虞国借道，说要去消灭虢国。百里奚识破了晋国的诡计，可是虞君就是不听他的意见，结果被晋国所灭。而秦穆公采纳百里奚的富国强兵之计，得以称霸。

汉代名将韩信对此事更是感慨良多。刘邦派韩信攻打陈余，陈余这时的兵力号称二十万，而韩信兵不足十万。李左车向陈余献计说：“避其锋芒，绝其粮道，可杀韩信。”但陈余没有听他的，结果被韩信打得大败，自己也被杀。韩信捉到李左车后，不但不杀他，还像对待老师一样地对待他，并向他请教下一步如何行动。李左车说：“我是败军之将，哪敢与您讨论作战计划。”这时，韩信说出了一番令人叹服的话，他说：“我听说，百里奚在虞国时，虞国被灭亡了；而他到了秦国，秦国却称霸了。这不是百里奚在虞国时愚蠢而到了秦国变聪明了，差别只在于对他用与不用、听与不听啊。如果当初陈余听你计策的话，那我早被你们抓住了。”②

如上所述，秦国广招贤才，并且大胆引进和使用外来人才，因而由弱变强，称霸称王，最后统一全国。这件事对后人有很大启发，但对这件事的认识，有一点需要提醒，以免有误解或者错解。社会上曾有过一种议论，秦国能让外国人担任“大夫”“相”这样的高级官员，而我国公务员法却规定公务员必须“具有中华人民共和国国籍”，古代比现在还开放。其实不然，当时“国”的涵义与现在不同，当时的“国”是诸侯国，都是周王朝分封

① （先秦）《孟子·告子下》。

② （汉）班固：《汉书》卷92，《淮阴侯列传》：“信曰：‘仆闻之，百里奚居虞而虞亡，之秦而秦伯，非愚于虞而智于秦也，用与不用，听与不听耳。向使成安君听子计，仆亦擒矣。’”

的。说孔子“周游列国”，其实没跑出周朝所属地盘。所以，当时士人“择主而事”是很正常的事。而现在则不同，只允许本国人担任公务员是各国的一般做法。

四、不用贤则亡

前面几个例子说明一个道理：用贤则兴。那么不用贤结果将如何呢？历史同样作出了回答，那就是：不用贤则亡。

战国时期，周威王的老师宁越给周威王讲贤士的重要性与打击排挤贤士的危险性时，就讲了楚国在春秋时期曾四次排挤迫害贤士而招致重大损失的故事：楚成王时，要杀掉楚傒胥、丘负客两位士人，两位士人就逃离楚国而投奔晋国，晋国重用他们，结果在晋楚城濮之战中，楚国大败；楚共王时，要杀掉一位叫苗贲皇的士人，苗贲皇逃到晋国而受重用，结果在两国鄢陵之战中，楚国再次大败；还有一位名叫上解于的士人，因楚王要杀他而逃亡晋国，晋国又用之，导致在两棠之战中楚军又一次大败。还有位士人叫伍子胥，楚平王杀了他的父亲和兄长，伍子胥逃亡到吴国（现在有一出京剧“伍子胥过昭关”讲的就是这件事），得到了吴王阖闾的重用，于是他帮助吴国兴兵伐楚，攻陷楚都郢城。

宁越总结说：过去楚国曾得罪过梁、郑、宋、卫的国君，都没有惨到这一地步；而这四次得罪了它的士人，则导致三次大败，使自己百姓的尸骨暴于荒野，另一次甚至丢掉了国都。讲到这里，宁越说出了自己的结论：“士存则国存，士亡则国亡。”①

楚国统治者在用人问题上一再犯错误，但并未吸取教训，终于导致了屈原悲剧的发生。据《史记·屈原列传》讲：屈原学识

---

① （汉）刘向：《说苑·尊贤》。

渊博，记忆力超强，懂得治乱兴衰的道理，熟悉外交辞令。史书还讲，其为人正直，主张明法度，任贤能，图谋富强。总之是一位德才兼备的学者型官员，而且对楚怀王忠心耿耿。开始，楚怀王对屈原也很信任，经常与他讨论国家大事，让他制定法令，处理与其他诸侯国的外交事务。但后来情况发生了变化。当时与屈原地位相当的上官大夫，对屈原的才能非常嫉妒，不断向楚怀王进谗，说屈原的坏话，结果屈原被疏远。屈原在苦闷激愤之下，写下了流传千古的《离骚》。“离骚”即离别后的忧愁。就是说，《离骚》是屈原被疏远，离开楚国政治决策中心后，忧国忧民的情绪表达。屈原被贬退后，楚怀王听不到正直之言，便接二连三地受骗上当。秦国派张仪来对楚怀王说：楚国只要与齐国断交，秦就送楚六百里土地。楚与齐断交后，要求秦兑现土地，张仪却说：我没说过六百里，我说的是六里。楚怀王盛怒之下派兵攻打秦国，结果被秦国打得大败，并丢失汉中之地。不久，秦昭王又表示要与楚和好，约楚怀王见面。屈原劝阻说：“秦国是虎狼之国，不可信，不能去。”楚怀王有个小儿子叫子兰，是个嫉贤如仇的坏小子，他说：不能拒绝秦王的好意。楚怀王由于已不信任屈原，所以还是去了秦国，结果被秦国扣留，“以求割地”。楚怀王不答应，最后竟客死在秦国，“为天下笑”。楚怀王死后，顷襄王即位，子兰担任令尹，更加嫉恨屈原，把屈原流放到江南。屈原在流放期间又创作了不少不朽的诗篇，后因感到报国无望，便怀抱石头投汨罗江而死。可怜一代英才，死得如此悲惨！屈原死后，没有人再给楚王讲真话。那结果呢？正如史书所说，以后楚国日益削弱，“数十年竟为秦所灭”。

以上仅举了楚国的例子，其他诸侯国被灭亡的历史也与楚国一样证明了同一个道理，那就是：不用贤则亡。

第二节 用人杰得天下

四年多的楚汉之争，最后以项羽的“乌江自刎”和刘邦的胜利而结束。刘邦既不是品行高尚、众望所归之人，也不是文韬武略、深谋远虑之人，他为何能战胜有“万夫不当之勇”的项羽呢？他很可能自己也疑惑过，思考过。有一天，做了皇帝的刘邦大宴群臣。他问大臣们：我之所以能得到天下是为什么？项羽之所以失掉天下是为什么？在大臣们的回答不得要领之后，刘邦讲了一段振聋发聩的话，可谓语出惊人，他是这样讲的：

“夫运筹帷幄之中，决胜千里之外，吾不如子房（张良）；镇（安）国家，抚百姓，给饷馈（粮饷），不绝粮道，吾不如萧何；连百万之众，战必胜，攻必取，吾不如韩信。三者皆人杰，吾能用之，此吾所以取天下者也。项羽有一范增而不能用，此所以为我擒也。”①

从这段话里，我们至少可以看出三点：第一，刘邦有识人慧眼。他用高度概括的语言，准确无误地描绘出张良、萧何、韩信三位杰出人物的才能优势。第二，刘邦有自知之明而不嫉贤妒能。刘邦能当着群臣的面坦然讲出自己的三“不如”，这不但对于皇帝来说，就是对于一个普通领导者来说，也是难能可贵的。第三，这段话讲出了所有领导者成就重大事业的成功之道：善于发现和使用人才。以上三点，正是一位高级领导者的必备素质。如果再加一点的话，那就是通过这件事还可看出刘邦善于总结经验。胜利了，刘邦反过来问自己：我为什么会胜利呢？我的对手项羽为

① （汉）班固：《汉书》卷1，《高帝纪》。

什么会失败呢？他肯定对这一问题思考良久，否则，他不可能即席讲出这么一段堪称经典的结论来。

毛泽东同志说过："领导者的责任，归结起来，主要的是出主意、用干部两件事。"刘邦在这两方面都是做得不错的，而且很有特点。先说刘邦在"出主意"方面的特点：

一、"出主意"和"用干部"融为一体

出主意有两种方式，一种是师傅型的"出主意"，他比下属有经验，他作指示别人干，主意是他一人出的。另一种是大领导的"出主意"，是在征求众人意见的基础上，集思广益确定下来的，是领导者通过对多个主意进行分析、比较、判断后确定下来的主意。刘邦的"出主意"属于后一种。在参与决策的圈子里，不管是文臣还是武将，他们的责任之一就是帮助领导者出谋划策，如果某人的主意被领导者采纳，就等于为他发挥作用提供了一次舞台，这本身就是一种"用干部"的方式。韩信原本是项羽的部下，他曾为项羽献计消灭刘邦，项羽不听。不听就是不用，所以韩信跑到刘邦那边去了。范增一直是项羽的重要谋臣，项羽尊其为"亚父"。范增在项羽那里虽有很高的地位，但范增出的主意，却往往不被采纳，正如刘邦所说的，"项羽有一范增而不能用"。与项羽的刚愎自用正好相反，刘邦善于听取部下的正确意见，博采众长，因此他的周围就逐渐聚拢起一个优秀的人才群体。

二、能识大体，不固执己见，从善如流

刘邦的听人劝是出了名的，在好几次关键时刻，他本来已有了自己的主意，但听人劝说之后，便放弃自己的打算，而改用别人的正确意见。举几个例子：

例一，据《史记·留侯世家》讲：刘邦带领军队在项羽之前进入咸阳，他看到秦宫富丽堂皇，珍宝无数，美女成千，便想留住宫中享乐。大将樊哙直言进谏：你是想得天下，还是想当富翁？秦朝的灭亡就是这些珍宝美女造成的，你赶快带领军队住在灞上，不要住在宫中。张良进一步说：正是秦朝的腐败才使你有今天，忠言逆耳，你还是听樊哙的吧。刘邦接受了劝告，封闭了秦朝的府库，带领军队驻扎到灞上。这一举动赢得了民心，也缓解了以后面对项羽的不利局面。

例二，据《汉书·萧何传》和《史记·留侯世家》讲：项羽进入咸阳后，自封为西楚霸王，占据梁、楚九郡之地；同时分封各路军的领袖为十八个王。当初各路军曾有约在先，先平定关中者就做关中地区的王。可是项羽毁约，改封刘邦到汉中、巴蜀一带去做汉中王。刘邦很生气，想与项羽决一死战。但决战的结果可想而知，刘邦肯定惨败，甚至自取灭亡。这时萧何、周勃等人劝说刘邦忍耐一时，先到汉中就位，招贤纳士，积蓄力量，等待时机。刘邦接受了大家的建议，而且听从张良建议，为了麻痹项羽，军队过后烧毁栈道，表示不再回还。

例三，据《史记·留侯世家》讲：汉三年，项羽将刘邦围在荥阳，刘邦在危急时刻与谋士郦食其商量对策。郦食其献计，让刘邦分封过去被秦灭掉的六国国君的后代。说这样一来，六国就会听从刘邦而孤立项羽。刘邦欣然同意，并立即刻印，准备实行。张良知道后对刘邦说：“这是谁给您出的主意？如这样做，您就完了。”然后分析了八条不可行的理由，其中指出：六国复立后，原来六国的人才都各归其主，谁还跟着您打天下呢？再说，六国立后，他们看到项羽强大就屈从项羽，怎么还会听从您呢？刘邦恍然大悟，骂郦食其道：这个浑蛋，几乎坏了老子的大事！

例四，据《史记·淮阴侯列传》讲：汉四年，韩信平定齐地后，居功自傲，权力欲膨胀，派使者到汉王刘邦那里去说：齐国及周边形势复杂，地位不高的人镇不住，请汉王封我一个“假王”（即代理齐王，“假”是代理的意思）。刘邦大怒，当着使者的面骂道：“我困于此（指与项羽相持不下），从早到晚盼着他来帮我，可他倒要自立为王！”这时坐在旁边的张良和陈平赶忙踩了一下刘邦的脚，并附耳劝道：“我们现在处于不利地位，不如立他为王，善待之，以免生变。”刘邦马上醒悟，改口骂道：“大丈夫平定了齐国，就该是正式王，干吗当代理王呢?”于是派张良去齐地立韩信为齐王，并命令他发兵攻打项羽。韩信发兵成为项羽最后灭亡的关键。如果当时张良和陈平踩了刘邦的脚，刘邦说：你们就是把我的脚踩烂了也没用，我要坚持我的原则。那么，情况可能就是另外一个样子了，刘项之争谁输谁赢就很难说了。

例五，据《史记·项羽本纪》讲：正当项羽和刘邦在荥阳一带对峙时，韩信消灭了项羽派去攻打齐地的龙且，加上彭越在梁地活动，项羽处于前后受敌的不利地位。这时刘邦兵盛粮多，项羽兵疲缺粮，而刘邦的父亲和妻子则被项羽扣着。于是，两家约定：以鸿沟为界，以西归汉，以东归楚，中分天下，各自罢兵。于是项羽放回刘邦的父亲和妻子，撤兵东归。刘邦也打算按照约定西归。而在这时，张良、陈平给他分析了形势，要他乘机追击项羽，不能养虎遗患。刘邦于是改了主意，追击项羽，同时命韩信、彭越前来合击，结果将项羽围于垓下，最后迫使项羽乌江自刎，终于结束了长达四年之久的楚汉之争。

刘邦从善如流的例子还可举出一些，如刘邦称帝后，想把洛阳做首都，有一个叫娄敬的兵卒求见，劝说刘邦到关中建都。刘邦征询张良，张良表示支持，于是刘邦改都长安。

从以上这些例子可以看出，正是在很多关键时刻、关键问题上，刘邦没有固执己见，而是择善而从，知错就改，结果才转危为安，走向胜利。不固执己见，从善如流，是高级领导者应该具备的一种极为可贵的品质。领导者有了这种品质，属下才能讲真话；反之，属下只能讲恭维话。而真话才能帮助领导者成功，恭维话只能促使领导者失败。

项羽身居高位，在“出主意”方面却很不合格，战略眼光缺乏，具体事项上又刚愎自用，或听不进不同意见，或迟疑不决。他在战术上有一套经验和办法，为此颇为骄傲，孤芳自赏。据《史记·项羽本纪》载：项羽直到最后，身边只剩下二十八骑时，还不忘给部下解释：这是“天之亡我”，不是我作战不中用。为了证明自己总是正确，他将二十八人分为四队，让他们朝四个方向杀出，然后会合一处。结果杀汉军数百人，而自己仅死两人。项羽得意地问部下：“怎么样？”部下都说：“还是大王说得对。”一个人死到临头，还不忘给部下露一手，以证明自己一贯正确。这种死要面子的人，还能指望他听取不同意见吗？

由此可见，刘邦的“出主意”是与“用干部”紧密相连的，是通过集思广益形成的；而项羽的“出主意”，是自己“拍脑袋”拍出来的，充其量是个人的经验积累。

刘邦在“用干部”方面的明显特点主要表现在：大胆使用，驭人有术。刘邦要壮大自己的队伍，就免不了“招降纳叛”。像韩信、陈平等，都是从项羽那边跑过来的，刘邦对他们给以信任，大胆使用。特别是对韩信，让他握有重兵，在外独立作战。刘邦一方面对这些位高权重的人大胆使用；另一方面对他们的离心倾向又保持警惕，一有风吹草动，便毫不迟疑地采取措施，防患于未然，可谓驭人有术。韩信攻占齐地后，要求封王。封为齐王后，刘邦调他合击项羽，他仍观望不前，刘邦又许愿胜利后加封其地盘，韩信这才率领三十万大军进击项羽。对于韩信这种拥兵自重、讨价还价的行为，刘邦当然非常警惕。所以在项羽死后，刘邦采取突然袭击的办法夺了韩信的兵权，将他改封为楚王。韩信做楚王后，又私自收留一名项羽过去的部将。有人密告韩信有反意。刘邦采取陈平的计策，假装到楚地的云梦旅游，趁韩信前去拜见的时候，抓了韩信。刘邦将韩信带到洛阳，削其王号，降为淮阴侯。韩信没了封地，只能住在京城。据《汉书·韩信传》载：有一次刘邦与韩信闲聊，刘邦问："像我这样的，能带多少兵?"韩信答："陛下不过能带十万。"刘邦又问："像你这样的能带多少?"韩信答："像我，多多益善啊。"刘邦笑问："既然多多益善，那为什么被我抓住了呢?"韩信回答说："您不善于带兵，却善于带将，这就是我被您抓住的原因啊。"韩信此话表明：刘邦这个人善于指挥和驾驭"领导干部"。

三、允许部下犯错误，不一棍子打死

刘邦的这一特点也很明显。刘邦刚起兵时，兵不满万人，而且全是乌合之众。是郦食其向他指出了先占陈留县城的正确道路，军队才一下子得到壮大。还是这个郦食其，在刘邦被项羽围困于荥阳时，竟出了个让刘邦分封六国后代的馊主意，如果不是张良及时发现加以制止，几乎坏了大事，气得刘邦将他大骂一通。然而刘邦并没有因此对他弃而不用，不久就采纳他的意见并派他去劝说齐王田广归附自己。郦食其不负所望，使田广同意了与刘邦联手攻打项羽的建议。如果不是韩信为了私利破坏了这一计划，郦食其则将为刘邦立下一大功劳。这个例子说明，刘邦对部下犯错误有包容之心，犯了错误不要紧，只要改正错误，照样信任使用。

还有，刘邦善待缺点明显的陈平也很能说明问题。据《汉书·陈平传》载：陈平投奔汉王刘邦后，刘邦任命他为都尉，在军中负责监督工作。很多人对此不服，大将周勃、灌婴等到刘邦面前说他的坏话，说了陈平三个问题：第一，他在家时“盗嫂”。就是与嫂子偷情，属于生活作风问题。第二，“受金”。他来到汉军后做监督工作，结果收受一些将领的贿赂。第三，他先投奔魏王，后又投奔项王，现在又投奔汉王您，是“反复乱臣也”。刘邦于是找当初的介绍人魏无知进行核实。魏无知说：“如今楚汉相争，要的是人才，我给您推荐的是‘奇谋之士’，所谓‘盗嫂受金’又有什么影响呢?”刘邦又找陈平谈话，主要问两个问题：“受金”是怎么回事？你是不是那种三心二意、反复无常的人？陈平回答：“魏王不能用我的计谋，所以我去投奔项王；项王不信任人才，他所任用的不是姓项的本家，就是老婆的兄弟们，虽有奇士也不用。我听说汉王能用人，所以来归大王。我是裸身前来，不收点金子没法生活。”汉王听了，马上厚赐，并命令所有将领都受他监管。这样一来，将领们都不敢再说陈平的坏话了。“盗嫂”、跳槽姑且不论，“受金”算不算问题？肯定是问题，但只要说清楚了，刘邦就不再计较，因为用人要紧。

综上所述，刘邦有两大明显优点：一是从谏如流，集思广益；二是重视招揽人才，使用人才。这正是他能夺取政权并巩固政权的重要原因。而项羽正好相反，只能落得“别姬”和“自刎”的下场。所以，毛泽东同志曾下过一个结论：“项王非政治家，汉王则为一位高明的政治家。”①

① 陈晋主编：《毛泽东读书笔记解析》，广东人民出版社1996年版，第986页。

第三节　能成大事者必以用人为先

中国历史上，那些身处乱世、心怀大志，以平定天下为己任的政治家，有一个共同特点，那就是他们从一开始就很重视招揽人才和使用人才。在这里，我们以曹操和朱元璋两个代表性人物为例来说明问题。

东汉末年，政治动乱，群雄并起。斗来斗去，最后剩下三家：魏、蜀、吴，史称“三国”。为什么只剩下这三家呢？原因不是别的，就是这三家的代表人物曹操、刘备、孙权，是三位重视招揽人才和使用人才的政治家。而这三人中，曹操最会用人，所以曹操最强大。

当初袁绍与曹操一起起兵时，两人曾相互询问过：如果讨伐董卓不成功，怎么办？袁绍说，他凭借黄河天险，有燕、代两大块地盘为屏障，可以南进争夺天下。曹操则说：“我要运用和依靠天下所有人才的智慧和力量，以正确的方法使用他们，便没有做不到的事情。”① 正是在招揽和使用人才方面，一个缺乏自觉意识，一个有自觉意识，导致后果截然不同。袁绍本来是当时力量最强大的一方，结果却被曹操消灭。

曹操爱才、揽才、用才、护才的表现是很突出的。刘备曾被吕布打败，无奈之下投奔曹操，曹操谋士程昱力劝曹操杀掉刘备，以绝后患。曹操知道程昱的建议是有充分道理的，但他说：“现在正是我们收揽英雄的时候，杀了他会造成我们容不得英雄的不

---

① （晋）陈寿：《三国志》卷1，《魏书·武帝纪》：“初，绍与公共起兵……公曰：‘吾任天下之智力，以道御之，无所不可。’”

好影响，失天下之心，不可。”① 为了给自己树立一个爱护人才的形象，曹操有意放过了可以轻而易举除掉潜在竞争对手刘备的机会。

为了收揽天下人才之心，曹操更是以大度能容的气度，毫不计较属下对自己的不忠行为。官渡决战前夕，袁绍军力大大胜过曹操。曹操手下的一些官员和将领，为给自己留条后路，暗地与袁绍书信联系。没想到曹操以弱胜强打败了袁绍，并缴获了袁绍逃跑时没有来得及带走的来往书信。那些给袁绍写过信的人，这时如坐针毡，惴惴不安，而曹操表现得若无其事，将这些书信当众“皆焚之”，表示不予追究。这一点也是一般人做不到的。

曹操不但是政治家和军事家，而且也是有名的诗人，他的《短歌行》里有这样几句：“山不厌高，水不厌深，周公吐哺，天下归心。”山不满足于自己的高，它还要吸收土石来加高自己；海不满足自己的深，它还要吸收江河流水来加深自己。我要像周公那样虚心待士，让天下所有的人才都乐意归附于我。求贤心切之情，溢于言表！

正是在广揽贤才的思想指导下，曹操身边逐渐积累起大批杰出人才，文的如荀彧、荀攸、郭嘉、程昱、陈群、司马懿等，武的如张辽、徐晃、曹仁、夏侯渊、乐进、李典、徐褚、张郃等，这些文臣武将为曹魏政权的建立立下了汗马功劳。

或许有人问，刘备三顾茅庐，足以证明他求贤若渴，而且对诸葛亮是言听计从，那为什么他的成就不如曹操呢？三顾茅庐的故事，不但在小说《三国演义》里写得非常生动，给读者留下了深刻印象，而且在《三国志·蜀书·诸葛亮传》里确有记载，说

① （晋）陈寿：《三国志》卷1，《魏书·武帝纪》：“公曰：‘方今收英雄时也，杀一人而失天下之心，不可。’”

明这是个真实的故事。虽然刘备在求贤若渴方面可以与曹操相媲美，但他在用人标准和用人方法上却不如曹操。曹操知人善任，用人所长；而刘备则用人唯亲。刘备最信任的是自己的义弟关羽和张飞。《三国志》的评论指出："关羽、张飞皆称万人之敌，为世虎臣。"这样两员虎将，确实是争夺天下的宝贵人才。但他们两个各有自己的致命缺点："羽刚而自矜，飞暴而无恩。"就是说关羽过于刚愎而骄傲自满，目中无人；张飞暴躁而不关心自己的兵卒。正是他们的这些缺点直接导致了他们两个最后的失败和身亡。关羽镇守荆州这样的要害地区，却不执行诸葛亮定下的"联吴抗曹"的战略方针，既抗曹又抗吴，结果"大意失荆州"，自己被杀。刘备对关羽、张飞视为兄弟，他对关、张的致命缺点了如指掌，但却一直采取迁就态度，缺乏严格要求。让关羽镇守荆州，应该是刘备的错误决定。关羽被杀，张飞急于报仇，对部下更加暴虐，结果被部下所害。刘备失去理智，几乎倾全国之兵去与吴国拼命，结果又惨败，蜀国从此元气大伤。可以说，刘备三顾茅庐得到诸葛亮，从此逐步由弱变强，终于"三分天下有其一"；而关羽丢失荆州却成了蜀汉政权由盛转衰的转折点。这一事实也正说明了正确使用人才在争夺天下中的关键作用。

我们再看朱元璋。在中国历史上，地道的"土包子"出身，而能在农民起义的浪潮中脱颖而出，最后统一天下坐上皇帝宝座的，除了前面讲到的刘邦，那另一位就是朱元璋了。而朱元璋取得天下的法宝不是别的，仍然是招揽和重用优秀人才。

朱元璋出身贫苦，担任起义军将领后，心怀大志，军纪严明，知人善任，因而在军内受到拥护。更为难能可贵的是，他招贤纳士、重用人才的意识极强，因而大批英雄豪杰、贤人名士投到他的门下。文的如李善长、刘基、宋濂等，武的如徐达、常遇春、胡大海等，都是当时难得的杰出人才。这些人才或为他出谋划策，确定正确的战略战术，或为他攻城略地，克敌制胜，最终帮助他荡平宇内，成就了帝王之业。

据史书记载，朱元璋在同这些杰出人才初次见面时，往往都有一番不同寻常的谈话。这些谈话可以说是一种双向考察。朱元璋要通过谈话，了解这些杰出人才是否名副其实，特别是想知道他们是否怀有平定天下的巧计奇谋；这些人才要通过谈话，观察朱元璋有无平定天下的鸿鹄之志和信心决心。如果发现，大家为了一个共同的目标走到一起来了，双方便一拍即合，朱元璋当即重用他们，他们也欣然效命。

朱元璋进攻滁阳时，李善长前去拜见。朱元璋问他：战争什么时候能结束？李善长说："秦朝动乱时，汉高祖以平民起兵，豁达大度，知人善任，不妄杀人，五年就成就了帝业……如果您能仿效他的做法，天下便不难平定。"① 朱元璋"称善"，说他讲得很好。李善长为朱元璋参谋军机，考察推荐人才，制定法令政策。朱元璋外出征讨时，李善长留守后方，调兵筹粮，做好后勤保障，被称为萧何式的人物。朱元璋称帝后，论功行赏，李善长位列第一。

刘基，字伯温，博通经史，无书不读，尤其精通天文，当时人把他比作诸葛孔明。朱元璋攻下金华后，一再邀请刘基出山。刘基见到朱元璋，针对时务陈述了十八条计策。朱元璋高兴得不得了，马上建造了礼贤馆让刘基等居住，宠爱备至。朱

① （清）张廷玉等：《明史》卷127，《李善长传》："（李善长）对曰：秦乱，汉高起布衣，豁达大度，知人善任，不嗜杀人，五载成帝业……法其所为，天下不足定也。"

元璋向刘基询问征战之计，刘基提出了一条正确的战略方针：先灭陈友谅，再平张士诚，消除后顾之忧，“然后北向中原，王业可成也”①。朱元璋高兴地说：“先生以后有什么好计策，尽管说。”刘基参谋军机，屡屡得胜。朱元璋在刘基等人的帮助下先消灭陈友谅，又消灭张士诚，最后北定中原，基本合乎刘基的策略。

朱元璋攻取婺州时，学者许瑗前来拜见，他对朱元璋说：“现在元朝气数已尽，天下动荡，英雄豪杰们不会安分守己。那些有雄图大略者可得到雄才，有远见卓识者可得到奇士。您想消除动乱，平定天下，非收揽英雄，难以成功。”朱元璋向他表达了求贤若渴的诚恳态度，说：“现在天下大乱，老百姓困于水深火热之中，我思英贤，如饥似渴，正想着广泛听取各种策略，博采众家之长，共同完成安世济民的功业。”许瑗听到这里，马上说：“您说的这些实在是帝王之道。这样的话，天下不难平定了。”② 许瑗为什么只听了朱元璋的几句话，就断定天下不难平定了呢？因为朱元璋话虽不多，但从中可以看到两点：第一，他已确定平定天下的远大目标；第二，他已找到平定天下的正确道路，那就是广揽贤才，博采众长。

朱元璋攻占婺州后，还得到了一位了不起的学者型人才——宋濂。史称，宋濂从小到老，未尝一日不读书，各种学问无所不通，“四方学者悉称为‘太史公’”。就是说，不光是中国的学者，包括当时高丽、安南、日本的学者，都称他为“太史公”，是活

---

① （清）张廷玉等：《明史》卷128，《刘基传》。

② 《明太祖实录》卷8：“上取婺州，瑗进谒……上曰：‘今四方纷扰，民困涂炭，予思英贤，有如饥渴，方当广揽群议，博收众策，共成康济之功。’瑗曰：‘如此，实帝王之道，天下不难定也。’”

着的司马迁。朱元璋根据李善长的举荐，将宋濂征召到应天（南京），让他经常侍奉左右，“备顾问”。这样一位学者型人才，既不会参谋军机，又不能冲锋陷阵，那他对朱元璋来说有用吗？朱元璋认为非常有用，因为他能从另一个侧面教给朱元璋如何得天下、坐天下。有一次，朱元璋让他讲解《春秋》，他乘机建议说：“《春秋》是孔子褒善贬恶之书，如果能遵行这本书阐发的道理，则赏罚就会得当，天下可定啊。”① 他还利用另一次讲书的机会向朱元璋提出：“得天下以人心为本，如果人心不稳，就是有再多的钱财也没有用啊。”② 从他这些至理名言中，朱元璋深受启发，受益匪浅。

上述人物主要是在确定战略方针、战术计策上做出贡献，其中有的还能亲临战场，参与指挥，但总的来说属于文人。打天下光有文人显然不行，如果缺乏冲锋陷阵、能征善战的战将，再好的方针和计策也会落空，因此必须文武并济。在招揽并重用杰出战将方面，朱元璋同样表现得如饥似渴，他尤其器重徐达、常遇春等人。朱元璋称帝前先称过吴王。吴王元年（1367 年），朱元璋宴请功臣，他对诸将讲了一番话，再次阐明依靠优秀人才平定天下的理念和态度，说了三层意思：第一，“自古豪杰开创基业，非用贤能何以济事”？我出身于平民百姓，全依赖各位将相之才与我共同打天下。第二，徐达、常遇春等人出生入死，战功卓著，堪为“一代元勋”，我推心置腹地信任他们，他们竭心尽力地辅佐于我。大家要向他们学习。第三，陈友谅被我消灭后，除了首

① （清）张廷玉等：《明史》卷 128，《宋濂传》：“濂进曰：‘春秋乃孔子褒善贬恶之书，苟能遵行，则赏罚适中，天下可定也。’”

② （清）张廷玉等：《明史》卷 128，《宋濂传》：“（宋濂）复曰：‘得天下以人心为本。人心不固，虽金帛充牣，将焉用之。’”

恶必办之外，其他有才能的人不但不杀，我还诚心任用，其中心存疑虑的人与我交谈之后，很快就肝胆相照，出入左右，不分新旧。①

徐达办事谨慎，长于谋略，是难得的军事帅才，朱元璋对他尤其信任。徐达在外领兵作战，经常派使者向朱元璋报告请示，朱元璋特意向他下达了这样一番指示："将军你谋勇绝伦……现在你事必报告请示，这是你的忠心，我非常赞赏。不过，'将在外，君不御'。军中什么事该急办，什么事该缓办，由你根据情况自行决定，我不加控制。"② 放手使用的结果，是徐达更加效命。徐达在扫平南方割据势力，北上打败并追击元军中，都能正确贯彻朱元璋确定的战略意图，几乎是攻无不克，战无不胜，可以说是为明王朝的建立立下了汗马功劳。

可见，不管文武新旧，只要是优秀人才，朱元璋都能做到倍加珍惜，大胆使用，用其所长。这也正是他在乱世中的取胜之道。

---

① 见《明太祖实录》卷26（原文较长，多为叙述性文字，故略）。

② 见（清）张廷玉等：《明史》卷125，《徐达传》。

第二章 用贤才则天下治

纵观中国古代历史，常常是治乱交替，有乱世，也有治世。“乱世英雄起四方”，得贤者则兴，失贤者则亡。新兴者建立新的政权后，便面临一个治理问题。有的治理得比较好，出现治世，甚至盛世；有的治理得较差，或者很差，从一开始就乱象丛生，不长时间就走向灭亡。这里面有什么规律没有？古代的一些政治家、思想家、著名学者明确认为有规律，那就是：得贤则治，失贤则乱。

东汉著名学者王符说：“身之病，待医而愈；国之乱，待贤而治。”①

宋代政治家、文学家范仲淹在讲到用人与国家治乱的关系时说：“王者得贤杰而天下治，失贤杰而天下乱。”②

宋代哲学家、教育家程颢、程颐兄弟两个是程朱理学的代表人物。他们讲：“天下之治，由得贤也。天下不治，由失贤也。”③

---

① （汉）王符：《潜夫论·思贤》。

② （宋）范仲淹：《范文正公文集·选贤任能论》。

③ （宋）程颢、程颐：《二程集·文集》。

清初著名学者颜元讲："有人才则有政事，有政事则有太平。"① 这里说的"有政事"意思是，国家治理得好，有成效。类似的精辟论述还可举出一些。有人可能说，这主要是一些学者的论述，而那些实际承担治国重任的最高统治者们是否认可？他们有没有这方面的实际体会？我们不妨举两个典型例子。

第一节　致安之本　惟在得人

中国历史上有几个朝代出现了有名的治世盛世，如汉代的"文景之治"、唐代的"贞观之治""开元盛世"、清代的"康乾盛世"等。这些治世盛世有一个共同的特点，就是这些时期政治比较清明，有一批贤才活跃在政治舞台上，从而使国家安定，百姓安居乐业。在用贤致治方面，"贞观之治"留给后人的经验相对更多，因为唐太宗是一位头脑清醒、重视用人、从谏如流、善于总结历史经验的政治家。

贞观二年（628 年），唐太宗对大臣讲："致安之本，惟在得人。"② 实现国家安定的根本，在于得到合格的人才。唐太宗概括的这句话，要比上一年王珪提醒他的那句话更有高度，更加精辟。唐太宗讲了此话后，接着还对封德彝等大臣不注意发现和推荐人才的做法提出了批评。这说明，唐太宗不仅仅只是讲一种理念，而是要求将这一思想落实到治国理政的实际行动中去。

贞观十三年（639 年），唐太宗又对身旁的大臣们说："朕闻太平之后有大乱，大乱之后必有太平。承大乱之后，即是太

① （清）颜元：《习斋言行录卷下·学须第十三》。
② （唐）吴兢：《贞观政要·论择官第七》。

平之运也。能安天下者，惟在用得贤才。”① 这段话简洁而有深度，包含两层意思：一是讲规律，认为大乱之后必有太平，继隋末动乱之后，唐朝应是太平之运。表明唐太宗求治心切，同时也对实现治世充满信心。二是讲实现太平的办法，“惟在用得贤才”。这里说“惟在”，是强调唯一性，除此之外别无他法。

我们在前面曾经讲到，汉高祖刘邦在夺得天下后，曾召集群臣总结他成功的经验，结果大家说的都不令他满意，汉高祖高屋建瓴地指出自己胜利的原因在于能用张良、萧何、韩信“三杰”，从而证明了一个非常深刻的道理：得贤才者得天下。过了四百多年，进入了唐太宗时代，出现了“贞观之治”。唐太宗对此很满意，很自豪。他也要总结经验，不过，他不是总结得天下的经验，而是总结治天下的经验，他要证明另一个非常深刻的道理，那就是：用贤人则天下治。

贞观二十一年（647 年），唐太宗在翠微殿向随侍左右的大臣问道：“自古以来，虽然有些帝王平定了中原，但不能使边远地区的族群部落归顺臣服。我的才能比不上古人，而治国成就却超过了古人，我还不明白其中原因，诸位都要坦率地实话实说。”唐太宗在这里说话的口气，与当年的刘邦十分相似。他说“我的才能比不上古人”“我还不明白其中原因”等，都不过是故作谦虚，其实他早就想好了答案，单等群臣言不及义时，就抛出来震大家一下。其实，群臣们也都已看出唐太宗要发表高见了，所以谁也不敢在这时候出风头，便异口同声地说：“陛下功德比天高，比地厚，千言万语都说不完。”唐太宗说：“不然。我之所以能达

① （唐）吴兢：《贞观政要 · 论择官第七》。

到这样的成就，只有五方面的原因。”于是，他胸有成竹地说出了早已深思熟虑的五条经验：

“一是自古帝王大多嫉妒胜过自己的人，而我见到别人有才能，就好像自己具备那样高兴。二是人无完人，一个人不能兼备各种才能，我用人经常是弃其所短，取其所长。三是君主对待人，往往是看着好的恨不得揽到怀里，认为不好的就想把他推入深渊；而我见贤者而敬之，对不贤的人也可怜他，帮助他，使贤者、不贤者各得其所。四是君主大多讨厌正直敢提意见的大臣，不是暗地迫害就是公开诛杀，这种事可以说是没有哪个朝代没有过；我自登基以来，正直敢谏之士在朝堂上比比皆是，没有一个人遭到过处分和谴责。五是自古帝王皆对中原汉族和边远少数民族不一视同仁；而我却对各民族爱之如一，所以各民族都将我视若父母。以上五条，是我取得今日治国功绩的主要原因。”①

唐太宗所总结的五条经验，其中前四条都是属于用人方面的，可见用人在治国理政之中的重要地位。对前四条经验还可再分一下，其中第一条是爱惜人才，不嫉贤妒能；第二条、第三条是不求全责备，用人所长，区分优劣，各得其所；第四条是保护正直之士，鼓励敢讲真话。这几条正是正确的用人之道。唐太宗对这几条确实是认真实践的，这样的记载很多，后面章节还会涉及，在此我们只就每条各举一两个事例，以见一斑。

---

① （宋）司马光：《资治通鉴》卷198：“上曰：‘……自古帝王多嫉胜己者，朕见人之善，若己有之。人之行能，不能兼备，朕常弃其所短，取其所长。人主往往进贤则欲置诸怀，退不肖则欲推诸壑，朕见贤者则敬之，不肖者则怜之，贤不肖各得其所。人主多恶正直，阴诛显戮，无代无之，朕践阼以来，正直之士，比肩于朝，未尝黜责一人。自古皆贵中华，贱夷狄，朕独爱之如一，故其种落皆依朕如父母。此五者，朕所以成今日之功也。’”

一、在爱惜人才、重视人才方面

活跃在唐太宗周围的大臣们，有的是早就追随其左右的旧臣，有的原来是为敌对势力效力的谋臣武将。只要是德才兼备的人才，唐太宗都一视同仁，不计前嫌，一律重用，并做到有功者赏，有过者罚。唐太宗说自己做梦都没忘了求贤，此话不虚。他身边已吸引了一大批人才，却仍然批评宰相们不注意抓求贤这一大事。只要一发现人才，他就要迫不及待地把人才拉到自己身边。贞观三年（629 年），有一个出身贫苦的平民马周到了京城长安，做了中郎将常何的家客。正赶上唐太宗令百官上书论治国得失，常何胸无点墨，提不出什么建议，便让马周代笔。马周替他写了二十余条。唐太宗拿到常何的上书后大吃一惊，因对大臣们的才能了如指掌，他认为常何写不出这样高水平的东西，便追问常何，常何老实承认是马周写的。唐太宗马上要召见马周。在通知马周来见，而马周尚未到达的这段时间里，唐太宗着急得先后四次派人去催促。唐太宗见到马周后，谈得非常投机，当即任命马周为监察御史，以后又升任中书舍人，最后担任了中书令，还代理吏部尚书。唐太宗就是这样求贤若渴的。

二、在知人善任、用人所长方面

唐太宗周围聚集着一大批在历史上知名的人才，他们有的出身士族，有的出身贫贱；有的是自己的老部下，有的则是从敌对势力中归顺过来的，有的还是曾参与谋害自己的东宫旧臣。对于这些人的长处和短处，唐太宗都能了如指掌，并各取所长，量才授职，充分发挥他们的作用。

有个故事可以说明唐太宗对大臣优缺点的掌握情况：贞观十

八年（644年）八月的一天，唐太宗对司徒（官名）长孙无忌等人说："人苦于不知道自己的过失，你们可以公开说说我的过失。"大臣们回答说："陛下的文治武功，我们钦佩得不得了，哪有什么过失可以说呢？"唐太宗说："我本来向你们问我的过失，你们却反过来说奉承话让我高兴。那我就当面说说你们的优缺点，也好让大家相互监督和改正缺点，怎么样？"大家拜谢。唐太宗说："长孙无忌善避嫌疑、应事敏捷、对事情有决断能力，在这些方面以往的贤能之人也不过如此；但领兵作战，非其所长。高士廉的学问涉猎古今，心术明白通达，危难面前不变节，当官不结党营私；所缺乏的是提意见不够大胆直言。唐俭言辞辩捷，善于和解众议；但跟随我三十年，却没提过涉及朝政得失的意见。杨师道品行端正和善，自然没有过错；但为人怯懦，关键时刻指望不上。岑文本性情敦厚，文章写得华丽可观；但持论总是引经据典，难免有些不结合实际。刘洎性情最坚贞，对国家做了很多有利有益的事；然而他喜欢对朋友承诺，难免因私废公。马周见事敏捷，品行端正，评论人和事能够实话实说，凡我交办的事，多能称意。褚遂良学问比较深厚，性格也坚强正直，常对我有忠诚的表现，好像飞鸟依人，令人自然喜欢他。"①

唐太宗身为至高无上的皇帝，对大臣的优缺点直言相告，对优点不夸大，不捧着下属；对缺点不隐瞒，不宠着下属。更难能可贵的是，唐太宗在评论下属时，就像是对朋友的自然之论，完全不同于官方考核，提出的缺点只是希望大臣们"相戒而改之"，并不依此对大臣进行贬降处罚。作为被评论的大臣们，自然受到很大震动：皇帝的话，既对自己的优点充分肯定，又对自己的缺

① 见（宋）司马光：《资治通鉴》卷197，"太宗贞观十八年"。

点一针见血；既充满信任，又寄托期待。作为臣子，怎能不对这样的皇帝感激涕零，从心底里感激皇帝对自己的信任与宽厚！这正是一个英明皇帝的待贤之道。

三、在爱护忠臣、鼓励谏诤方面

古代有种制度，就是专门在朝堂上设置谏官，遇到皇帝有不正确的决定时，就站出来提意见，有时甚至是进行激烈的谏诤。当然不光是谏官可以提意见，其他大臣也可以提意见。皇帝如果采纳了意见，就叫“纳谏”。正如唐太宗讲的，历代帝王中能够虚心纳谏的并不多见，大多是喜欢恭维，愿听顺话，而讨厌敢讲真话提意见的人。更有甚者，历史上因直言敢谏而被罢官、杀头的也不在少数。正因如此，古代皇帝如能做到虚心纳谏，就诚属难能可贵了，而唐太宗就是这样一个值得称道的人。

史书称，唐太宗虚心纳谏，而且鼓励直谏。他对公卿大臣们说：“人欲自照，必须明镜；主欲知过，必藉（借）忠臣。”① 在太宗面前，提意见不但不受歧视、排挤，而且提得好的还会受重赏，有的被提拔重用，有的被赐予金银绸缎等。在太宗的一贯鼓励下，他的周围先后出现了不少敢于直谏的人，如魏征、王珪、刘洎、岑文本、马周、褚遂良等，其中尤以魏征忠谏的故事为人们所津津乐道。

魏征原是李世民之兄李建成属下的官员，他曾经劝说李建成及早除掉李世民。李世民发动玄武门之变杀了李建成，以后又当了皇帝成了唐太宗，他了解魏征的为人和才能，因而不但不杀魏征，而且加以重用。魏征为人正直，敢于直言，受到唐太宗的信

---

① （唐）吴兢：《贞观政要·论求谏第四》。

任，他先后进谏200多件事，大多被唐太宗采纳。

《资治通鉴》有这么一段记载：魏征状貌不过中等，而胆识过人，善于劝说皇帝回心转意，经常是犯颜直谏，有时碰上皇帝大怒，魏征仍神色自若，最后皇帝也只好收威息怒。有一次，魏征从城外办事回来，对太宗说："听说陛下您要到南山游玩，外头车马都准备好了，而最后没去，这是为什么？"太宗笑着说："当初确实想去游玩，由于怕你责怪，所以终止啦。"还有一次，太宗得到了一只特好的鹞鹰，非常喜欢，将鹞鹰架在胳膊上玩得很开心，突然望见魏征向这边走来，急忙将鹞鹰藏于怀中。魏征故作不知，跟太宗没完没了地说事。由于时间过长，鹞鹰竟被憋死在太宗的怀中。① 从这两件事上，我们可以看出唐太宗对待批评的诚恳态度。按说，偶尔出外游玩一次、玩一下自己喜欢的鸟也没有什么，但他担心魏征批评他玩物丧志，所以主动终止了出外游玩和玩鸟的事情。

唐太宗之所以能够长期做到虚心纳谏，爱护直臣，总的来说是由于他头脑清醒，能以社稷为重，心怀天下，对自己要求严格；另外，与他有一个贤内助也有关。长孙皇后深明大义，她经常在唐太宗面前说忠臣贤才的好话，为了表彰魏征的忠心耿耿，敢于直言，她还赏赐魏征钱和绢匹，并让人传话说：听说您正直，所以给您赏赐，您要保持这种正直品行，千万不要改变。有一次唐太宗下朝，很生气地说："早晚要杀了这个乡巴佬！"皇后问跟谁生气，唐太宗说："魏征经常在朝堂上反驳我，让我下不了台。"皇后听后便退出去，换了朝服回到庭上。按照规定，只有在受册封、祭祀、朝会等隆重场合，皇后才穿朝服正装。所以，唐太宗

---

① 见（宋）司马光：《资治通鉴》卷193，"太宗贞观二年十月"。

很吃惊地问其原因，皇后说：“我听说‘主明臣直’。现在魏征这么‘直’，肯定是由于陛下您的‘明’才这样啊，我敢不祝贺吗?”唐太宗听后转怒为喜。①

唐太宗及长孙皇后能以这样敬畏、诚恳的态度对待臣子的批评，并对批评人给予积极鼓励，加以爱护保护，那是什么样的胸怀！这与那些老虎屁股摸不得，听不进不同意见的大大小小的领导者比起来，真是天壤之别。我们应该由此受到教育和启发。

唐太宗的爱才不是装点门面，博一个爱才名声，而是真爱、真用，而且真动感情。他对魏征说：“你所劝谏我的，前后共二百多件事，都符合我的想法，如果你不是忠诚奉国，怎么能做到这样?”魏征去世后，“太宗亲临恸哭”，并亲自为他写了碑文，又亲自书写到碑石上。他对旁边的大臣们说：“夫以铜为镜，可以正衣冠；以古为镜，可以知兴替（国家的兴亡更替）；以人为镜，可以明得失。朕常保此三镜，以防己过。今魏征殂逝（去世），遂亡一镜矣！”一边说一边哭，“泣下久之”，哭了很久才止住。②

唐太宗不仅是对魏征如此，对其他贤臣也是如此。如秘书监（官名）虞世南，唐太宗说他有“五绝”：一是品德端正；二是忠诚正直；三是学问渊博；四是文章华美；五是书法出众。虞世南死时，唐太宗“哭之甚恸”。他对人说：“虞世南为国事拾遗补阙，没有一天不是这样。实在是当世名臣，做人的楷模。我有小善，他便顺势促成；我有小过，他必然打破情面劝阻我。现在他走了……我的痛惜之情实在是用言语难以表达的！”③

① 见（宋）司马光《资治通鉴》卷194，“太宗贞观六年”。

② 见（唐）吴兢：《贞观政要·论任贤第三》。

③ 见（唐）吴兢：《贞观政要·论任贤第三》。

唐太宗对贤臣的这种感情，怎能不使贤臣们为之感动，为其效命？士为知己者死！房玄龄原来是隋朝的小官，因犯错误而被开除，后投奔李世民，一见如故，当场任用。史书说："玄龄既喜遇知己，遂罄竭心力。"① 就是要将全部心力毫无保留地奉献给唐太宗。不用说，其他贤才在唐太宗面前的心态，大体也是如此。

由于唐太宗的爱才、揽才、用才、护才，因而他的周围逐渐聚拢了一大批优秀的文臣武将。为了表彰这些优秀人才的丰功伟绩，以表达"念功之怀"和"旌贤之义"，唐太宗命人在凌烟阁的墙壁上画像旌表开国功臣，还亲自写赞词，书法家褚遂良题阁名，画家阎立本为功臣画像。被画像表彰的有长孙无忌、房玄龄、杜如晦、魏征等二十四位。功绩不如他们，但也可称为优秀人才的人，肯定还有很多。贞观年间确实是贤才济济，群星灿烂！有这么一大批优秀人才为唐太宗效力，国家怎能治理不好？唐太宗在位二十三年，这在历史长河中只是一瞬间，而这一瞬间闪出的光辉，却一直照耀后世，今天的人们仍然知道"贞观之治"。这对人们有什么启发吗？

范仲淹曾评论此事，他在《选贤任能论》里说："张良、陈平之徒，秦失之亡，汉得之兴。房（玄龄）、杜（如晦）、魏（征）、褚（遂良）之徒，隋失之亡，唐得之兴。故曰：得士者昌，失士者亡。"② 这段话之所以说得好，是因为它道出了一个浅显而深刻、不难于理解而难于实行的大道理，那就是"事情成败的关键就是能不能发现人才，能不能用人才"③。

---

① 见（唐）吴兢：《贞观政要·论任贤第三》。

② （宋）范仲淹：《范文正公文集·选贤任能论》。

③ 邓小平：《建设有中国特色的社会主义》增订本，人民出版社 1987 年版，第 78 页。

第二节　贤才为治国之宝

我们在前面已经讲过，朱元璋依靠得贤才而取得天下。那么，治天下，他依靠什么呢？在这方面，他的头脑同样比较清楚。

洪武四年（1371年），朱元璋对中书省的大臣们说："今天下已定，致治之道在于任贤。"① 致治之道，就是实现天下大治的办法。朱元璋在这里说得很肯定，办法就在于任用贤才。

朱元璋对于访求治国贤才的重要性，认识得比较早，抓得也比较早。他虽然在争夺天下时，已经笼络了一批优秀人才，但他明白，胜利之后要管理好这么大一个国家，这些人才还远远不够。打天下需要贤才，治天下同样需要贤才，而且需要更多的各类贤才。朱元璋在做皇帝前夕，就派人带着钱和帛"求贤于四方"。即位后，"洪武元年征天下贤才至京，授以守令（地方长官）"。同年冬天，又派一些官员"分行天下，访求贤才"。洪武六年（1373年）又设置许多科目，令有关部门"察举贤才"，首重德行，次重才学，不论出身贵贱，"由布衣而登大僚者不可胜数"，②很多原来是普通百姓但有才的人也做上了大官。洪武十七年（1384年）重新实行科举制度，选拔录用工作逐步走上制度化。

为什么在开国之初，朱元璋多管齐下，那样急迫地招揽人才？一方面与当时百废待举，各地各部门都需要官员的实际情况有关；而更重要的是，朱元璋有明确的指导思想。洪武六年，朱元璋在一道诏书中讲清楚了这件事，他说："贤才不备，不足以为治。鸿鹄之所以能飞得又高又远，是因为它有羽翼啊；蛟龙之所以能

① 《明太祖实录》卷60。

② 见（清）张廷玉等：《明史》卷71，《选举三》。

够翻腾跳跃，是因为它有鳞甲啊；君主之所以能使国家实现大治，是因为有贤人辅佐他。如今在野人士中有德才优秀者，有关部门要进行举荐，以礼相待，护送到京，我要任用他们，目的是实现国家大治。”① 这段话有两个意思：其一是说君主必须有贤人辅佐才能把国家治理好；其二是命令有关官员要把推荐人才作为一项大事来抓。

朱元璋不但自己深刻认识到任用贤才治国的必要性和重要性，还要求各级官员在这方面都要提高认识，并贯彻到实际工作中去。为此，他严厉批评那些对用人重要性缺乏认识的人，并经常把以往的历史教训讲给群臣听。

洪武十五年（1382 年）八月的一天，有个广东的学者给朝廷上了一篇《治平策》，洋洋洒洒地写了很长。朱元璋看了之后对旁边的大臣讲：“这人根本不懂治国理政的道理，前后数千言，竟然没有涉及任用贤才的问题，真是岂有此理！天下之大，难道让我一个人独自治理吗？历史上即使有绝顶圣明的君主，也还是以用人为重，什么时候说过人才不重要了呢？总之，光凭一个人的智慧，看问题就片面狭窄，任用和依靠贤才，看问题才能全面而广泛。”②

在上面这段话里，朱元璋特别批评了君主“光凭自己一人智慧”的错误，他将这种错误称为“独智自用”或“独任其智”。

---

① （清）张廷玉等：《明史》卷 71，《选举三》：“（洪武）六年复下诏曰：‘……盖贤才不备，不足以为治。鸿鹄之能远举者，为其有羽翼也。蛟龙之能腾跃者，为其有鳞鬣也。人君之能致治者，为其有贤人而为之辅也。山林之士德行文艺可称者，有司采举，备礼遣送至京，朕将任用之，以图至治。’”

② 《明太祖实录》卷 147：“八月丁卯，有广东儒士上治平策。上览之，顾谓侍臣曰：‘此人不识道理，岂有涉数千言论治，而不及用贤。天下之大，欲朕一人自理之乎？虽有至圣之君，犹以用人为重，曷尝谓人无足用也？盖独智自用，所见者狭，资贤而任，则所及者广。’”

在总结秦朝、隋朝灭亡的教训时，他也讲到了这一错误的危害性。洪武七年（1374 年）七月，朱元璋对随侍左右的大臣们说：“开创大业的人不可以独自进行，也不可能独自成功”，必须“择贤任能”。“秦朝、隋朝在它们的末年，将那些能出谋划策的奇才和能征善战的英雄弃而不用，使他们分别投奔了汉高祖和唐朝的主人，而自己‘独任其智’，结果时间不长就灭亡了。”①

朱元璋亲眼目睹元朝的腐败，并亲手灭亡元朝而建立明朝，这正应了一句成语：殷鉴不远。所以，朱元璋经常给群臣念叨元朝灭亡的教训。在他即皇帝位的前夕（1364 年），有一次他对朝廷大臣说：“（元朝）建国之初，辅佐朝政的大臣们都是贤达之士，由他们举荐的人也都是品德优秀的君子，治国政绩很像个样子。但到了后来，小人擅权，奸邪竞进，他们任用自己的亲朋故旧，结党营私，中央和地方各级政府机构贪婪无耻，从此国家法度日益松懈，朝纲不振，以至于土崩瓦解，最终不可救药。”②

确如朱元璋所说，元朝最高统治者虽系少数民族，起自沙漠，但仍然脱离不了这样一个规律，那就是依靠人才打天下，依靠人才安天下。因为没有优秀人才的辅佐，统治者就难以形成正确的政治路线和军事策略，因而不可能成功。举一个例子，元初有一个叫耶律楚材的契丹人，十七岁中进士，为官三十多年，官至丞相。此人为蒙古统治者统一中原出谋划策，功勋卓著，对保存和发扬中华文化也作出了很大贡献。成吉思汗时，有几位亲信近臣

① 《明太祖实录》卷 100：“庚申，上御右顺门，谓侍臣曰：‘……秦隋之季，弃群策于汉高，委英雄于唐主，独任其智，未几而亡。’”

② 《明太祖实录》卷 14：“丁巳，上谓廷臣曰：‘元本胡人……建国之初，辅弼之臣率皆贤达，所进用者又皆君子，是以政治翕然可观。及其后也，小人擅权，奸邪竞进，举用亲旧，结为朋党，中外百司贪婪无耻，由是法度日弛，纪纲不振，至于土崩瓦解，卒不可救。’”

给成吉思汗出主意说："汉人对国家没有用处，应该把他们全部杀掉，将中原一带变成牛羊牧场。"① 我们今天的人看了这一史料，会不会吓一跳？因为像成吉思汗这样没有文化的少数民族领袖，如果没有人反对，说不定会采纳这一野蛮主张（我们只要想一想四百多年后清军入关时，为了逼迫汉人剃光半个脑袋留辫子，竟然屠城，造成"扬州十日""嘉定三屠"的惨状，就会相信将中原变牧场的坏主意不是不可能被采纳）。在这关键时刻，耶律楚材坚决反对，他对成吉思汗说：你只要不动中原地区，我保证让你一年可得到"银五十万两，帛八万匹，粟四十余万石"。成吉思汗半信半疑地说：那你就试试吧。后来耶律楚材兑现了承诺，成吉思汗当天就让他担任了中书令。成吉思汗死后，元太宗窝阔台即位。耶律楚材又建议实行了开科取士制度，理由是"制器者必用良工，守成者必用儒臣"。结果，一次考试便"得士凡四千三百人"，充实了各级官吏队伍。在一次集会上，元太祖亲自向耶律楚材敬酒说："没有你，中原不会有今日。我之所以能睡安稳觉，全是你的功劳啊！"②

以上由朱元璋的一番话，引出了元朝的一段故事。现在回过头来再说朱元璋。朱元璋从历史经验教训中，认识到招贤用贤的重要性，他几次在大臣面前讲"贤才就是国宝"的道理。朱元璋能有这样深刻的认识，固然与他的才智过人有关，同时与他有个贤内助也有很大关系。

朱元璋的皇后姓马，史称马皇后，"仁慈有智鉴，好书史"。就是说她有仁爱之心，而且有智慧、有见识，爱读书，喜欢历史。

---

① （明）宋濂等：《元史》卷146，《耶律楚材传》："近臣别迭等言：'汉人无补于国，可悉空其人以为牧地。'"

② 见（明）宋濂等：《元史》卷146，《耶律楚材传》。

朱元璋经常在群臣面前夸自己的老婆，说她贤惠“同于唐（太宗的）长孙皇后”。马皇后听说后谦虚地说：“我哪敢与长孙皇后比。”并对朱元璋说：“我听说，夫妇之间相互保护比较容易，君臣之间相互保护就难啦。陛下您能不忘我曾和您同贫贱，这很好；但愿您也能不忘群臣曾经和您同艰难啊！”我们只要想想朱元璋后来杀戮功臣的行为，就会感到马皇后这话的针对性和预见性。

下面的故事更能折射出马皇后的远见卓识：朱元璋在南京即帝位后，命徐达、常遇春率大军北伐。他们攻下元朝都城后，将搜获的传国玉玺送到南京，朱元璋非常高兴。马皇后却说：“元朝有此宝物而不能保住天下，这说明帝王应当拥有自己真正的宝物。”朱元璋说：“我明白你说的意思是‘得贤为宝’。”皇后拜谢说：“确实就是陛下所说的。我与陛下同起于贫贱，能到今天不容易，唯恐因为‘骄纵生于奢侈，危亡起于细微’。所以希望陛下能得到贤人共同治理天下。”朱元璋听后感叹不已，称赞道：“你说的真是至理名言啊！”①

从此之后，朱元璋多次讲起视贤为宝的话题。洪武六年（1373 年），朱元璋在一道诏书里说：“贤才，国之宝也。”② 洪武十二年（1379 年），朱元璋对礼部大臣说：“管理国家，就好像建筑大厦，不是用一根木头就能建成的，必须聚集很多木材而后才可以建成；国家也是这样，不是一个人所能独自治理的，必须选拔很多贤才而后才能治理。所以，为国得宝，不如荐贤。”③

纵观朱元璋的创业历史，可以说他在招贤用贤方面做得很到

① 见（清）张廷玉等：《明史》卷 113，《太祖孝慈高皇后传》。

② （清）张廷玉等：《明史》卷 71，《选举三》。

③ 《明太祖实录》卷 128：“洪武十二年……上谓礼部臣曰：‘为天下者，譬如作大厦，非一木所成，必聚材而后成；天下非一人独理，必选贤而后治。故为国得宝，不如荐贤。’”

位，但在爱才护才方面做得很不够，特别是在后期，他迭起大案，杀戮过多，使群臣真正尝到了“伴君如伴虎”的滋味。我们在这里不是全面评价朱元璋是如何对待人才的，主要是从研究用人思想的角度来探讨他的有关论述和观点。不管怎么说，朱元璋关于治国需要贤才的论述、视贤才为国宝的观念以及招贤用贤的许多做法，都给后世留下了有益的启发。

第三章 治天下以用人为本

清代雍正皇帝有一句概括用人重要性的话，可以说是高屋建瓴，振聋发聩。他说："治天下以用人为本，其余皆枝叶事耳。"①雍正帝说，用人是治理国家的根本大计，其余的事当然也很重要，但与用人这件事比起来，就是次要的。如果将用人比作一棵大树的根和干的话，其余的事只能算作枝和叶了。

现在可能有人对雍正帝这句话很是不以为然，认为治国的根本应是发展经济、实行改革一类大事，怎么会是用人呢？这要看你怎么看。首先，你必须站在国家领导人的角度，从政治家的角度去看问题；其次，要辩证、全面地看问题，不能不分时间、不分地点地叫死理。我们不妨重温一下邓小平同志1992年南方视察时的一段话："中国的事情能不能办好，社会主义和改革开放能不能坚持，经济能不能快一点发展起来，国家能不能长治久安，从一定意义上说，关键在人。"② 如果我们对"关键在人"这四

① 中国第一历史档案馆编：《雍正朝汉文朱批奏折汇编》（七），江苏古籍出版社1991年版，第841页。

② 《邓小平文选》第3卷，人民出版社1993年版，第380页。

个字能够确有领悟的话，那么对治国以用人为本也就不难理解了。

在古代是不是只有雍正帝这样说过？其他政治家、思想家是不是也这样认为？这样认为的理由又是什么？本章将围绕这些问题展开论述。

第一节 为政在于用贤

战国思想家墨子较早地提出了尊贤用贤是为政之本的思想。《墨子》一书提出了尚贤、节用、兼爱等十种主张，其中尚贤是反对贵族的官位世袭制度，主张“官无常贵，民无终贱”，谁有才能谁就应该做官。尚贤的“尚”是崇尚、尊重的意思；而真正做到尚贤，应该是将贤人安排到合适的位置上，使其充分发挥作用。所以，尚贤的基本涵义是尊贤用贤。《墨子·尚贤》篇里，有几处谈到了尚贤是为政之本的道理。

墨子说：“那些担负着治国理政重任的王公大臣们，不能不以任用贤能之士作为国家政务的根本任务啊。所以国家如果拥有众多的贤良之士，那么国家安定的基础就雄厚；如果贤良之士少，那么国家安定的基础就薄弱。所以为政者的根本任务，不是别的，只是大量地吸收和使用贤才而已。”①

他又说：“如果想继承尧、舜、禹、汤四位仁君的治国之道，就不可以不尊贤用贤。尊贤用贤，是为政之本啊！”② 尧、舜、禹、汤这四位帝王的共同特点是尊重贤人，共同做法是选贤任能。

---

① （先秦）《墨子·尚贤》：“是在王公大人为政于国家者，不能不以尚贤事能为政也。是故国有贤良之士众，则国家之治厚；贤良之士寡，则国家之治薄。故大人之务，将在于众贤而已。”

② （先秦）《墨子·尚贤》：“尚欲祖述尧舜禹汤之道，将不可以不尚贤。夫尚贤者，政之本也。”

所以墨子说，要想学习他们的治国之道，就是要尊贤用贤，这才是处理国政的根本。

治天下以用人为本的思想，为历代有作为的统治者和有远见卓识的思想家所认可、推崇，并加以发挥。例如，诸葛亮说："治身之道，务在养神；治国之道，务在举贤。是以养神求生，举贤求安。"① 他又说："国危不治，民不安居，此失贤之过也。夫失贤而不危，得贤而不安，未之有也。"② 诸葛亮认为，治国的主要方法就是任用贤才。理由就是：失掉贤人国家就危亡，得到贤人国家就安定，这是必然的，相反的情况从来没有过。这话说得是不是有点绝对？从形式上看，它是有点绝对，但历史事实反复证明它是对的。

东晋的著名学者、道教理论家葛洪这样说："没有舟船而想横渡大海的，没见过有渡过去的；没有良臣辅佐而想把天下治理太平的，没听说有成功的。"说到这里，他得出了自己的结论："故招贤用才者，人主之要务也。"③

清代初年有个叫唐甄的学者，做过知县，对用人问题也颇有研究。他讲用人重要性时，有几句很有分量的话，他说："国家政务包括的事项很多，但只有用贤是国家的头等大事。国家治乱的原因在于它，国家兴亡的原因在于它，除它之外没有别的原因。总之，国家的治乱兴亡全是由用贤如何所决定的。"④

① （三国）诸葛亮：《诸葛亮集·便宜十六策·举措》。《便宜十六策》在《隋书·经籍志》中有收录。

② （三国）诸葛亮：《诸葛亮集·便宜十六策·举措》。

③ （晋）葛洪：《抱朴子·贵贤》："舍轻艘而涉无涯者，不见其必济也；无良辅而羡隆平者，未闻有成也……故招贤用才者，人主之要务也。"

④ （清）唐甄：《潜书·下篇上·主进》："为政亦多务矣，唯用贤为国之大事。治乱必于斯，兴亡必于斯，他更无所于由也，一于斯而已矣。"

既然用人问题是治理国家的根本大计，那么招贤用贤就应该是君主的基本责任。古人对此亦多有论述。

孟子说："尧把得不到舜这样的人作为自己最为忧虑的事，舜把得不到禹和皋陶这样的人作为自己最为忧虑的事。因为自己的田地种得不好而忧虑的，那是农夫。把钱财分给别人叫作惠，教人去做善事叫作忠，为天下找到贤人叫作仁。所以说，把天下让给别人比较容易，为天下找到贤人就比较难啦。"① 这给后来治国者一个提示：要做尧舜之君，首先就要像他们那样，将招贤用贤作为自己第一位的责任。

古人认为，招贤用贤、知人善任不仅是帝王的责任，凡具有选贤荐贤之责的大臣，特别是宰相都有不可推卸的责任。古代的宰相是百官之长，如果宰相只知忙于具体事务，而不注意发现人才，并及时向朝廷推荐人才，那么这样的宰相就不是称职的宰相。春秋时的楚国有这样一个故事：有一天，楚庄王退朝回来晚了，他的夫人樊姬问他为什么回来晚了，庄王说："今天与贤相说话，不知不觉就晚了。"樊姬问："贤相是谁?"庄王说就是虞丘子。不料想樊姬语出惊人，她说："虞丘子身居相位数十年，竟没有推荐一个贤人。如果他知道有贤人而不推荐，这是对国家不忠；如果他不知道有贤人，说明他没有识人的智慧。这样的人，怎么是贤相呢?"第二天上朝，楚庄王便将樊姬的话告诉了虞丘子。虞丘子叩头说："樊姬说得对。"于是虞丘子辞掉相位并推荐孙叔敖。孙叔敖做了宰相后，庄王终于称霸于诸侯。② 从这个故事里

---

① （先秦）《孟子·滕文公章句上》："尧以不得舜为已忧，舜以不得禹、皋陶为已忧。夫以百亩之不易为已忧者，农夫也。分人以财谓之惠，教人以善谓之忠，为天下得人者谓之仁。是故以天下与人易，为天下得人难。"

② 见（汉）刘向：《新序·杂事》："（樊姬曰）今虞丘子为相数十年，未尝进一贤。知而不进，是不忠也；不知，是不智也。安得为贤?"

看，虞丘子还是个不错的官员，楚庄王对他的工作是满意的，称他为“贤相”。但他有一条，为相若干年没有推荐出一个贤人，这作为国相来说就不称职。他自己对别人提的这条意见也心悦诚服。另有一处史料说，虞丘子是做了十几年楚相后，自动提出辞职并推荐孙叔敖的。楚庄王开始不同意他辞职，他讲了几句话很有深度，打动了楚庄王。他说：“长期占据一个有丰厚俸禄的重要职位，这属于贪婪；不向国家推荐贤能之人，这属于欺骗；不肯让出自己的职位给贤能之人，这属于不廉。这三项都做不到的，属于不忠。您不能让我做一个不忠的人，所以一定要答应我辞职。”① 话都说到这份上，楚庄王只有答应了。我们从虞丘子讲的这三条中可以看出，关键是要推荐贤能，特别是要推荐比自己强的人。这一条做到了，其他两条自然就不成什么问题了。

唐太宗对宰相之责说得更明确。贞观初年，房玄龄、杜如晦分别担任左、右仆射（唐代的宰相职务）。有一天，唐太宗对他们说：“你们二位身为宰相，应当广求贤人，并根据他们的才能加以任用，这是宰相的职责呀。听说你们每天受理诉讼案件，忙得一点儿空闲都没有，这怎么能帮助我选拔贤才呢！”② 于是唐太宗又下了一道命令：以后凡尚书省的具体事务，都交给下属官员去做，只有需要向皇帝报告的大事，才由宰相办理。这样，宰相就有足够的时间去关心选拔贤才的事情了。

唐代文学家、被誉为唐宋八大家之首的韩愈，对宰相之职

---

① （先秦）《楚史梼杌》：“虞丘子曰：‘久固禄位者，贪也；不进贤能者，诬也；不让以位者，不廉也。不能三者，不忠也。’”

② （宋）司马光：《资治通鉴》卷193：“丁巳，上谓房玄龄、杜如晦曰：‘公为仆射，当广求贤人，随才授任，此宰相之职也。比闻听受词讼，日不暇给，安能助朕求贤乎！’因敕‘尚书细务属左右丞，唯大事应奏者，乃关仆射。’”

也有论述。他说："公开透明和公正无私地选拔人才，使各类人才都能扬长避短地发挥作用，以委婉有余为良好，以出众超群为英杰，比较他们的长短优劣，根据各自特点安排合适的职位，这是宰相的为政方法。"① 在韩愈看来，公正地选拔人才和合理地使用人才，是宰相从事政务活动的基本内容和基本方法。

南宋有一个官员叫杨万里，任过东宫侍读、秘书监等职，是一个学者型官员，对人才问题比较有研究。有一次宰相王淮问杨万里："我这个当宰相的，最先应该关注的事情是什么？"杨万里只回答了两个字："人才。"②

金代比较英明的皇帝金世宗，有一次对宰相说："推举贤人、辞退不肖之徒，这是宰相的职责啊。有才能高于自己的，可能怕他得到重用后分了自己的权力，因此往往不肯把他推举到与自己并列的位置，我对这种做法很不喜欢。希望你们不要有这种思想。"③ 看来，一些大臣不愿荐贤的私心，早已被皇帝摸透了。

元世祖忽必烈非常器重的大臣程钜夫，在给皇帝上书时也特别强调宰相的进贤之责。他说："天子之职，莫大于择相；宰相之职，莫大于进贤。"④ 诚可谓言简意赅，发人深省。

---

① （唐）韩愈：《韩昌黎文集·进学解》："登明选公，杂进巧拙，纡馀为妍，卓荦为杰，较短量长，惟器是适者，宰相之方也。"

② （元）脱脱等：《宋史》卷433，《杨万里传》："王淮为相，一日问曰：'宰相先务者何事？'曰：'人才。'"

③ （元）脱脱等：《金史》卷6，《世宗本纪上》："二年正月……庚午，上谓宰相曰：'进贤退不肖，宰相之职也。有才能高于己者，或惧其分权，往往不肯引置同列，朕甚不取。卿等毋以此为心。'"

④ （明）宋濂等：《元史》卷172，《程钜夫传》。

第二节　为政万端　非贤不理

如上节所述，古人认为，用人（用贤）是为政之本。这马上就涉及两个问题：第一，古代是君主政体，国家的一切事情，由君主说了算，君主是名副其实的治国理政的主宰。君主主政与用人是什么关系？贤人理政会不会妨碍君主主政？第二，治国的事务很多，有很多工作都是非常重要的。用人与其他重要工作是什么关系？把用人放在第一位，会不会影响其他工作的重要性？只有把这些问题说明白了，治天下以用人为本的观念才能为人们所理解和接受。

一、用贤理政和君主主政的关系

古人认为，君主和臣子的角色是不同的，因而在治国理政中的作用也是不同的，二者不能混淆。汉代学者刘向说："知人者主道也，知事者臣道也。主道知人，臣道知事，勿乱旧法，而天下治矣。"①"知"这里是"主持"的意思。"知事"就是主持（或主管）某项或某地事务，古代官职有"知府事""知县事"（简称知府、知县）等。整个意思就是：君主的职责是主持用人，臣子的职责是负责办事。只要这一老规矩不打乱，国家肯定能治理好。反之，如果君主越俎代庖，亲自去办应该是臣子们办的事，而大臣越权操纵了用人大权，那么国家肯定会乱。无数历史事实都证明了这一点。

由于君主与其他人的角色不同，因此评价他们能力高低的标

① （汉）刘向：《说苑·君道》。

准也就不同。荀子说："作为国君，他的能力主要表现在善于用人上；而一个普通人的能力如何，就要看他自己了。"① 接着，荀子又作了一番阐述，意思是：君主一人管理天下，还能够行有余力，那是因为他使用别人去干事；如果他凡事都要亲自去干，那么他的劳累痛苦就没人能比了，那样的话，即使是奴婢也不愿意跟他交换位置。

历史告诉我们，在治国实践中，并不是所有君主都能明白君主主政与大臣理政之间的关系。有的君主，事无巨细都揽在自己手里，只有亲自处理才放心，结果事倍功半，费力不讨好；有的君主善于抓大事，尤其注重用人，注意发现、识别和任用各类优秀人才，给每个重要岗位都安上合适的人选，结果事半功倍，天下大治，自己也做到了应付自如，游刃有余。这后一种情况，古代称之为"国治身逸"，即国家治理好了，君主还能劳逸结合，日子过得轻松愉快。

古代有很多人讲过"国治身逸"的道理。《吕氏春秋》讲了这样一件事：战国时期魏国的君主魏文侯，以卜子夏（孔子的学生）为师，同田子方（贤者）交朋友，对段干木（贤者）以礼相待，于是"国治身逸"。《吕氏春秋》接着评论道："凡是贤明的君主，又何必亲自操劳辛苦、愁闷忧虑呢？只要抓住用贤这一要务就可以了。"②

国家之大，事务繁多。人们常说，皇帝"日理万机"，虽没人相信当皇帝的真的一天要处理上万件事，但也没人批评这是吹

---

① （先秦）《荀子·王霸》："人主者，以官人为能者也；匹夫者，以自能为能者也。"

② （秦）吕不韦：《吕氏春秋·开春论》："魏文侯师卜子夏，友田子方，礼段干木，国治身逸。天下之贤主，岂必苦形愁虑哉？执其要而已矣。"

牛撒谎，因为整个国家需要处理的事务何止千万！但这么多的事全由皇帝一人处理，那是不可能的，其中绝大多数事是皇帝管不了、管不好、也不该管的事。对此，一些英明皇帝是了然于胸的。

唐代贞观四年（630 年）七月，唐太宗与房玄龄等人有一段谈话，其中道理非常深刻。唐太宗问："你们认为隋文帝是个什么样的君主?"房玄龄等回答说："隋文帝能自觉地约束自己，使自己的言行合乎礼的要求，他勤劳思政，每天坐朝议政，有时直到太阳偏西才罢朝。凡五品以上的官员，他都亲自接见并与他们讨论国事。对守门警卫人员他也关心，还亲自传饭给他们吃。隋文帝虽说不上仁慈圣明，但也称得上是一个励精图治的君主啊。"就事论事，大臣们说得也没错。可唐太宗不以为然，讲了一大段话，见解独到，发人深省。他说："你们只知其一，不知其二。这个人的本性是看事情过于细致，而内心不圣明。心不明则有的事就看不透，看事过于细致就容易多疑。由于他自己是用欺侮孤儿寡母的手段得到天下的，所以他认为群臣不可信任。因此，事无巨细都由自己决定，尽管他累得筋疲力尽，面容憔悴，也无法把事情都办得合情合理。朝臣们知道隋文帝的想法，也就不敢再说实话，结果宰相以下所有官员，只有按旨意去办就是了。而我的想法不是这样，以天下之广，岂可独断于一人的考虑？我要选天下之才，来办天下之事，委任职务明确责任，各尽其用，这样可能更合理一些。"①

在另一场合，唐太宗又说："治国要得到匡正辅助，必须依靠忠良之臣。能任用合适的人才，天下自然治理得好。""所以访

① （后晋）刘昫等：《旧唐书》卷 3，《太宗本纪下》。（原文较长，只录最后几句关键话）"以天下之广，岂可独断一人之虑？朕方选天下之才，为天下之务，委任责成，各尽所用，庶几于理也。"

求贤才比较辛苦，但任用了贤才，君王就可以安逸。”①

朱元璋也讲过治国必须依靠群策群力的道理。洪武八年(1375 年)，他对宋濂等大臣说：“自古以来，凡是国家的君主，没有不依靠贤才辅佐而能够独自治理国家的。”② 朱元璋的论述与李世民如出一辙。清代的康熙皇帝，是中国历史上最英明的皇帝之一，他在位 61 年，励精图治，善于学习，总结了不少治国经验。康熙五十六年（1717 年)，他对大臣们说：“我即位已五十余年了，天下太平，国泰民安，这都是依靠各位大臣做我的助手和耳目的结果啊。正如朱熹所讲的，‘为政在于用人’。”在肯定了群臣们的作用之后，康熙帝又对大臣们提出了要求：“大小官员都应真心实意，尽职尽责，要直言勿隐，敢于提出不同意见，这才是国家和百姓的福气。特别是当大臣的，要识大体顾大局，不可计较鸡毛蒜皮的小事，要注意宽厚待人。”③

治国大计，君主不能独理，而需要贤才辅佐。这一道理，不光是那些头脑比较清醒的君主明白，那些担负一定责任、关心国家大事的臣子们更明白，只是大多数选择了沉默，因为如果直言此事，便有蔑视皇帝之嫌；所以一般见了皇帝，都是恭维“皇帝圣明”“日理万机”之类。但也有少数敢于直言的，会当面讲给皇帝听，以起到提醒或警示作用。

宋代苏辙甚至这样说：“作为君主，其最大的优点在于能够

---

① （唐）李世民：《帝范·求贤篇》：“夫国之匡辅，必待忠良，任使得人，天下自治。”“故求之斯劳，任之斯逸。”

② 《明太祖实录》卷 100：“自古有国家者，未有不资贤才而能独理也。”

③ 《清圣祖实录》卷 275：“康熙五十六年丁酉十一月甲戌，上谕大学士等曰：‘朕莅政五十余年，海内升平，皆恃众大臣为朕股肱耳目。朱子亦云为政在于用人。大小臣工俱宜实心任事，直言勿隐，方为社稷苍生之福。为大臣者当识大体，不可琐屑刻薄。’”

知人善任；其最大的毛病在于自己多才多能。”这话有点耐人寻味。我们如果夸奖某人多才多能，那人一定高兴得合不拢嘴。多才多能不是好事吗？帝王多才多能怎么就成了毛病了呢？苏辙继续说道：“对贤才知而善用，就如同这众多贤才的才能全都归自己拥有一样，即使想成为尧舜也是可以做到的。但是自己多才，往往会刚愎自用，虽然身边有贤才也没地方用。这样的话，君主顶多是能够做到自立罢了，就难以有什么作为了。”① 原来道理是这样：一个人再聪明，也远远比不上众多贤才的集体智慧，更何况有些君主是自觉聪明，其实并不聪明。所以，做君主的要以知人善任为能，善于发挥每个人的作用，而不是什么事都要亲自处理才放心。

二、用人与其他重要工作的关系

正确认识君主主政同贤才理政的关系之后，还要正确认识用人同其他重要工作的关系。治国理政，事务繁多，其中有不少是非常重要的工作，甚至是头等重要的大事。如何看待用人与这些重要工作的关系，同样在考验着古人的智慧。难能可贵的是，古人没有用对立思维去考虑用人与其他工作的关系（对立思维者，往往一定要拿出一项工作来与用人比一比，到底哪个重要），而是把用人看作是开展其他工作的前提条件和成败关键。道理很简单，任何事情都是人干的，没有合适的人，什么事情都是办不成的。仁义治国也好，惠及民生也好，实行法治也好，巩固国防也好，治理地方也好，各项工作无不体现“为政在于用人”这一思

① （宋）苏辙：《栾城集后集·史论》：“人主之德在于知人，其病在于多才。知人而善用之，若己有焉，虽至于尧舜可也。多才而自用，虽有贤者无复所施，亦仅自立耳。”

想的正确性。

(一) 用人与实施治国方针的关系

唐贞观元年（627年），唐太宗跟大臣们说："我看自古以来的帝王，以仁义治国者，国运长久；专用法律治理百姓者，虽然当时也管用，但国家败亡也快……如今我打算用仁义诚信来治理国家，希望能革除近代以来浅薄虚浮的不良风气。"黄门侍郎王珪听到这里便回答说："道德仁义确实丧失很久了，陛下您打算移风易俗，这是万代之福；'但非贤不理，惟在得人'。"① 王珪是唐太宗信任的贤臣之一，他首先肯定唐太宗关于移风易俗、"以仁义治国"的方针是正确的，然后在"但"字后对唐太宗进行了必要的提醒：您的打算是好的，但别忘了，再好的打算如无贤才来办也得落空，所以您首先还得选拔合适的人才。唐太宗马上表示赞成，并说自己做梦都想着求贤的事。

明代清官海瑞对此也有一句非常精辟的论述："天下之事，图之固贵于有其法，而尤在于得其人。"② 意思是说，国家的事，要想把它做好，方针、方法合适固然重要，而更重要的是要找到合适的人才。

王珪的"非贤不理"也好，海瑞的"尤在于得其人"也好，都是在阐述这样一个道理：要想把国家治理好，确定正确的治国方针和政策非常重要；但仅仅是有了正确的方针政策还不行，更重要的是还要找到合适的人才来贯彻落实。什么事都需要有人干，而不同的人干的效果是不一样的。这样一个明显道理，足以说明

---

① （唐）吴兢：《贞观政要·论仁义第十三》："贞观元年，太宗曰：'朕看古来帝王，以仁义为治者，国祚延长；任法御人者，虽救一时，败亡亦促……今欲专以仁义诚信为治，望革近代之浇薄也。'黄门侍郎王珪对曰：'天下凋丧日久，陛下承其余弊，弘道移风，万代之福。但非贤不理，惟在得人。'"

② （明）海瑞：《海瑞集·治黎策》。

用人与实施治国方针的关系。再进一步说，制定方针政策也离不开用人。方针政策光靠君主一个人去想显然是不行的，必须发挥集体智慧；而方针政策是否正确和科学，则决定于在制定过程中起关键作用的是贤才，还是蠢才，或是歪才、奸才。可见，从确定方针政策到实施方针政策，其成效如何，始终决定于用人是否得当。

（二）用人与惠民便民的关系

儒家思想主张治国要施仁政。孔子说："为政以德，老百姓就拥护，就好像北极星居于中央，受到众星环绕一样。"① 如果不以德治国，不施仁政，会怎么样呢？孟子说："天子不仁，不保四海；诸侯不仁，不保社稷。"② 为政不仁，自己的统治地位就保不住。因此，历代统治者都宣称自己"爱民""利民"，其中自觉性高的还不时推出一些"惠民""便民"的举措。针对这件事，一些有识之士就提出：如果真对老百姓好，那就要选拔一些贤才担任中央和地方的各级长官，这才是根本。

元代有一位优秀人才叫许衡，"凡经传、子史、礼乐、名物、星历、兵刑、食货、水利之类"，无所不通，受到元世祖忽必烈的重用，官至宰辅。他经常上书言事，受到皇帝表扬和器重。他对皇帝说："治国之要，则修德、用贤、爱民三者而已，此为治本。"③ 在讲到如何关心百姓生活的问题时，他的见解更有独到之处。他说："百姓的欢乐和忧愁，取决于用人是否正确。若用称职的人，则百姓得其利；若用人不当，则百姓受其害。自古

---

① （先秦）《论语·为政篇第二》："子曰：'为政以德，譬如北辰，居其所而众星共之。'"

② （先秦）《孟子·离娄章句上》。

③ （明）宋濂等：《元史》卷 158，《许衡传》。

以来论述治国之道的，必然把用人作为第一要务……而今做事不求其本，只是想着改革一两件事务，以为这样就是便民之举了。其实很快就会看到一种弊病刚除，另一种弊病又生，经改革之后施行的事，其给百姓带来的害处，未必不比改革前的更厉害。结果是白白地折腾，恐怕最终是一点好处也没有。所以我们做臣子的希望陛下回过头来考察一下治国的历史规律，选拔任用实实在在的优秀人才，同时重视使用御史的考察权力，严格纠举弹劾和考核的职责，使德才兼备的优秀人才经常被提拔，使不合格的庸劣之人逐步被淘汰。那么，还怎么用得着担心全国百姓得不到安定呢?”①

（三）用人与法制的关系

荀子对此说过一句很有名的话，原话是这样的：“有乱君，无乱国；有治人，无治法。”② 意思是说：世上只有把国家搞得乱七八糟的国君，而没有必然要处于混乱状态的国家；世上只有将国家治理得安定和谐的人，而没有使国家自行变得安定和谐的法律。有人将“有治人，无治法”理解为“世上只有完美无缺的人，而没有完美无缺的法律”，这可能不对，“治”在《辞海》里没有“完美无缺”的意思。还应指出的是，不能把“治人”与“人治”、“治法”与“法治”混为一谈。“法治”是按照法律治理国家的政治主张。我国古代法家主张“以法治国”，“刑过不避

① （元）许衡：《许文正公遗书·论生民利害书》：“生民休戚，系于用人之当否。用得其人，则民赖其利，用失其人，则民被其害。自古论治道者，必以用人为先务……今不求其本，直欲改其事一二，以为便民之举，将见一弊才去，一弊复生，后日改行之事，其害民者，未必不甚于前也。徒见纷更，恐终无益。臣等伏愿皇帝陛下，顾考古道，简用实材，重御史按察之权，严纠弹考核之任，使贤者日进，不肖者日退，则天下之民，何患乎不安?”

② （先秦）《荀子·君道》。

大臣，赏罚不遗匹夫”。古希腊亚里士多德在《政治学》一书里强调法治胜于人治，认为已成立的法律应该得到普遍服从，而大家服从的法律应是制定得良好的法律。资产阶级启蒙思想家也倡导法治，强调法律面前人人平等。现代社会的法治则更强调法律与所在社会的互动、个人与社会的和谐以及人类与自然的和谐。

荀子为什么说“有治人，无治法”呢？他有一番道理：“法不能独立发挥作用，制度也不能自我推行。得到了依法治国的合适人选，法制的作用就存在，失去了这样的人才，法制的作用就会消亡……有了好的人才，法律即使是简约，也能达到周全的效果；没有好的人才，法律即使是又多又细，也不会得到及时实施，不能适应事态的变化，足以造成混乱。不懂得立法的根本意义而只着眼于法律条文的数量，法律虽多，遇到具体问题时还是会乱。”①

元代大臣许衡在上书中专门论述了用人和立法在国家行政事务中的重要地位，主张二者的关系应该是相互配合和协调。他说：“中书省（元代中书省是最高行政总汇，总领百官，与枢密院、御史台分掌政、军、监察三权）的政务不胜其烦，然而它的核心任务在于用人、立法而已。”“管理人，靠的是法；而执法守法，靠的是人。用人和立法如能相互维系协调，上安下顺，那么宰相大臣们在朝廷上就可以悠闲自在，不烦不劳，这就可以体现出‘中书省’的‘省’的意思来了。”②

① （先秦）《荀子·君道》：“故法不能独立，类不能自行，得其人则存，失其人则亡……故有君子，则法虽省，足以遍矣；无君子，则法虽具，失先后之施，不能应事之变，足以乱矣。不知法之义而正法之数者，虽博，临事必乱。”

② （明）宋濂等：《元史》卷158，《许衡传》：“中书之务不胜其烦，然其大要在用人、立法二者而已矣……夫治人者法也，守法者人也。人法相维，上安下顺，而宰执优游于廊庙之上，不烦不劳，此所谓省也。”

明代人吕坤对完善法制与用人之间的关系，说得也很明白。他说："有美意，必须有良法，乃可行；有良法，又须有良吏，乃能成。"① 有了治国的美好愿望，必须有良好的法令；有了良好的法令，还必须有好的官吏。好的法令使美好愿望有了可行性；但能不能成功，使可行性变为现实，关键还要看能否用到合适的人才。

对于用人与法制的关系，体会最深的当属最高统治者（糊涂者除外）。明洪武十四年（1381 年）十一月，苏州有一名百姓向皇帝献上了自己关于实现国家安定的六条建议"治安六策"。朱元璋看完后向身边的近臣作了一番评论："此人有忠君爱国之心，但并不懂得治理国家之道。君主之心当以爱民为主，治国之道当以用贤为先。实现国家安定的途径在于得到贤人，不是单纯依靠法制（'不专恃法'）。现在这个人首先说用法，这是不懂治国实际。"② 实现国家安定，关键在于得到贤人。"治安策"不管有几条，如果没有抓住这个关键，那就是走偏了方向。"不是单纯依靠法制"，这话也很有讲究，就是说法制还是必要的，只是在强调法制建设时，不要忘了用贤这个根本。

总之，古人对于用人与法制的关系认识还是比较全面的。法制是治国理政的重要手段，良好的治国愿望和治国方案要通过一系列法律法令体现出来，法律法令对官员的行政行为和百姓的个人行为都有相当的规范作用和约束作用。但是，法律是人制定的，也是靠人去执行的；法律是否优良，取决于制定者是否贤良；法

---

① （明）吕坤：《呻吟语》卷上。

② 《明太祖实录》卷 140："洪武十四年十一月乙巳，苏州府民有上治安六策者。上览之，以示近臣曰：'此人有忠君爱国之心，但于理道未明耳。盖人主之心当以爱物为主，治国之道当以用贤为先。致治在得人，不专恃法。今此人首言用法，不知务也。'"

律的执行效果也取决于执行官员们是否廉洁奉公。因此，关键还是在于用人。

（四）用人与治理地方的关系

国家之大，治理地方的重要性显而易见。国家的方针政策、法律法规皆出自中央，但贯彻落实得如何还要看地方。只有各个地方都治理好了，整个国家才算治理好。那么，这治理地方与用人又是什么关系呢？

说起地方治理的事情，古人经常提到“子贱治单父”的故事。春秋时期，孔子的学生子贱治理一个叫单父的地方，人们见他不常出门，还经常很悠闲地弹琴，可是单父治理得不错。孔子的另一位学生巫马期治理单父时，做法正好与子贱相反，整天忙碌得不得了，“以星出，以星入”，早晨顶着星星出门，晚上顶着星星回家，日夜不休，事必躬亲，这样做的结果，单父同样治理得很好。巫马期心想：我费了这么大劲，子贱不费劲，而效果却差不多，这是为什么啊？他向子贱请教，子贱说：“我任人，子任力。”意思是，我任用贤能的人帮我治理，我自己自然就安逸；你完全靠自己的力量去办事，自然就劳累。通过这件事，人们都说子贱是一个德才兼备的管理人才。①

子贱治理单父的经验告诉我们：即使是单父这样一个不大的地方，要想治理好，也要把使用人才放在第一位。像巫马期那样，不重视用人，凡事都要亲自动手，披星戴月，才勉强为治。由此可以推断，要治理好比单父更大的地方，巫马期的办法就肯定不管用了。因此，治理地方头等重要的事情，仍然是用人问题。

---

① （汉）韩婴：《韩诗外传》卷2：“子贱治单父，弹鸣琴，身不下堂而单父治。巫马期以星出，以星入，日夜不处，以身亲之，而单父亦治。巫马期问于子贱。子贱曰：‘我任人，子任力。任人者逸，任力者劳。’人谓子贱则君子矣。”

唐太宗是一个治理国家的能手，他的经验之一就是十分重视地方长官的选用。贞观二年（628 年），他对侍臣讲了一段话，既讲了他重视地方官的原因，也讲了他采取的办法。他说："我每天夜里常常思考百姓的事，有时想到深更半夜还不能入睡，唯恐都督、刺史不能胜任抚养百姓的重任。为此我在屏风上写下他们的名字，无论是坐着还是躺着都能看到，如果谁做了什么善政，我也写在他的名字下边。我居住在深宫之中，所见所闻有限，所能委托的唯有都督、刺史，这些人实在是与国家的安定和混乱密切相关，所以治理国家特别需要得到贤能之人。"①

本来唐太宗对选用地方长官一事就非常重视，却还有人不断提醒。贞观十一年（637 年），侍御史马周在一次给唐太宗的上书中又强调说："百姓能够安居乐业的唯一依靠，就在刺史、县令。如果能选用到合适的贤才担任刺史、县令，那么陛下您不用多管，就可以无为而治了。"② 唐太宗听后对马周的话称赞了好半天，然后对侍臣说："刺史由我亲自选拔；对于县令，朝官们每人举荐一人让我决定。"

对于地方治理好坏，关键在用人的道理，有些看似平庸的君主对此也有比较清醒的认识，清代的道光帝就是一例。清代的张集馨著有《道咸宦海见闻录》，其中说到道光十六年（1836 年），他被任命为山西朔平府知府，赴任前，道光帝亲自召见他进行了一番教导，其中讲道："你的操守学问，我早就知道，但管理下

---

① （唐）吴兢：《贞观政要·论择官第七》："贞观二年，太宗谓侍臣曰：'朕每夜恒思百姓间事，或至夜半不寐。惟恐都督刺史堪养百姓以否。故于屏风上录其姓名，坐卧恒看，在官有善事，亦具列于名下。朕居深宫之中，视听不能及远，所委者惟都督刺史，此辈实治乱所系，尤须得人。'"

② （宋）司马光：《资治通鉴》卷 195："侍御史马周上书：'……百姓所以治安，唯在刺史县令，苟选用得人，则陛下可以端拱无为。'"

属官吏的能力如何，还要看你为政的实际情况。做京官和做地方官有所不同，你虽不至于做坏事，但如果持身虽严而不能督察下属官吏，那也是没有完成我给你的任务。州县人员很杂，三教九流都有，你要明察暗访，发现问题告知总督巡抚。”说到这里，道光帝抛出了一句掷地有声的话：“我岂肯以好好地方，听人糟蹋耶！”接着，又语重心长地对张知府说：“‘得人则地方蒙其福，失人则地方受其累。’你读书明理，不用我再给你多说了吧。”读到此，我们也能感到，道光帝是作了一次很不错的任职谈话！

（五）用人与国防的关系

自春秋战国以后，历史上关于优秀将帅决定战争胜利、庸劣将帅导致战争失败的实例比比皆是；但作为皇帝，能够深刻认识到用人得当对于保境安民之作用的，并不是很多。往往是胜利了，却不知是怎么胜利的，以为是“天威所至”；失败了，又不知是怎么失败的，哀叹“天不佑我”。北宋徽宗直到父子宗室及满朝文武大臣全都做了金兵俘虏，也并不知悔恨自己重用蔡京、童贯之流的错误。明末对付清兵屡遭失败，后来在袁崇焕指挥下取得暂时胜利，皇帝却将首功归于阉党头子魏忠贤，连他的孙子也被封为“伯”，同时对袁崇焕却找了一个理由撤销了其巡抚职务。像这类昏君，又怎能不被灭亡？

在优秀人才对于保境安民的作用方面，英明君主的认识是清醒和深刻的。唐太宗关于用人得当胜于数千里长城的论述，就是典型一例。唐代的知名将帅李勣，本姓徐，名世勣，《隋唐演义》里多称呼他的字，叫徐懋功，隋末参加瓦岗军起义，起义失败后降唐。因屡建大功，被皇帝赐姓李，后来还被封为英国公。这个人很会用兵，史称他每次行军打仗，策划周密，临敌应变自如，指挥正确，行动得当。隋代及唐初，北面的突厥非常猖狂，经常南侵进行掳掠。贞观元年（627 年），唐太宗任命李勣为并州都督，镇守边疆。经过一番较量后，“突厥甚加畏惮”，很害怕他，“畏威远遁”，逃得远远的，不敢再到边界作乱。唐太宗对大臣们说：“隋炀帝不懂得精心选拔贤能人才来镇守边关，保护百姓，只知道把长城修得远远的，大量驻扎军队来防备突厥。他头脑糊涂，竟然到了这种地步。我现在委托李勣到并州当都督，就使得突厥畏惧我军威力而远逃，边塞城池安静，岂不胜数千里长城吗？”① 李勣在并州镇守十六年，边境一直平安无事。修筑长城，在古代军事上固然有一定作用，但它毕竟是一种死的防守工事，如无良将镇守，照旧无用。要想做到保境安民，最重要的还是要选用能够审时度势、指挥得当、用兵有方、攻防自如的优秀人才做统帅。而作为皇帝来说，只要对这些优秀人才给予充分信任、大力支持就可以了。唐太宗关于精选贤良胜于数千里长城的观点，所表现出来的远见卓识，确实是一般帝王所难以企及的。

---

① （唐）吴兢：《贞观政要·论任贤第三》：“太宗谓侍臣曰：‘隋炀帝不解精选贤良，镇抚边境，惟远筑长城，广屯将士，以备突厥，而情识之惑，一至于此。朕今委任李勣于并州，遂得突厥畏威远遁，塞垣安静，岂不胜数千里长城耶？’”

第四章 德才兼备 任人唯贤

“任人唯贤，德才兼备”，作为党和国家干部选拔的标准和原则，现在已是众所周知、耳熟能详的事情。《中国共产党章程》第三十三条和《中华人民共和国公务员法》第七条都明确将这一原则写入了规定。但这一用人思想，并不是现代才有的，而是古已有之。毛泽东同志曾经说过：“在这个使用干部的问题上，我们民族历史中从来就有两个对立的路线：一个是‘任人唯贤’的路线；一个是‘任人唯亲’的路线。前者是正派的路线，后者是不正派的路线。”①

由前几章的论述可知，古代政治家、思想家对任人唯贤的必要性和重要性，有着非常深刻的认识，他们将能不能得天下、能不能治天下的关键，正确地归结为能不能尊贤用贤。古人的智慧还不限于此，他们明白，贤人不是抽象的，贤人是有标准的。他们在指出用贤重要性的同时，也在不断探讨贤人需要具备的素质条件，以及应如何掌握这些素质条件之间的辩证关系等。

① 《毛泽东选集》第2卷，人民出版社1991年版，第527页。

第一节　才德兼备　以德为先

从先秦开始，古人在论述人才的素质条件时，就已注意从品德和才能两方面来考虑问题了，并相继提出了“既知（智）且仁”、“才行俱兼”（“行”在这里是品行的意思）、“才行兼备”、“才德兼优”等概念。不仅如此，古人还非常明确，并相当科学地论述了“德”与“才”之间的关系，先后提出了“德”为“才之帅”，用人以“德行为先”（“德行”即道德品行）、“德行为首”、“以德为本”等概念。这些概念与我们现在关于“德才兼备，以德为先”的提法，完全是一个意思。

古人讲的“才行俱兼”“才行兼备”，译为现代汉语就是“才德兼备”。或许有人认为：“才德兼备”与“德才兼备”的提法有着原则区别，一个是“才”在前，一个是“德”在前，不能相提并论。其实，二者并没有什么原则区别，只是语言习惯而已。毛泽东同志早在党的六届六中全会上就指出：“中国共产党是在一个几万万人的大民族中领导伟大革命斗争的党，没有多数才德兼备的领导干部，是不能完成其历史任务的。”① 1955 年，中央组织部在给某省委组织部来函请示的答复中也说，“应该根据‘才德兼备’的原则来挑选干部”。可见，直到20 世纪50 年代，人们还是习惯于说“才德兼备”。后来可能有人觉得把“德”放在前面显得更加突出，于是改说“德才兼备”，并逐渐习惯起来。再说古人讲的“德行为先”“德行为首”，按照现代汉语的说法，便是“以德为先”“以德为首”。因此，可以将我国古代关于用人标

① 《毛泽东选集》第 2 卷，人民出版社 1991 年版，第 526 页。

准的原则概括为："才德兼备，以德为先。"

春秋时的思想家、教育家孔子（前551—前479年）认为，君子应以"修身、齐家、治国、平天下"为己任。那么，君子应是什么样子呢？孔子说，君子之道有三，"仁者不忧，知者不惑，勇者不惧"①。君子是仁者，他心怀仁爱不忧愁；君子是智者，他是非分明不迷惑；君子是勇者，他无私无畏不惧怕。这三项行为标准里面，"仁"属于德，"知"（智）、"勇"属于才智能力。

墨子（约前468—前376年）对"贤良之士"的标准也有说明，他说："贤良之士德行厚重，言谈辩证，学术渊博。这是国家的珍宝、社稷的辅佐之臣啊。"② 他所讲的贤人标准表现在三方面：德行、言谈、学术。内容虽与孔子的仁、智、勇有所不同，但分析起来，也是包括品德和才能两方面。

到了战国末期，荀子（约前313—前238年）对用人标准是这样论述的："对那些虽然才智出众而品德不好的人，绝不可重用；对品德虽好但缺乏才智的人，也不可重用；那些既有才智而且品德又好的人，才是君主之宝啊，他们能辅佐君主成就王霸之业。"③ 这段话已经把德才兼备的用人思想表达得十分清楚，其中"既有才智而且品德又好"（"既知且仁"），应该就是"德才兼备"这一概念的源头。

好的思想一旦传播开来，就会为人们所广泛接受。先秦时期正确的用人思想，秦汉之后得以继续发展，逐渐有越来越多的人自觉运用德才兼备的标准来衡量用人得失。

① （先秦）《论语·宪问篇第十四》。

② （先秦）《墨子·尚贤上》："况又有贤良之士厚乎德行，辩乎言谈，博乎道术者乎，此固国家之珍，而社稷之佐也。"

③ （先秦）《荀子·君道》："知而不仁，不可；仁而不知，不可；既知且仁，是人主之宝也，而王霸之佐也。"

北周时，太祖宇文泰要变革时政，富国强兵。大臣苏绰起草了六条诏书，包括“选拔贤良”一条，其中说道：当时从基层文书工作人员中选拔官员有个不好的做法，就是“唯试刀笔”，只考试文字能力。苏绰认为这样做是不对的，“如果从文字好的人员当中挑选到了品德好的人，那自然是金子般的外表、玉石般的内质，内外俱美，实在是得到了人中之宝啊；如果在文字好的人员中得到的是虚伪之人，那就等于在朽木上装饰图画，虽好看一时，但终究不可用作房梁屋椽啊!”① 就是说，文字好而又品行好，是难得的人才；如只是会写报告和讲话，而品行不端，那是不能重用的。

唐代贞观二年（628年），唐太宗对身边大臣说过一段有关用人的话，堪称精辟，他说：“为政之要，惟在得人。用非其人，必难致治。今所任用，必须以德行、学识为本。”② 最后这句话讲的是任用标准，唐太宗认为应以德行和学识二者为主要依据。这与“德才兼备”的精神完全一致。

宋代对于德才标准的认识，特别是对德、才二者关系的认识，已经相当全面和辩证，其中尤以司马光的论述为最佳。司马光认为，首先要弄清才与德是不同的，由于人们弄不清二者的区别，不论是有德还是有才，都被认为是贤人，所以在用人上往往失误。司马光的认识可谓深刻，这种德才不分、以才代德的认识误区现在也还存在，所谓“数字出干部，干部出数字”就是一种表现。

既然德、才不能混淆，那么什么是才什么是德呢？司马光认

---

① （唐）令狐德棻：《周书·苏绰传》：“若刀笔之中而得志行，是则金相玉质，内外俱美，实为人宝也；若刀笔之中而得浇伪，是则饰画朽木，悦目一时，不可以充榱椽之用也。”

② （唐）吴兢：《贞观政要·崇儒学第二十七》。

为："聪察强毅之谓才，正直中和之谓德。"[①] 聪慧、明察、刚强、坚毅这一类素质属于"才"，心术端正、诚实正直、中庸适度（不走极端）、宽和仁爱这一类素质属于"德"。对于德、才二者之间的关系，司马光有一句非常经典的概括："才者，德之资也；德者，才之帅也。"[②] 意思是：才是德的依托，德是才的统帅。讲得可谓深刻而辩证，有"才"作依托，"德"才能发扬光大；有"德"作统帅，"才"不至于走邪路。司马光又说："取士之道，当以德行为先，其次经术，其次政事，其次艺能。"[③] 就是说，选拔人才应当首先看他的行为品德，其次看他的学识理论，再次看他处理行政事务的能力，最后看他的文学水平等。司马光指出当时选拔人才只重文辞，这是不对的。在距今九百多年的时代，司马光能对德才兼备的用人原则讲得这样深透，特别是明确提出了"德"为"才之帅"、用人以"德行为先"的思想，不能不令人叹服。

金世宗曾对宰相们说："一个人如果有干事的能力，固然是难得的人才，但是不如德行好的人更为优秀。"[④] 他是这样说的，实际用人时也是这样掌握的。大定七年（1167 年）十二月，有三个被任命为地方官的人到朝廷辞行，因这三个人都是有功劳的，所以金世宗每人送给一条金带，并教育他们说："你们虽都有才，然而爱搞阴谋诡计。我的左右必须是忠诚老实之人，所以把你们安排到外地任职，不能留在我身边。"[⑤] 金世宗在用人问题上，可

① （宋）司马光：《资治通鉴·周纪一》。

② （宋）司马光：《资治通鉴·周纪一》。

③ （宋）司马光：《司马文正公传家集·论选举状》。

④ （元）脱脱等：《金史》卷 8，《世宗本纪下》："（世宗）又言：'人之有干能，固不易得，然不若德行之士最优也。'"

⑤ （元）脱脱等：（金史）卷 6，《世宗本纪上》："（上）谕之曰：'卿虽有才，然用心多诈，朕左右须忠实人，故命卿补外。'"

谓是坚持原则，毫不含糊。但在现在人看来，这段话可能有些不好理解：难道在朝廷不合格的人，在地方就合格了吗？古代在用人上有个习惯，即“重内轻外”，官员也以在朝廷任职为荣，这可能与古代中央高度集权的管理体制有关。这三个人的情况是，有功劳，有才能，但不够忠诚老实，爱耍阴谋但还未犯大错，因而不能开除不用。金世宗这样做，还在于要强调他很不喜欢身边有不老实的人，以免影响他对大政方针的决策，同时也是对这三个爱搞阴谋诡计的官员明确提出警告。

元朝初年，由于很多蒙古贵族大臣崇武轻文，讨厌儒士，所以几十年内未开科举，仁宗即位后，才命令程钜夫等几位大臣研究出台了科举办法。仁宗在诏书里说：“选拔人才‘宜以德行为首’，考试应该以经学理论水平为先，文字水平次之。文章浮华无实，我是不取的。”从诏书里可以看出，元代统治者也是懂得“德才兼备，以德为首”这一用人原则的。有意思的是，元代在选拔吏员（主要是机关文书辅助工作人员）工作中对“德才兼备”的运用和把握更有特色。自隋唐建立科举制度以后，各代录用官员主要通过科举考试进行，极少再从吏员中选拔。但元代和明初（受元代影响）则将选拔吏员作为录用官员的一条重要途径。除此之外，元代高级机关的吏员也多从基层机关的吏员中选拔。可见元代是非常重视吏员的。当然儒士也是官员和高级吏员的来源之一。据历史记载，当时儒和吏互不服气，“吏则指儒为不识时务之书生，儒则诋吏为不通古今之俗子”。大臣郑介夫上书建议：“儒不通吏，则为腐儒；吏不通儒，则为俗吏。必儒吏兼通，而后可以莅政临民。”① 也就是说，必须是儒吏兼通者才

---

① （清）柯劭忞：《新元史》卷193，《郑介夫传》。

能做官。皇帝认为讲得有理，采纳了这一建议。所以元代规定，选拔吏员“以品行纯正恭谨，儒吏兼通者为最好；有才学，办事机敏麻利，行政事务程序娴熟者次之”①。儒士们学的是四书五经，只会讲“仁义礼智信”那一套，却不会实际办事，未免酸腐；吏员们对机关运行、行政事务娴熟，打点上下关系游刃有余，却不知古今盛衰兴败的经验教训，不懂为政以德的道理，未免油滑。强调儒吏兼通，又以品行纯正恭谨为优，实际也是“德才兼备，以德为首”精神的很好体现。

德才兼备、德行为先的原则，应当贯彻到官吏管理的整个过程中，但最主要的是体现在选拔录用和选拔晋升两个环节上。如何才能选拔到德才兼备的优秀人才，这确实不是一件容易的事。比如选拔录用，历代统治者绞尽脑汁，不断探索最佳办法。科举考试办法应该说是一种不错的选择，它较好地体现了公开、平等、竞争、择优的精神。但究竟考什么、怎么考，才能较好地贯彻“德才兼备，以德为先”的原则？这又是一大难题。唐朝时注重考诗赋，宋代王安石变法后，改考“经义”（四书五经理论），明代为了阅卷方便，规定了经义论文的格式，没想到后来演变成了“八股文”。这样一来，就难免会出现一些高分低能的问题。锐意求治的明代开国皇帝朱元璋为此思考过，探讨过。洪武三年(1373 年)，他对中书省的大臣们说：“我设立科举考试为的是求取天下贤才，一定要得到通晓经书、行为端正、才学与本质相一致的人才，加以任用。现在有关部门录取的大多是青年后生，看他们的文章像是可以大有作为的，但等到试用他们时，能将所学知识运用到实际工作中去的人却很少……现在全国各地的科举应

① （明）宋濂等：《元史》卷 83，《选举志·铨法下》：“诸岁贡吏，当该官司于见役人内公选，以性行纯谨、儒吏兼通者为上；才识明敏，吏事熟娴者次之。”

该暂时停止，另外命令有关部门考察推举贤才，‘必以德行为本，而文艺（指文章）次之’，这样可能会使天下的学者懂得自己的努力方向，从而使读书人的风气回到务实上来。”① 实际上朱元璋也没找到能比科举更好的选拔录用办法，停了几年科举之后只好又恢复。但从朱元璋这段话里看，他在用人上的指导思想还是相当清楚的。他说“一定要得到通晓经书、行为端正、才学与本质相一致的人才，加以任用”，这不正是“德才兼备”的要求吗？他又说考察推荐人才，“必以德行为本，而文艺次之”，这也正是“以德为先”的思想。

前面讲过，清代康熙皇帝是“康乾盛世”的缔造者，他非常重视用人，在用人标准上也把握得比较好。他说，“国家用人，当以德器为本，才艺为末”“论才则必以德为本”②。他在这里强调的主要是德才关系，德和才是本末关系，要坚持以德为主；但“才艺为末”，并不是不要才，只是与德相比，才处于次要位置。

明白了德才关系之后，还有个在实际工作中如何考察任用人才的问题。因为在众臣之中，不可能人人都是德才兼备，而且是德行最优。这就需要根据每人的不同情况，正确运用德、才标准，区分优劣和先后，以做到正确使用、合理安排。清代有个叫曹一士的官员，雍正时任云南道监察御史。乾隆皇帝即位后，着令群臣轮流到皇帝面前回答有关治国方略的问题。曹一士回答时说：“以臣愚见，要想使百姓安居乐业，没有比慎选总督、巡抚更重要的了……督抚之中有贤者也有能者，其中既有贤德又有才能者

---

① 《明太祖实录》卷79：“朕设科举以求天下贤才，务得经明行修、文质相称之士，以资任用。今有司所取多后生少年，观其文词若可与有为，及试用之，能以所学措诸行事者甚寡……今各处科举宜暂停罢，别令有司察举贤才，必以德行为本，而文艺次之，庶几天下学者知所向方，而士习归于务本。”

② 《清圣祖御制文集·讲筵绪论》。

属于上等，有贤德而才能不足者次之，才能有余而贤德不足者又次之。”① 对曹一士这段话，我们应该注意两点：第一，他所说的这三等人都在可用之列，上等的德才俱优，自然要加以重用；二等的德好而才不足；三等的才好而德不足。他们与“有德无才”或“有才无德”者大不相同，因而都是可以用的，只是在使用中要明白谁先谁后，合理安排，并教育他们注意弥补自己的不足，逐步锻炼成长为德才兼备的优秀人才。第二，要注意曹氏对人才的排序，关键是把“德好而才不足者”排在“才好而德不足者”之前，这是有讲究的，完全体现了“以德为先”的用人原则。

综上所述，古人关于用人标准方面的基本观点大致有两个：一是德才兼备，二是以德为先。我们在理解古人关于用人标准的基本观点时，要注意把“德才兼备”和“德行为先”作为一个统一整体来把握，“德行为先”是以“德才兼备”为前提的，并不是强调德就可以忽略才的。

第二节　有才无德者　断不可用

由上节所述可知，古人提出“德才兼备”的用人原则的同时强调要“以德为首”。司马光曾按德才差别将人分为四类：“才德全尽（完美无缺）谓之‘圣人’，才德兼亡（都没有）谓之‘愚人’，德胜才谓之‘君子’，才胜德谓之‘小人’。”他认为，用人时要想办法得到圣人和君子；如果得不到圣人和君子的话，那

① （民国）赵尔巽等：《清史稿》卷 306，《曹一士传》：“（曹）一士疏言：‘……臣愚以为欲百姓之安，其要莫先于慎择督抚。督抚者守令之倡。顾其中皆有贤者、有能者，贤能兼者上也，贤而不足于能者次之，能有余而贤不足者又其次也。’”

么“与其得小人，不若得愚人”。[①] 当然，作为国家用人，小人固不可用，但愚人也是不能用的。愚人虽办不了坏事，但也办不成好事。相信司马光在这里也不是说真的要用愚人，而是强调有才无德者断不可用。那么，为什么有才无德者就不能用呢？古人有以下几种说法。

一、无益论

有才无德者用之无益，不如不用。清康熙二十六年（1687年）四月，皇帝给吏部下旨，其中说：“我主持政务已有多年，发现有些有才能的人仗着自己有才，办起事来就独断专行，任意胡为，想起来都觉着可怕。我认为还是德才兼备的人为官最好，如果只是才优而德不好，对治理国家终究没有什么帮助啊。”[②] 康熙皇帝在另一场合更加明确地说过：“朕观人必先心术，次才学。心术不善，纵有才学何用？”[③]

南宋大臣罗点是位很有见识的官员，曾官至端明殿学士，主持枢密院（主管军政的最高机关）工作 。当时有人说：“天下事，只有有才能的人才能办得了。”罗点回答说：“那要先看他品德如何，若人品不正，即使才能过人，结果又能得到什么呢？”[④]

二、有害论

若重才轻德，则易造成用人失误，结果百姓受害，国家遭殃。

---

① （宋）司马光：《资治通鉴·周纪一》。

② 《清圣祖实录》卷130：“朕听政有年，见人或自恃有才，辄专恣行事者，思之可畏。朕意必才德兼优为佳，若止才优于德，终无补于治理耳。”

③ （清）章梫：《康熙政要·论君道》。

④ （元）脱脱等：《宋史》卷393，《罗点传》：“或谓天下事非才不办，点曰：‘当先论其心，心苟不正，才虽过人，果何取哉？’”

先秦时的《管子》一书中有一段这样的论述："品德很好的人而地位低下，这是用人上的过错；品德不好的人地位却很尊贵，这是用人上的失误。宁可在使用君子上有过错，也不要用人失误而错用小人。在使用君子上有过错，君子即使有怨也不会太深；而如果误用了小人，那祸患可就深啦！"①

唐贞观三年（629年），唐太宗跟吏部尚书谈用人重才不重德的危害时说："近来见吏部选拔官员，只是看他们能说会写就用，但并不了解他们是否有高尚的道德品行。结果有的任职几年之后，罪恶行迹就开始显露出来，虽给以判刑杀头，然而百姓已深受其害。"② 吏部在选拔官员方面握有实权，如果吏部官员在掌握用人标准上有偏差，则会直接造成用人失误。虽然官员出了问题，可以惩处，但给百姓和国家带来的损失与危害，却是无法挽回的。唐太宗一针见血地指出：用人失误的主要原因，就在于不去深入了解选拔对象的道德品行。

用人重才不重德，会给百姓、国家带来危害和损失，这是众所公认的道理。但有时这种危害和损失不是直接显现出来的，而是隐性的，这一点却不是每个人都能看得出来的。金代章宗皇帝有一段论述令人深思。当时有人反映，社会风气不好，孝悌廉耻的道德缺失。宰臣请求抓一下端正风俗的工作。金章宗没有就事论事，而是把风俗不正的原因归结为用人有误。他说："现在考察选拔官吏的人，大多要求近期效果，以有才干会办事为上，那些性格宽厚、重视道德教育的人，则被说成是迂腐不切合实际。

① （先秦）《管子·立政》："德厚而位卑者谓之过，德薄而位尊者谓之失。宁过于君子，而毋失于小人。过于君子，其为怨浅；失于小人，甚为祸深。"

② （唐）吴兢：《贞观政要·论择官第七》："贞观三年，太宗谓吏部尚书杜如晦曰：'比见吏部择人，惟取其言词刀笔，不悉其景行。数年之后，恶迹始彰，虽加刑戮，而百姓已受其弊。'"

所以人们都认为道德教育是多余的事，这是孝悌道德丧失的根本原因。若告诉有关部门，将那些能够推行道德教育的官吏提拔任用，那么道德教育就可得以推行，孝悌之道就可兴起了。现在的考察选拔，都是先看才而后看德。奸巧狡猾之徒，虽有曾经贪赃的污点，一旦被任用，往往仍被认为是能干的官吏，这就是廉耻丧失的根本原因。若告诉有关部门，考察选拔官吏，必须审查他们的真伪，使有才无德者没有做官的指望，对那些搞歪门邪道做了官的人加以督察弹劾，那么钻营请托的不正之风就可消失，而讲究廉耻的风气就可兴盛了。”①

三、豺狼论

有才无德之人善于伪装，未用之时往往表现得谦虚恭顺，待到权力在手，便如同豺狼一样凶狠。

鲁哀公曾向孔子请教如何选取人才。孔子回答说：“不要选用逞强好胜者，不要选用以势压人者，不要选用夸夸其谈者……对人才必须先要求忠诚厚道，其次才要求具有智慧才能。一个人如果不忠诚厚道却很有智慧和才能，那就如同豺狼一样，是不可以与他亲近的。”②

古代政治家、思想家们的上述说法，尽管表述有所不同，但

---

① （元）脱脱等：《金史》卷10，《章宗本纪》：“今之察举官吏者，多责近效，以干办为上，其有秉心宽厚，欲行德化者，辄谓之迂阔。故人人皆以教化为余事，此孝弟所以废也。若谕所司，官吏有能务行德化者，擢而用之，则教化可行，孝弟可兴矣。今之所察举，皆先才而后德。巧猾之徒，虽有脏污，一旦见用，犹为能吏，此廉耻所以丧也。若谕所司，察举官吏，必审真伪，使有才无行者不以觊觎，非道求进者加之纠劾，则奔竞之俗息，而廉耻可兴矣。”

② （先秦）《荀子·哀公》：“鲁哀公问于孔子曰：‘请问取人?’孔子对曰：‘无取健，无取詌，无取口啍……士信悫而后求知能焉。士不信悫而有多知能，譬之其豺狼也，不可以身迩也。’”

其内涵相同，就是对有才能而品德不好的人，断不能用。无数历史事实也证明了有才无德者对国家社稷的巨大危害。他们有的大奸大恶，作威作福，残害忠良，祸国殃民；有的贪污受贿，巧取豪夺，百姓直接受其害；有的弄虚作假，搞表面政绩，劳民伤财。这些都表明，官员出问题的原因主要是品德有问题。那么，这跟才有什么关系？为什么一定要说有才无德者比无才无德者更为可怕呢？古代的政治家、思想家们又另有一番说法。

汉代大儒董仲舒讲："一个人如果不仁义、不明事理，却很有才能，那么他会用才能去帮助实现他的邪恶思想，从而助长他怪邪而违背事理的行为，这就足以增加他的错误和罪恶啊。"① 贞观六年(632 年)，唐太宗与魏征有一次谈到了用人问题，魏征说："现在如果想要寻找人才，一定要仔细访查了解他们的品行。若了解到一个人品德是好的，然后任用他，假令此人不能把事办好，只是能力达不到，但不会造成大的危害。但是，如果错误地用了坏人，这个人的能力又很强，很能干，那所造成的危害和损失一定非常大。"②

这个问题讲得更为明白的要属司马光。在讲到为什么说有才的小人最危险时，司马光是这样说的："君子是凭借自己的才能做好事，而小人是凭借自己的才能做坏事。凭借才能做好事的，好事没有做不到的；凭借才能做坏事的，坏事也是没有做不到的。愚人即使想做坏事，但智慧不周全，力不从心，就好像还没断奶的小狗要咬人，人可以很轻易地将其制服。而小人的智力却足以使他能够实现罪恶的目的，其勇气也足以使他敢于作出冒险的决

① （汉）董仲舒：《春秋繁露·必仁且智》："不仁不智而有材能，将以其材能以辅其邪狂之心，而赞其僻违之行，适足以大其非而甚其恶耳。"

② （唐）吴兢：《贞观政要·论择官第七》："今欲求人，必须审访其行。若知其善，然后用之，设令此人不能济事，只是才力不及，不为大害。误用恶人，假令强干，为害极多。"

定，这就等于如虎添翼，其为害能不严重吗？”讲完这番道理后，司马光又以历史教训加以证明，他说：“自古以来，国家的乱臣，家庭的败子，都是由于才有余而德不足，以至于造成国破家亡，这样的情况太多了！”①

应该指出，才有余而德不足者做坏事，情况不尽一致。有的从一开始就品德恶劣，靠投机钻营、搞阴谋诡计而被重用，一朝权在手，便为非作歹，变本加厉。而大多数是这样一种情况：初进仕途时并不是良心全无，只是德有不足，但不注意修养改造，一遇合适环境，便经不住权和利的诱惑，在错误的道路上越走越远，越陷越深。清初顺治皇帝与大学士范文程的一次谈话耐人寻味。顺治十年（1653 年），皇帝翻阅关于“大计”（清代地方官的定期考核叫“大计”，京官的定期考核叫“京察”，皆为三年一次）的总结报告，一边看一边对范文程等人说：“贪污的人怎么这么多啊？这种人平时侵渔百姓，而今年是‘大计’之年，也应该知道害怕才对啊。”范文程回答说：“他们原来在家未做官时，也知道贪污的事不能干；但一当了官，就见利忘义昏了头脑。”皇帝说：“这都是平素不能端正思想的缘故。如果思想正确，看得明白，能把握得住，又怎么能为了金钱利益而动摇和丧失心志呢？”②

---

① （宋）司马光：《资治通鉴》卷 1，《周纪一》：“臣光曰：‘……君子挟才以为善，小人挟才以为恶。挟才以为善者，善无不至矣；挟才以为恶者，恶亦无不至矣。愚者虽欲为不善，智不能周，力不能胜，譬如乳狗搏人，人得而制之。小人智足以遂其奸，勇足以决其暴，是虎而翼者也，其为害岂不多哉！……自古昔以来，国之乱臣，家之败子，才有余而德不足，以至于颠覆者多矣！’”

② 《清朝文献通考》卷 59，《选举十三・考课》：“（顺治）十年，上奉内院阅大计疏，谓大学士范文程等曰：‘贪者何其多也？此辈平时侵渔小民，兹当大计之年，亦应戒惧。’文程奏曰：‘彼平居未任时，亦知贪吏不可为；一登仕籍，则见利智昏矣。’上曰：‘此由平素不能正心之故也。苟识见既明，持守有定，安能为货利摇夺乎？’”

第三节　以德为先与唯才是举

众所周知，曹操曾提出“唯才是举”的观点。这一观点强调，人只要有才能，就应被选拔任用。那么，曹操是如何提出这一观点的？这一观点与“德才兼备，以德为先”的提法是否相矛盾呢？我们不妨看看古人是如何认识的。

一、曹操的“唯才是举”

据《魏书·武帝纪》的记载，曹操曾下过三次求贤令。第一次，汉献帝建安十五年（210 年）春下令说：“自古以来，凡是开国和中兴的君主，无不是靠贤人君子帮助共治天下的！……如今天下还未平定，这正是急需求贤的时候……假如一定要廉洁之士才能任用，那齐桓公怎能称霸天下呢？难道现在天下就没有像姜尚那样具有卓越才能而穿着破衣服在渭水边钓鱼的人吗？就没有像陈平那样被人说有‘盗嫂受金’问题，却没有遇到像魏无知那类推荐人的吗？你们一定要帮我明察和发现出身微贱的人才，‘唯才是举’，使我得到而重用他们。”①

第二次，建安十九年（214 年）十二月下令说：“有德之士，未必能够上进；上进之士，未必都能有德。陈平难道有德吗？苏秦难道守信吗？但陈平奠定了汉朝的基业，苏秦帮助弱小的燕国渡过了难关。由此而论，人才即使有缺点过错，难道就可以废而

① （晋）陈寿：《三国志》卷1，《魏书·武帝纪》：“十五年春，下令曰：‘自古受命及中兴之君，曷尝不得贤人君子与之共治天下者乎！……今天下尚未定，此特求贤之急时也……若必廉士而后可用，则齐桓其何以霸世！今天下得无有被褐怀玉而钓于渭滨者乎？又得无盗嫂受金而未遇无知者乎？二三子其佐我明扬仄陋，唯才是举，吾得而用之。’”

不用吗？如果有关管理部门能认真思考，弄明白这一道理，那么人才就不会被遗漏不用，公事就没有做不好的了。”①

第三次，建安二十二年（217 年）秋八月下令说：“过去，伊挚、傅说出身微贱，管仲曾是齐桓公的敌人，这三个人皆被当时的君主重用而使国家兴盛强大。萧何、曹参，曾是县里的小吏；韩信、陈平背负侮辱之名，有为人耻笑的历史，但终能成就王业，千载扬名。吴起为了当上大将，杀了自己的妻子以表示决心，为了求官而散尽家产，母亲死了也不回家尽孝，然而他在魏国做官时，秦军不敢东侵，他在楚国担任令尹时，韩、赵、魏等国不敢有攻打楚国的图谋。难道在今天，民间就没有道德特别高尚的人，以及奋不顾身、勇敢善战的人吗？在从事文书辅助工作的小吏中，就没有那种具有非凡才能，素质不一般，堪为将领守令的人吗？就没有那种背负侮辱之名，行为遭人耻笑，或者不仁不孝，然而具有治国用兵才能的人吗？大家要各举所知，不要有遗漏。”②

通过曹操以上的三道求贤令，我们可以将他的用人思想大致归纳为三点。第一，重视人才的作用。他认为，平定天下和治理天下，必须得到和重用贤人。第二，不否认品德高尚的人才是最理想的人才。这说明曹操非常重视品德高尚的人才，对这一点不

---

①（晋）陈寿：《三国志》卷1，《魏书·武帝纪》：“（建安十九年十二月）乙未，令曰：‘夫有行之士未必能进取，进取之士未必能有行也。陈平岂笃行，苏秦岂守信邪？而陈平定汉业，苏秦济弱燕。由此言之，士有偏短，庸可废乎！有司明思此义，则士无遗滞，官无废业矣。’”

②（晋）陈寿：《三国志》卷1，《魏书·武帝纪》（建安二十二年注）：“秋八月，令曰：‘昔伊挚、傅说出于贱人，管仲，桓公贼也，皆用之以兴。萧何、曹参，县吏也。韩信、陈平负侮辱之名，有见笑之耻，卒能成就王业，声著千载。吴起贪将，杀妻自信，散金求官，母死不归，然在魏，秦人不敢东向，在楚则三晋不敢南谋。今天下得无有至德之人放在民间，及果勇不顾，临敌力战；若文俗之吏，高才异质，或堪为将守；负侮辱之名，见笑之行，或不仁不孝而有治国用兵之术——其各举所知，勿有所遗。’”

能有误解。第三，“唯才是举”。只要有才能，就举荐任用，这是贯穿三道求贤令的核心思想。三道求贤令里都讲了这个道理，共有三层意思：其一是说人无完人，若一直等着任用完美之人，那像齐桓公那样的君主就永远难以成就王霸之业；其二是说品德高尚的人未必能够建功立业，能够建功立业的人未必品德高尚；其三是列举了一批建功立业的历史名人，他们或出身低贱，或品德有亏，或行为有错，甚至有的不仁不孝，但都成为贤相名将，成就了千秋功业。曹操欲以此证明：在用人问题上，关键是看才能；只要才能卓越，即便德有不足，甚至“不仁不孝”，也要毫不犹豫加以任用。

事实是最有说服力的，所以曹操先后举出十位历史名人来证明他的论点。若以道德品行为衡量标准，可以将这十位人物大致分为三类：

第一类包括七人，所说的问题实际与道德品行没有什么关系。

伊挚，辅佐成汤灭掉夏桀，建立商朝。相传他曾是有莘氏的“媵臣”，即陪嫁奴隶。傅说，商武丁时的贤相，相传他原先是刑徒，服过劳役。姜尚，辅佐周文王，使周变为强国，辅佐周武王灭商建立周朝。他原先是一个在渭水河畔靠钓鱼为生的贫贱老人。萧何、曹参都是汉朝的开国功臣，都担任过丞相。当初这两人都是县吏。

以上五人的所谓问题，就是出身微贱。这在讲究门第的古代或许不够光彩，但与品德无关。即使是古代的政治家、思想家也多称这一类人为贤人。

管仲为帮助公子纠曾企图射杀小白。曹操强调“管仲曾是齐桓公的敌人”，但这一情况并不能说明管仲的道德品质有问题。韩信受“胯下之辱”的故事家喻户晓。他为了实现凌云之志，选择了忍耐，因而被世人耻笑。但他的这一行为与那些毫无志向而屈辱苟活的“窝囊废”是有天壤之别的。不管怎么说，因这件事而说韩信品德不好，恐怕是说不通的。

第二类是陈平，虽然有过错，但大节不亏。

陈平是西汉开国功臣之一，在第一章里也介绍过，议论最多的是他有“盗嫂受金”的问题。刘邦专门找他谈过话，事后完全谅解，而且提拔重用，说明他没有什么大问题。其实，陈平在道德品行上亦有可称道之处。他出身贫苦，家居穷巷，用破席子当门，但仍有一些贵人来拜访他。乡里有社庙，陈平主持分配祭肉，父老们都称赞他分得公平。他当时就暗中发誓：将来如能主宰天下时，一定要像今天分肉这样，做到公平公正。陈平跟随刘邦后屡建奇功，吕太后当政时他担任了右丞相。吕太后死后，陈平与太尉周勃合谋，诛灭了横行霸道、阴谋篡位的吕氏诸王，拥立孝文帝，在关键时刻挽救和保住了汉王朝。这些本是陈平主谋，但考虑到周勃在带兵诛灭吕氏中功劳最大，陈平就主动向皇帝提出把右丞相的位子让给周勃，自己位居第二。所以，评价一个人的品德如何，不能只看他的一时一事，要看他的全部历史。

第三类涉及两人，他们具有特殊才能，品德上确实有问题，但情况各有不同。

苏秦是东周洛阳人，擅长权谋应变，能言善辩，因游说诸侯而名扬天下。他先跑到秦国游说，秦惠王没听他的。于是，他又到燕、赵、韩、魏、齐、楚六国游说，并获得成功，六国都同意合纵抗秦。但这种联盟并不牢靠，苏秦的空话也没有使六国变得强大起来。苏秦倒是对燕国有些实际帮助，他吓唬齐王将侵占燕国的十座城池退还给了燕国。他与燕王的母亲私通，担心燕王报复他，便主动要求到齐国教唆齐王搞腐败，目的是削弱齐国，使之不能对燕国构成威胁。这就是曹操所说的，苏秦虽然不守信用，但他帮助弱小的燕国渡过了难关。

吴起是卫国人，他的缺点和优点、罪恶和功劳都很突出。一方面他很残暴：他年少之时，因奔走求仕不顺，把千金家资散尽，被人嘲笑，他一连杀死三十多个非议自己的人而逃走。他与母亲诀别，咬破胳膊发誓说："起儿不做卿相，不再进入卫国。"不久其母死去，他没有回去服丧。吴起服务于鲁国，齐国攻打鲁国，鲁国想让吴起为将，但吴起的妻子是齐国人，因而受到鲁人怀疑，吴起为了能当大将，竟然杀了自己的妻子。但他又有与此截然不同的另一面：他在魏国做将军时，与最下等的士兵同吃同穿，睡觉不设卧席，行军不乘车马，自己裹带干粮，与士兵分担劳苦。有士兵长毒疮，吴起为其吮吸脓血。史书称，"吴起善于用兵，廉洁公平，在士兵中深得人心"。有一次，他陪同魏武侯泛舟于西河中，武侯情不自禁地夸赞自己的山河壮美险固，并说这是魏国之宝啊！吴起回答说，宝在于德义而不在于险固。从前三苗氏的山河很险固，由于"德义不修"，被禹灭掉；夏桀的山河很险固，由于"修政不仁"，被商汤打败并放逐了他；商纣王的山河很险固，由于"修政不德"，周武王便杀了他。"如果您不修德政，这船上的人也会成为您的敌人。"① 吴起这段话说得很有水平，能当面对君主提出这样的忠谏，完全像贤人所为。吴起不但善治军，还会治国。他在魏国受到小人排挤，被早就听说他贤能（"素闻起贤"）的楚悼王请来做了楚国的相，他坚持法治，裁汰冗官，抚养战斗之士，很快使楚国强盛起来。看来，吴起的人格具有

① 见（汉）司马迁：《史记》卷65，《吴起列传》。

两面性：他求官成名的心情过于急迫，几近疯狂，以至于表现得残暴不仁；而从政后，又主张施行德政，并身体力行，廉洁奉公。

从对以上十个人物的简单分析可以看出，除苏秦、吴起两人外，其他人在德的方面并无多大问题，多数可以称之为德才兼备。曹操列出这些历史名人以玄乎其词，只是为了证明自己观点的正确性。那么，曹操为什么会提出“唯才是举”，“唯才是举”有没有道理可言呢？我们不妨听听古代政治家、思想家是怎么分析的。

二、治世乱世有所不同

唐贞观六年（632 年）十二月的一天，唐太宗与魏征谈论用人问题。唐太宗说：“按官职要求选拔任用人才，不能草率行事。若任用了一个君子，其他君子也都会纷至沓来；若任用了一个小人，其他小人就会争先恐后地挤进来。”魏征回答说：“您说得对。在天下还未平定，处于战乱时期，选拔人才主要是看他有没有才干，顾不上去考察他的德行如何；而天下平定之后，如果不是德才兼备，那就不可以任用。”① 话不在多，一说就透，这就是魏征的水平，也是唐太宗一直十分器重他的原因之一。

其实，治世用人注重品行，乱世用人注重才能这一道理，并不是魏征首创，至少魏晋时人们就已知晓，而且曹操就说过类似的话。建安八年（203 年）曹操下过一道令，其中说：“治平尚德行，有事赏功能。”② 意思是国家在安定时期，用人注重道德品行；国家在多事之秋，即战争年代，用人（包括奖赏）则赏识战

---

① （宋）司马光：《资治通鉴》卷 194：“上谓魏征曰：‘为官择人，不可造次。用一君子，则君子皆至；用一小人，则小人竞进矣。’对曰：‘然。天下未定，则专取其才，不考其行；丧乱既平，则非才行兼备不可用也。’”

② （晋）陈寿：《三国志》卷 1，《魏书·武帝纪》“建安八年”小注。

功和才能。令中还说："如果既无才能，又无战功的人，反而能得到重用和奖赏，那国家肯定不会兴盛。所以，英明的君主不授官给无功之臣，不奖赏无战功之士。"由此可见，我们上面所讲的曹操的三道求贤令，正是根据"治平尚德行，有事赏功能"的精神来论述的，因为曹操所处的时代是乱世，而不是治世。

说到此，我们并没有获得完整的答案。古人只是告诉我们，安定和平时期与动乱战争时期对用人的要求有所不同，但未回答其所以然。因此，我们还要问两个为什么。

（一）为什么动乱战争年代，用人主要看有没有才干，而对品德则往往顾不上

史书载，陈平逃离项王而投奔汉王，魏无知将他推荐给刘邦。后来大将周勃等人向刘邦提出：陈平"盗嫂受金"，不可用。于是刘邦问魏无知："你说他有没有这些事？"魏无知说："有。"刘邦便责备说："那你怎么说他是贤人呢？"魏无知回答说："我当初向您推荐时所说的是才能；而陛下您今天所问的是品行。现在即使有尾生（守信用的典型）、孝已（孝顺的典型）那样的品行，但却对取得当前战争的胜利没有一点作用，陛下哪里有工夫用他们啊？现在楚汉相争，我推荐能出奇谋的人，是考虑他的计策肯定对国家有利啊，那'盗嫂受金'又怎么值得您对他疑而不用呢？"① 魏无知的回答正是当时关于战争年代首重才能的理由。

苏秦也讲过类似理由。有人对燕王说，苏秦是一个反复无常、不讲信用的人。于是燕王不再让苏秦做官。苏秦到燕王面前陈述了一大堆理由为自己辩解，其中说："假如现在有三个人，一人

① （汉）班固：《汉书》卷40，《陈平传》："臣之所言者，能也；陛下所问者，行也。今有尾生、孝已之行，而无益于胜败之数，陛下何暇用之乎？今楚汉相距，臣进奇谋之士，顾其计诚足以利国家耳。盗嫂受金又安足疑乎？"

像曾参一样孝顺，一人像伯夷一样廉洁，一人像尾生一样诚信。得到这样三个人来侍奉大王，您会觉得怎么样?”燕王说：“那我就满足了。”于是苏秦说：“如果像曾参一样孝顺，他从不离开父母在外住宿一夜，大王又怎能使他像我这样，步行千里来到弱小的燕国来侍奉处在危难中的大王您呢？像伯夷一样洁身自好，他不肯做孤竹君的继承人，以后又不肯做周武王的臣子，不接受封侯而饿死在首阳山下。像这样的廉洁，大王又怎能使他像我这样，步行千里到齐国收回十座城池呢？像尾生一样守信用，他与一女子约好在桥下相会，女子到时间没来，洪水来了他也不走，抱着桥柱被水淹死了。像这样的信实，大王又怎能使他像我一样，步行千里退却齐国强大的军队呢?”① 苏秦通过一番狡辩告诉燕王：那些所谓高尚的品行毫无实际用处，只有像他这样无德却有才的人才能给国家带来实际利益。于是，燕王又给他官复原职。

从以上两个实例中可以看到，魏无知讲了一番乱世用人首重于才的道理，刘邦信了；苏秦讲了一番同样的道理，燕王也信了。这说明这一道理有一定的说服力。为什么乱世用人首重于才呢？概括起来，无非是两个需要：一是争夺天下的实际需要；一是争夺人才的实际需要。这两个需要凸显了才能的重要性。争夺天下，包括运筹全局的筹划、出奇制胜的谋略、攻城略地的指挥等，这些都是对才能的考验，有才能者胜，无才能者败。另外，谁如果想争夺天下，首先就要争夺人才，因为才能突出者大多不甘雌伏，他们要一显身手，他们若不为我所用，就会为敌所用。由于上述原因，便很自然地形成了唯才是举、唯才是用的用人氛围。

---

① （汉）司马迁：《史记》卷69，《苏秦列传》。

（二）为什么治世用人，则要德才兼备，而且要首重于德

综合古人观点，也可以说有两个需要：一个是治国的实际需要；一个是端正用人风气进而端正社会风气的实际需要。

治国之方万端，最要紧的有两条：一是法治；二是教化。就是说，要做到依法治国和以德治国相结合。教化除了靠理论宣传以外，还要靠榜样的带动和引导。古人十分重视官员，特别是高级官员的表率示范作用。历史上看重礼义廉耻，以清廉自持的官员也不乏例证。顾炎武在《日知录》第十三卷“俭约”条目中列举了几个廉洁节俭的典型，其中讲道：魏武帝时，毛玠担任东曹掾，负责官员选拔工作，他以节俭作表率，于是天下之士莫不以廉洁自励，连那些富贵宠幸之臣也不敢在车马服装上过度奢华。唐代大历末年，杨绾担任宰相，他这个人“质性贞廉，车服简朴”，在朝廷主持工作不久，官场风气就悄悄发生了变化，有豪华别墅的拆掉了过度豪华的设施，家中建有音乐戏剧班子的将规模大大缩减，原来出门使用百余骑的仪仗随从也改为只用十骑，等等。

坚持德才兼备的用人标准，不仅关乎教化，而且关乎端正用人风气。唐太宗曾对大臣讲用人不得不慎的重要性，他说：“用得正人，好人都会受到鼓舞；误用恶人，坏人就会争相钻营以求得到重用。”① 这一道理不用多讲，大家都会明白，因为这一现象无论是在古代还是在现代都是一样的。

① （唐）吴兢：《贞观政要·论择官第七》：“用得正人，为善者皆劝；误用恶人，不善者竞进。”

三、应如何全面看待“唯才是举”

（一）“唯才是举”在战争年代具有一定的合理性和普遍的实用性，反映了不同用人环境对用人要求有不同的侧重

和平时期出于依法治国和以德治国的需要，对人才的要求更加全面，同时也具备精心选拔的客观条件，因而在用人标准上主张德才兼备，而且以德为先。战争时期出于争夺天下的需要，则更加看重人才的有关能力；同时，在激烈且复杂多变的环境下，也难以建立和实行健全的选拔程序，而看一个人是否具有当时形势所需要的某种能力是比较简单易行的，因而“唯才是举”便成了一种自然选择。在战争年代，打破一些条条框框的束缚，广泛招揽人才，不但是一个用人标准的掌握问题，而且还是一个用人策略问题，因为决定战争胜败的关键取决于拥有人才的数量和质量。

（二）对“唯才是举”的理解不能绝对化，“唯才是举”并不是只看才能，而对品德毫不在乎

在长期的用人实践中，人们将德行表现逐步区分为大节和小节，而且大节与小节的内涵和标准在不同时期也有所不同。战争年代特别重视“忠义”这一类表现，岳飞的“精忠报国”、文天祥的“留取丹心照汗青”，格外令人景仰和感动。相反，如果某人反复无常、无气节、无正义感，即使有突出能力，也不会被列入“唯才是举”的范围内。陈平投奔刘邦后，有人说陈平先投魏王，再投项王，后投汉王，是“反复乱臣”。刘邦对此非常警惕，特意找陈平谈话核实，直到陈平作出合理解释后才继续留用。提出“唯才是举”的曹操对这类品德问题同样看得很重。吕布是三国时期一员武艺超群的战将，史称“吕布壮士，善战无前”，说

他的勇猛善战前所未有。曹操抓住他后，他急切表示愿为曹操效力，帮助曹操平定天下。曹操如能得到吕布帮助，无异于如虎添翼，但曹操没有按照“唯才是举”的原则行事，而是杀了他。这是为什么？就是因为吕布的品德太差。吕布先是刺史丁原的部下，丁原待他像亲人一样，可他在董卓的利诱下杀了丁原。董卓又非常信任他，“誓为父子”，让他保卫自己，不离左右。而吕布与董卓的侍婢私通，经常担心事情败露，“心不自安”，于是在司徒王允的鼓动下杀了董卓。吕布与前面讲的陈平不一样，陈平是在魏王、项王不用自己的情况下才转而投奔汉王的，而吕布是在丁原、董卓信任并重用自己的情况下，为一己私利而杀掉恩主，是典型的不忠不义的反复乱臣。关羽也是一员能征善战的勇将，曹操素闻关羽是忠义之士，因而抓住他后如获至宝，马上拜为偏将军，“礼之甚厚”。当关羽知道刘备下落后，执意要走，诸将要追杀关羽，曹操说：“他这是各为其主，不要追他了。”① 不仅是杀吕布、放关羽这两件事，还有很多事例都能说明曹操对人才的品德问题很在意，很重视。例如，毕谌曾是曹操属下，张邈叛变时劫持了毕谌的母亲、弟弟和妻子儿女，曹操对毕谌说：“你老母在他手里，你投他去吧。”毕谌表示不离开曹操，绝无二心，曹操感动得流下眼泪。谁知毕谌是耍花招，出去之后就跑到张邈那儿去了。后来曹操打败张邈，并活捉了毕谌，大家都认为毕谌必死无疑，谁知曹操说：“对父母孝顺的人，肯定也会对君主忠心。这正是我所希望得到的人。”于是封毕谌为鲁国国相。② 曹操在建安十五年（210 年）十二月的一道令里说，他读书每当读到两处史料时，总是止不住要“怆然流涕”：一是曾为燕国立下汗马功劳的乐毅，

① 见（晋）陈寿：《三国志》卷 36，《蜀书六 · 关羽传》。

② 见（晋）陈寿：《三国志》卷 1，《魏书 · 武帝纪》。

在燕国受到迫害而逃到赵国，赵王同他商量如何攻打燕国，按说这是他报仇的好机会，而他却趴在地上哭着说："过去我受到燕昭王的信任和重用，现在我不忍心去消灭他的后代。"二是秦二世胡亥派人去杀大将蒙恬，蒙恬说："我现在领兵三十多万，如要反叛恐怕无人能敌；我之所以宁愿就死而守义不叛，是不敢辱没我先人的教诲，不敢忘掉先王（秦始皇）对我的信任。"这些事实都说明，曹操不是只重才能而不在乎品德。所以，我们对"唯才是举"的理解不能绝对化，它只是表明战争年代对有才干的人更加重视、更加求之若渴而已，并非对"德才兼备"的否定。

（三）战争年代同样是以德才兼备为用人的最佳标准，但任何时候对德的要求都不能求全责备

历史告诉我们，不只是和平时期需要德才兼备的优秀人才，战争年代同样需要德才兼备的优秀人才。在历代开国功臣和抵御外侮的英雄中，功劳最大的还是那些德才兼备的杰出人才。开国功臣如汉代的萧何、张良，三国时蜀汉的诸葛亮，唐代的房玄龄，明代的徐达等；反抗侵略、抵御外侮的英雄如岳飞、文天祥、林则徐等，他们不但才能出众，而且品德高尚，其中一些人所表现出来的忠心耿耿、正气凛然、廉洁奉公等优秀品质流芳千古，成为后世楷模。

在坚持"德才兼备"用人标准的同时，还要掌握一个重要的用人原则，那就是对人不可以求全责备。经验告诉人们，人才出问题往往出在德上，而对人求全责备也往往表现在对德的要求过于死板，不能辩证对待，只揪住人的一时一事，不看人的全部历史和一贯表现，不看是大节还是小节，不分主次、不分轻重、不分客观还是主观。作为教育和号召，可以对人提出完美的要求，但在实际用人时不可求全责备。金无足赤，人无完人。求全责备，

便找不到人才，已有的人才也会很快失去。正确的用人方法是：广招人才，合理使用。对德才兼备者，要加以重用，重点培养；对有才能而德不足或者犯过错误的人，也要根据情况合理使用，并在使用中教育、锻炼和培养，争取使他们逐步成长为德才兼备的优秀人才。

第五章 亲君子　远小人

公元227年，诸葛亮给后主刘禅上过一道非常有名的奏疏，即《出师表》。在《出师表》中，诸葛亮说了一句非常有名的话：“亲贤臣，远小人，此先汉所以兴隆也；亲小人，远贤臣，此后汉所以倾颓也。”此话一出，一直被后世奉为治国和用人的至理名言。

古代文献中，关于“君子”“小人”的概念经常出现。“君子”，泛指品行端正、忠诚守信、谦虚仁爱、廉洁守法等一类人。君子为官，则称“贤臣”“忠臣”“正臣”“直臣”等。相反，“小人”则是指心术不正、见风使舵、反复无常、阳奉阴违，甚至惯使阴谋诡计、打击陷害他人的人。小人为官，则称“奸臣”“佞臣”“谗臣”“谀臣”等。所以“亲贤臣，远小人”也可称为“亲君子，远小人”，而且后者有更广泛的适用性。

“君子”“小人”的概念，在今天的官方文书中已基本消失；然而在民间语言中却一直沿用。因为这两个概念含义清楚，没有歧义，而且表达简洁，不用说一大堆定语，因而有较强的生命力。古人用“君子”（或贤臣）、“小人”这两个概念阐述了一个重要的用人思想，包括亲君子远小人对于治国的重要性、如何识别君子小人、怎样做到亲君子远小人等一系列重要论述。这一思想以其独特的视角，成为我国古代用人思想中的一大亮点，对于今天的干部人事制度建设也有着重要的借鉴意义。

第一节　亲君子远小人为治国之要

亲君子远小人的治国理念，是诸葛亮首先明确提出的。但这一思想的提出并非偶然，在此之前的孔子等思想家已有这方面的论述。这些论述虽然不如诸葛亮说得这样明确和精辟，但思想脉络是清楚的，其内涵和基本精神是一致的。

鲁哀公曾向孔子请教治国理政的道理，他问："做什么才能让老百姓乐于服从呢？"孔子回答说："把正直的人提拔起来，放在奸邪的人之上，百姓就乐于服从；若是把奸邪的人提拔起来，放在正直的人之上，百姓就不服了。"① 在另一场合，学生樊迟向孔子请教什么是"智"。孔子回答说："善于识别人才。"樊迟对此不太理解，孔子又进一步提出要"把正直的人提拔起来放在奸邪的人之上"。樊迟还是不太理解，就拿孔子的话去问同学子夏。子夏说："老师的话含义丰富啊！舜有了天下，在众人之中挑选贤人，将皋陶提拔起来，那些不仁义的人就自然远离了；商汤有了天下，在众人之中挑选贤人，提拔了伊尹，不仁义的人也自然远离了。"② 孔子和子夏的意思很明白：要想做尧、舜、禹、汤那样的圣明君主，把国家治理好，那就要亲近重用正直的人，而疏

① （先秦）《论语·为政篇》："孔子对曰：'举直错诸枉，则民服；举枉错诸直，则民不服。'"

② 见（先秦）《论语·颜渊篇》。

远奸邪的人；正直之人与奸邪之人是不同伍的，若君主重用了正直之人，那奸邪之人自然就被疏远了。

荀子亦有这方面的论述。他说："君主如果任用道德高尚、才智超群像圣人那样的人做大臣，那就可以成为一个真正的王者；如任用能够建功立业的人做大臣，国家就会强大；任用阴谋篡权之人做大臣，国家就会陷于危险；任用阿谀奉承、阴险狡诈之人做大臣，国家就会败亡。"①

诸葛亮通古博今，肯定受到孔子等古圣先哲的思想影响，加上自己的经验和智慧，才提出了"亲贤臣远小人"的正确论断。在诸葛亮之后，可能是受到他的启发，更有多人讲过这一思想，其中尤以李世民、朱元璋讲得最好，毕竟他们有长期的用人实践，所以体会更为深刻。

唐太宗深知"亲贤臣远小人"的重要性，将此视为"为国之要"。他说："国家动乱，没有不是因为任用了奸邪小人；国家太平，没有不是因为任用了忠臣贤人。任用忠贤，就能享受天下太平之福；任用小人，就要遭受天下动乱之祸。"② 贞观十六年(642年)，唐太宗对谏议大夫褚遂良说："你是负责皇帝《起居注》撰写工作的，不知近来记录我所做的事如何，是好事还是坏事?"没想到褚遂良一点面子也不讲，他回答道："设置史官编录《起居注》，国君做的事必定记录。既然做好事必须记录，那么有过失也不会隐瞒。"唐太宗并不是昏君，他明白要想在史书上留下个好名声，首先是要自己做得好，于是说："我现在经常注意

① （先秦）《荀子·臣道》："用圣臣者王，用功臣者强，用篡臣者危，用态臣者亡。"

② 《全唐文》卷10，《太宗（七）·金镜》："乱，未尝不任不肖；治，未尝不任忠贤。任忠贤，则享天下之福；用不肖，则受天下之祸。"

努力做好三件事，也是希望史官不至于记上我的坏事。一是借鉴前代成功失败的经验教训，作为今后做事的规矩；二是提拔任用贤人，共同做好治理国家的事情；三是排斥不用小人，不听谗言。我可以坚持这些，始终不变。”① 我们可以看到，唐太宗所说的这三件事中，第二件、第三件概括起来就是“亲君子远小人”。对于这一思想，唐太宗并非偶然一说，而是在不同场合反复强调。

贞观十九年（645 年），唐太宗要亲自带兵出师东征，命令太子留守京城。太子“悲泣数日”，一方面表示舍不得父亲出征；另一方面表示交给自己留守的责任太大，担心不能胜任。唐太宗教训他说：“为国之要，在于进贤退不肖，赏善罚恶，至公无私”，② 并说：“你按照这些努力去做就是了，哭有什么用?”唐太宗将“进贤退不肖”列为“为国之要”的首要。“不肖”，即不贤，人们常说的“不肖之徒”，与“小人”是一个意思。唐太宗带兵出征是有风险的，弄不好战死沙场也不是不可能的事，所以他临行前要把最重要的治国经验告诉未来的接班人。其中最要紧的经验就是“亲君子远小人”。

唐太宗很早就已注意到，用“亲君子远小人”的思想教育后代，特别是国家的接班人，可谓安不忘危，乐不忘忧。贞观七年（633 年），唐太宗对魏征说：“自古以来，侯王（指皇帝宗室子弟被封为王或侯的）能够自己保全自己的很少，都是由于他们生长在富贵之中，喜欢骄奢淫逸，大多不懂得‘亲君子远小人’的道理，所以才这样。”于是命令魏征采录自古以来帝王子弟成败

---

① （唐）吴兢：《贞观政要·杜谗邪第二十三》：“太宗曰：‘朕今勤行三事，亦望史官不书吾恶。一则鉴前代成败事，以为元龟；二则进用善人，共成政道；三则斥弃群小，不听谗言。吾能守之，终不转也。’”

② （宋）司马光：《资治通鉴》卷 197，“太宗贞观十九年”。

的史事，编成《自古诸侯王善恶录》，赐给诸王。魏征还为这本集子写了序，其中说道：“新朝代一开始封的王侯，时逢国家草创时期，看到帝王事业的艰难险阻，知道父兄的忧愁辛苦。所以，他们虽在高位而不骄奢，从早到晚不懈怠。有的特备甜酒招待贤人，有的‘一饭三吐哺’接待贤人。喜欢听逆耳的忠言，得到百姓的欢心。”这些王侯去世后，爵位由他们的子孙承袭，“承袭封爵的子孙一代，多遇太平盛世，他们生在深宫之中，长期在妇人们的呵护下生活，对身居高位而带来的危险不会感到忧惧，又哪里知道农民耕种劳作的艰难？亲近小人，疏远君子，宠爱美妇，轻视美德。违反道义，破坏礼仪，荒淫无度，不遵守法令规定，越级越权，胆大妄为”，最后终于“走上犯法作乱的邪路”。唐太宗读后直说好，对皇子们说：“这应当放在你们座右，作为立身之本。”① 从这件事可以看出，唐太宗为教育后代用心良苦。他深知，他可以给子孙封王封侯，给他们崇高的地位和丰厚的待遇，但不能保证子孙们能够长享富贵。他们能不能保全自己，关键在于他们能不能做到“亲君子远小人”。魏征在序言里不但指出了“亲小人远君子”的危害，而且还深刻分析了“亲君子远小人”与“亲小人远君子”各自形成的原因。魏征之所以能编出一本好书，写出一篇好的序言，在于他对唐太宗的用心能够心领神会；他之所以能够心领神会，是因为他自己就对“亲君子远小人”有

---

① （唐）吴兢：《贞观政要·教戒太子诸王第十一》（原文较长，只录重点语句）太宗曰：“自古侯王能自保全者甚少，皆由生长富贵，好尚骄逸，多不解亲君子远小人故尔。”魏征为《自古诸侯王善恶录》作序曰：“始封之君，时逢草昧，见王业之艰阻，知父兄之忧勤。是以在上不骄，夙夜匪懈。或设醴以求贤，或吐餐而接士。故甘忠言之逆耳，得百姓之欢心。”“暨乎子孙继体，多属隆平，生自深宫之中，长居妇人之手，不以高危为忧惧，岂知稼穑之艰难？昵近小人，疏远君子，绸缪哲妇，傲狠明德。犯义悖礼，淫荒无度，不遵典宪……弃忠贞之正路，蹈奸宄之迷途。”

着深刻的体会和见解。他曾上书唐太宗指出：“要想把国家治理好，必须将治理的重担委托给君子”，“如果陛下能够精心选用君子，以礼相待，信任重用他们，那还用担心国家不能治理太平吗?”① 在另一次上书中，他用尖锐的语言向唐太宗提出：“国家想要提拔重用忠诚贤良的人，斥退小人，这话说了十几年了。可只是听到言语，却见不到有哪些忠良之人被提拔，有哪些小人被斥退，这是为什么?”如果“徇私情而亲近奸佞之人，背离公道而疏远忠良之人，那么即使昼夜辛苦，劳心费神，想求得国家的安定富强，也是不可能的”②。

假设我们能够把古代帝王召集起来，开一个关于“亲君子远小人”的座谈会的话，那么除了李世民以外，朱元璋也应该算是一位有资格讲，而且讲得比较好的人。朱元璋将元朝兴亡的原因归结为是用君子还是用小人上，可谓抓住了问题的关键。他之所以能够抓住关键，不仅在于他有长期的用人经验，而更重要的原因在于他善于学习。洪武二十一年（1388 年），朱元璋对左右的大臣说：“我昨天阅读史书，发现前代帝王中好听谗言的，必然导致国家的衰败和混乱。这是因为国家有谗佞小人陷害忠良贤臣的祸患。贤臣必定以正派的态度来侍奉君主，可能他一开始显得不好合作，但终究是对朝政有益。而谗佞之人阴险而善伪装，善于见风使舵，承接君主的想法，君主如不明察，则往往被他们所迷惑，一开始看着好像没有什么害处，但结果实在可怕，他们陷害贤臣、危害国家的事，能够说得完吗？所以君主要想治理好国

① （宋）司马光：《资治通鉴》卷 195，“太宗贞观十一年”：“今立政致治，必委之君子。”“陛下诚能慎选君子，以礼信用之，何忧不治?”

② （唐）吴兢：《贞观政要·论择官第七》：“国家思欲进忠良，退不肖，十有余载矣。徒闻其语，不见其人，何哉?”“（若）徇私情以近邪佞，背公道而远忠良，则虽夙夜不怠，劳神苦思，将求至理，不可得也。”

家，一定要保护好贤良而去除奸佞才行。”① 看来，作为一国之君，能够注意学习历史，并能结合实际进行思考，对于治国理政来说确实大有裨益。

朱元璋重视用历史的经验教训来教育臣子，以使他们安不忘危。有一年，朝廷录用了六十多名进士，安排他们做六科给事中和六部主事，朱元璋接见他们并进行训话，说明自己的政策是用忠良、弃奸邪，勉励大家要做忠良之臣，不做奸邪小人。他说：“忠良之臣，是国家的宝物；奸邪之臣，是国家的蠹虫。所以，如果忠良之士得到重用，国家就越来越富强安定；奸邪之人得到重用，国家就越来越混乱。可以看一下唐朝的历史，唐太宗重用房玄龄、杜如晦等贤人，致使国泰民安，买一斗米只用三钱，社会安定，出门不用锁门；而唐玄宗后期重用奸相杨国忠、李林甫，从而导致了安史之乱，唐玄宗这才有了被迫离京逃跑之祸，这段历史值得借鉴啊！”② 从上述谈话中，我们已经看到朱元璋在用什么人方面有着清醒的头脑和深刻的认识。更值得赞赏的是，他在这方面还有精辟的结论性的概括，即“兴治之要，当进君子，退小人也。”③

“亲君子远小人”在古代政治生活中，已成为公认的国家用人原则和个人交往原则，即使奸臣小人也不敢公开反对它，而只是极力将自己装扮成忠臣君子。

---

①《明太祖实录》卷189：“朕昨观史，见前代帝王好谗言者必致败乱。盖国有谗佞忠贤之害也。贤者之事君必以正，初若落落难合，终实有益。谗佞之人险巧，善承人主之意，人主不察，多为其所惑，始若无害，终实可畏。其妨贤病国，可胜道哉？是以人君图治，须保贤哲而去谗佞。”

② 《明太祖实录》卷174：“忠良者，国之宝；奸邪者，国之蠹。故忠良进，则国日治；奸邪用，则国日乱。观唐太宗用房、杜，致斗米三钱、外户不闭之效；玄宗用杨、李，则致安史之乱，有蒙尘播迁之祸，此可鉴矣。”

③ 《明太祖实录》卷198。

出于对维护统治的实际需要，同时基于对“亲君子远小人”的深刻认识，历代头脑比较清醒的统治者都特别看重和赞赏臣子的忠义精神，而对反复无常、卖主求荣的人则表现出鄙视和厌恶。

唐高祖李渊称帝初期，还存在很多割据势力。李轨割据河西自称大凉皇帝，他派自己的尚书左丞邓晓出使唐朝。邓晓尚在长安还未回去的时候，传来消息说李轨被唐朝灭亡了。邓晓本来是李轨的使者，可他不但不为李轨的失败而难过，反而跑到唐高祖面前“舞蹈称庆”。唐高祖对他这种丑恶表演非常厌恶，说：“你作为人家的使臣，听说自己的国家亡了，不感到难过反而高兴庆贺，想以此讨好于我。你对李轨不忠，难道能忠于我，为我所用吗？”于是让他终身不得为官。①

是不是在古人眼里，凡是更换了主子的都是不忠不义之人呢？不是的，这要具体情况具体分析。在中国古代历史上，每逢动乱年代，群雄逐鹿，都想统一中原做皇帝。争夺天下的过程也是争夺人才的过程，人才易主的情况时有发生。易主的原因各有不同：有的是因为旧主庸劣，自己怀才不遇；有的是由于内部矛盾，被逼无奈；有的是旧主已经失败，新主对自己优礼有加，自己受感动而图报；有的是经不住对方诱惑收买，卖主求荣；有的是左右观望，见风使舵，顺势投机，等等。像前三种情况，就不能说都是不忠不义之人，当然也不能保证全是忠义之士，需要在以后的使用中继续考察；而后两种情况，就可以肯定是不忠不义之人了。这些情况都是发生在中华民族范围内争夺统治权的斗争，并不包括鸦片战争以后外国入侵中国的情况。在外国入侵祖国的情况下，凡投降依附外敌，充当汉奸走狗的，毫无例外地都是不忠不义的

① （宋）司马光：《资治通鉴》卷187：“上曰：‘汝为人使臣，闻国亡，不戚而喜，以求媚于朕。不忠于李轨，肯为朕用乎！’遂废之终身。”

奸邪小人。

那么，一个人改换门庭，投到新主门下，如何判断此人是否忠义，能否靠得住呢？古人在这方面确有些独特视角，值得今人思考。我们不妨举一个唐高祖和唐太宗如何看待李勣的例子。本书前面曾提到过李勣，他原名叫徐懋功，原来是李密的部下。李密被王世充打败后归附唐朝。李勣这时还占据着李密十个郡的属地。他本来可以将这十个郡作为自己的见面礼送给唐朝，以求封赏，但他认为这是可耻行为，因为这原本是李密所有，要献给大唐也应该是李密去献，功劳应当属于李密。于是他把十个郡的土地、军队、百姓户口登记汇总，派使者送给李密。唐高祖知道后，称赞他是真正的"纯臣"，任他为黎州总督，并赐国姓李，不久又封他为右武侯大将军。事情并没有到此为止，更为复杂的情况还在后头。后来李密因谋反被唐朝廷所杀，李勣不但不躲避嫌疑，还上了一道奏章请求收葬李密。唐高祖便将李密的尸体交给李勣。李勣于是按君臣礼仪，大操大办丧葬仪式，让自己所统辖的军队都穿上白色丧服。按现在的一般观点，李勣这是公然与朝廷唱对台戏，起码也是与谋反者划不清界限。但唐高祖不这么看，对李勣照旧信任重用。李勣也不负所望，为唐王朝立下了汗马功劳。唐太宗对身边的大臣说，用李勣镇守边疆"胜数千里长城"。贞观十七年（643 年），唐太宗将教育辅佐太子的任务交给已经年老的李勣，当着众大臣的面对李勣说："我打算将太子托付于人，再三考虑，没有比你更合适的人了。你过去不抛弃李密，难道现在还会辜负于我吗？"① 唐高祖、唐太宗之所以对李勣等人才（在统一过程中，原先属于敌对阵营，后归顺唐王朝的优秀人才还有

---

① 见（唐）吴兢：《贞观政要·论任贤第三》。

不少，基本上都得到了重用）是否忠义看得比较准，主要是根据两条。一是人的思想变化要合乎人之常情，像李勣那样对旧主有一定感情，要有所报答之后再为新主效力，然后才觉心安的人，往往是比较诚实的人；而像邓晓那样，本来在旧主那里也是受重用之人，一听旧主失败，便一下一百八十度大转弯，手舞足蹈地表示庆贺，则大多不可信。二是透过现象看本质，看人就是要看他的基本品质，看他是否忠实诚信，而不是看他如何表态等表面现象。列宁和毛泽东同志早就说过：当革命高潮到来的时候，投机分子也会涌入革命队伍中来。用人单看表态、讲话、宣传，是极不靠谱的。

贞观十一年（627 年），唐太宗出行，路过汉代太尉杨震的墓地。杨震为官刚正廉洁，政绩斐然，但不为小人所容，遭谗言而被遣送回家，杨震非常激愤，以自杀明志。唐太宗感伤他以忠诚而死于非命，亲自撰写祭文来祭奠他。同行的房玄龄上前说："杨震当年虽死得冤枉，但几百年后，遇到了您这位圣明君主停车为他祭奠，并亲自写了祭文，真可谓虽死犹生，永垂不朽啊……刚才我听了祭文，既觉哀伤又觉欣慰，天下的君子知道后，怎么能不勉励自己以名节为重，深刻认识到做一个好人的好处呢？"① 唐太宗的行为确实起到了表彰忠义君子的作用，而这也正是他建立一个太平盛世所需要的。

在这里我们只是举了唐朝的例子，其实历代头脑比较清醒的统治者，都是如此尊崇忠义。更值一提的是，在中国百姓的心里，从来都是忠奸分明。回顾历史，历代忠臣名垂千古，历代奸臣遗臭万年！只这一点，就足以让那些大奸大恶者不寒而栗！

---

① 见（唐）吴兢：《贞观政要·论仁义第十四》。

第二节 奸佞小人 国之蟊贼

如要深刻认识“亲君子远小人”这一用人原则的重要性，需要深刻认识用君子（贤人）的好处和用小人的害处。在这一节，我们将通过人们比较熟悉的一些人和事，说明用小人的沉痛教训。

小人做官，人们统称他们为“奸臣”或“奸佞”。当然细分起来，奸臣还有很多称谓，后面将会涉及。需要说明的是，这里所说的“小人”“奸佞”“奸臣”等不光是指有法定职权、责任的正式官员，还包括那些干政弄权的宦官。宦官本来是为皇帝及其后妃、子女做生活服务工作的，但很多皇帝总喜欢用一部分宦官直接参与政务工作。这部分参与政务工作的宦官实际成了具有特殊身份的国家公务人员，他们之中同样有君子小人之分，宦官之中也出过大奸臣。奸臣的危害，概括起来，可以说是一误君主，二害忠良，三祸国家，四殃百姓。下面分别叙述。

一、误君主

奸臣往往伪装忠诚，曲意逢迎，博取信任后便蒙蔽君主，玩弄君主于股掌之中，引导君主在邪路上越滑越远，走上身败名裂的不归路。对于奸邪小人误导君主走上邪路的能力，绝对不可低估。元代贤臣许衡对此有过精辟的论述，他说：“除非人君没有喜怒，只要有高兴，奸邪小人就会极力称赞人君所高兴的东西（包括人、物、事），以求得到人君的好感；人君只要有生气，小人就会进一步鼓动人君生气，并借此扩大自己的权势。除非人君没有爱憎，只要有爱，小人就会利用他的爱来满足自己的私利；只要有憎，小人就会利用他的憎恨来为自己报仇。甚至人君本来没有什么可高兴的，小人便欺骗他使他高兴；本来没有什么可生气的，小人便故意激他使他生气；本来没有什么喜爱的，小人便说假话极力称赞使他喜爱；本来没有可憎恨的，而硬是说坏话使他憎恨。”然而“人君是操纵着生杀予夺和进退赏罚大权的，如果他不幸被蒙蔽，那就会以非为是，以是为非，其危害可是无穷啊”。① 无数历史事实证明许衡所言不虚。

春秋时的齐桓公，一开始重用管仲等贤臣，因而国强民富，称霸诸侯。管仲病重临死时，齐桓公问他：“将来谁可以接替你担任国相?”管仲说：“知臣莫如君，您说说看。”齐桓公相继提出了易牙、竖刀、开方三个人。管仲说：“希望您远离这些小人。”桓公不解地问：“易牙曾经杀死自己的儿子煮了给我吃，这样的忠心还有可怀疑的吗?”管仲回答：“杀死儿子来迎合国君，不近人情，这样的人不可用。”桓公又说：“竖刀为了到我跟前来侍奉我，自己把自己阉割了，这样的忠心还有可怀疑的吗?”管仲回答：“阉割自己来迎合国君，不近人情，这样的人不能亲近。”桓公又问：“那开方这个人怎么样?”管仲回答：“开方是卫国的公子，他本来可以做这个千乘之国的太子，而他却背弃父母，跑到齐国来迎合国君您，不近人情，这样的人不能接近。”管仲在这里提出了一个重要的用人原则，那就是：表现过于特殊，不近人情（“非人情”）的人，不能用。

---

① （明）宋濂等：《元史》卷158，《许衡传》：人君“操予夺进退赏罚生杀之权，不幸见欺，则以非为是，以是为非，其害有不可胜既也。人君惟无喜怒也，有喜怒，则赞其喜以示恩，鼓其怒以张势。人君惟无爱憎也，有爱憎，则假其爱以济私，藉其憎以复怨。甚至本无喜也，诳之使喜，本无怒也，激之使怒，本不足爱也，而诳誉之使爱，本无可憎也，而强短之使憎”。

齐桓公当面答应不用这三个小人，于是管仲就把这三人赶走了。在没有这三人在身边侍候的时间里，齐桓公感到很不舒服，“食不甘心不怡”。管仲死后，齐桓公认为，管仲的话说得也太过了。于是又把三人全都召回来加以重用，形成“三子专权”，齐国从此出现了内乱纷争的局面。不久，桓公病倒了，易牙、竖刀等人乘机作乱，杀死许多官员，并堵住宫门，筑起高墙，不让人进宫。有一妇人翻墙进到桓公的住所，桓公说：“我想吃点东西。”妇人说：“我找不到吃的。”桓公说：“我想喝点东西。”妇人说：“我找不到喝的。”桓公问：“这是为什么？”妇人回答：“易牙、竖刀共同作乱，堵宫门，筑高墙，不让人进来，所以得不到食物。”桓公这才醒悟，痛哭流涕，慨然叹息说：“圣人（指管仲）的见识真是远大啊！若死者有知，我将有何面目去见管仲啊？”齐桓公死后，两个多月没人葬。史书称，“桓公尸在床上六十七日，尸虫出于户”，尸体上长的蛆虫爬到了门外。真是惨不忍睹！这就是重用小人的结果。①

齐桓公一开始重用贤人，结果是民富国强，称霸诸侯；但晚年不听贤人之言，重用奸邪小人，结果是死了无人葬，要不是有一妇人翻墙进去告诉他事情的真相，他连自己是怎么死的都不知道。这样的历史教训的确深刻，但更为深刻、更值得人们深思的是：这样的历史悲剧，不仅仅是齐桓公遇上了，而是反复上演。我们不妨再看一下另一个为大家所熟悉的人物——唐玄宗。他同样遭遇了由于前后用人不同，结果天壤之别的人生经历。

唐宪宗时有个大臣叫李绛，官至中书侍郎，位列宰相，是个耿直敢谏之臣，即使有时遭到皇帝怒斥，仍坚持谏诤。宪宗说他

① 见（汉）司马迁：《史记》卷32，《齐太公世家第二》；（唐）张守节：《史记正义》。

是真正的“忠正诚节之臣也”。有一天，宪宗对李绛说：“我阅读《玄宗实录》，看到开元年间和谐太平，而天宝年间却天下大乱。事情都发生在玄宗一朝（唐玄宗一朝有两个年号，开始叫开元，后来叫天宝），却治、乱相反，这是何故?”李绛回答：“玄宗在武后当政时曾担任职务管过事，在外接触过当时的一些贤人，知道世事的艰难。即帝位之初，他先后任用姚崇、宋璟为宰相，这两个人都是忠心耿直的上等人才，全心全意为君主效力。玄宗开始也是一心想着把国家治理好，励精图治、虚心纳谏，因而当时担任要职的都是有名的贤人，朝廷上下左右的臣子都崇尚忠正。所以君臣和谐，朝廷内外安定团结。可到了开元二十年（732 年）以后，奸相李林甫、杨国忠相继专权，专门起用阴险奸佞的人把持了各部门要职，一味向玄宗献媚讨好，使玄宗听不到真话。于是玄宗的贪欲膨胀起来，国家财力已经不足，而奸臣们还劝说大兴土木，武夫们劝说开拓边疆。结果天下骚动，奸人乘机叛乱，盗贼蜂起，导致东都、西都陷落，全国大乱，皇帝离京外逃，几乎到了难以恢复的地步。这都是受小人怂恿引导，生活放纵、自满骄傲所导致的结果。直到今天，还要派兵守卫两河，西部疆土全部丧失，民生凋敝，国库空虚，这都是由于天宝年间的祸乱所造成的。”①

二、害忠良

历史上，奸臣残害忠良的事例不胜枚举，可以说历代皆有。

---

①（后晋）刘昫：《旧唐书》卷 164，《李绛传》：“（玄宗）临御之初，任姚崇、宋璟……故当时名贤在位，左右前后，皆尚忠正。是以君臣交泰，内外宁谧。开元二十年以后，李林甫、杨国忠相继用事，专引柔佞之人，分居要剧，苟媚于上，不闻直言……天下骚动，奸盗乘隙，遂至两都覆败，四海沸腾，乘舆播迁，几至难复。盖小人启导，纵逸生骄之致也。”

在无数被打击迫害的贤臣忠良之中，岳飞、于谦可算作两个冤死的典型（本是尽忠报国，而罪名却是叛逆）。

阅读《宋史》中的《岳飞传》《秦桧传》等史料，我们不得不为岳飞的浩然正气而感叹不已，不得不为秦桧等小人的无耻行径而切齿痛恨。秦桧害死岳飞，这在中国早已是家喻户晓、妇孺皆知的事情。但岳飞被害时，已官至枢密副使、两镇节度使，另加少保衔，若没有宋高宗赵构的认可，秦桧的一系列策划，包括动用十二道金牌将岳飞从前线召回、指令弹劾、诱人诬告、派同党逼供、秘密处死等，均难以实现。但若没有秦桧的阴谋策划和挑拨、诬陷，赵构不一定能下了杀死岳飞的决心。所以应该说，是奸相昏君沆瀣一气，共同害死了岳飞，而秦桧是主谋。

秦桧为什么要害岳飞？第一，从根本上说，忠良奸佞不同朝，君子小人难两立。岳飞嫉恶如仇，秦桧嫉善如仇，二人难以同朝为官。秦桧力主与金议和，“患飞异己”，他最担心的就是岳飞反对自己；而岳飞“又以恢复为已任，不肯附议和”。岳飞坚决主张恢复中原，迎回“二圣”（徽宗、钦宗）。史书记载：“金兀术写信给秦桧说：‘你每天从早到晚地请求和议，而岳飞却正打算攻取黄河以北。必须杀掉岳飞，才能够议和。’秦桧也认为岳飞不死，终究要阻碍和议，自己也必然会遭到祸害，因此极力图谋杀死岳飞。”① 第二，从性格上说，君子待人一般较为宽厚，而小人刻薄记仇，阴险毒辣。所以，社会上有“宁可得罪君子，不得罪小人”之语。岳飞言行耿直，几次冒犯秦桧。绍兴八年（1138年），金朝派使者到南宋说是打算归还河南失地，岳飞上奏说：

---

① 见（元）脱脱等：《宋史》卷365，《岳飞传》（原文不录）。

“金人不可信，和好不可依赖。宰相（指秦桧）对国事谋划不当，恐怕会让后世讥笑。”秦桧因此对岳飞怀恨在心。韩世忠得罪了秦桧，秦桧打算陷害韩世忠，岳飞知道后赶忙写信给韩世忠，把秦桧的阴谋告诉他，韩世忠面见高宗辩明自己，逃过一劫，秦桧因自己的阴谋暴露而对岳飞极为恼怒。高宗曾亲笔书写曹操、诸葛亮、羊祜三人的事迹赐予岳飞以示鼓励，岳飞在高宗手书之后写了跋语，特意指出曹操是奸贼并表示鄙视他。秦桧对此如芒在背，觉得岳飞是在说自己，因而对岳飞是又气又恨。岳飞接二连三地得罪秦桧，以秦桧的性格哪里容得下岳飞。本来岳飞被从前线召回后，已多次上章请求罢免自己的职务，交出兵权，当一个老百姓。但秦桧感觉不解恨，必欲置之死地而后快，指示同伙弹劾岳飞，捕风捉影地诬陷岳飞有谋反之心。先是让御史何铸审讯岳飞，岳飞撕开衣服亮出脊背给何铸看，背上有“尽忠报国”四个大字，字迹深入皮肤之中。何铸深受震动，既而审查无证据，便明确说岳飞是无辜的。秦桧又改命谏议大夫万俟卨审讯，万俟卨是个追随秦桧的典型小人，对岳飞严刑逼供两个月还是找不到证据。于是，“桧手书小纸付狱，即报飞死，时年三十九”。秦桧写了一个小纸条给监狱，接着就报告岳飞死了。怎么死的，是毒死、打死、勒死？局外人无从知晓，反正是秘密处死。同时将岳飞之子岳云斩首，抄没家产，全家发配岭南。

赵构并非不知道岳飞是不可多得的将帅之才和忠良之臣。绍兴三年（1133 年）赵构第一次召见岳飞，亲自书写“精忠岳飞”四个大字，制成旗帜赐给岳飞。以后又多次召见，有一次岳飞给他讲了关于恢复中原的方略，赵构听后对岳飞说：“有你这样的大臣，我还有什么可忧虑的。关于进退的时机由你把握，我不从中干预。”又把岳飞召到寝宫说：“中兴宋朝的大事，就全部委托给你了。”① 赵构既然这么信任岳飞，为什么后来又与秦桧勾结起来杀害岳飞呢？这与赵构的极端自私和严重的心理障碍有关。北宋灭亡，山河破碎，赵构不以国家和民族的利益为重，不以亡国为耻，而只想偏居江南，享受腐朽生活。当金兵直逼江南要消灭他时，他便希望岳飞等主战派顶住金兵；而当金人感到消灭南宋力不从心，特别是后来渐渐转为劣势，从而同意议和时，赵构便毫不犹豫地接受议和条件，包括对金称臣，每年纳贡银、绢各二十五万，甚至杀死和议的最大障碍岳飞。或许要问：赵构为什么要接受这样屈辱的议和条件，他支持岳飞等彻底打败金人，扫除后患不好吗？这涉及他难以解决的心理障碍。他一直认为，自己的皇帝位子不是老皇帝传给的，是徽宗、钦宗被掳走后自立的，来路不够正统。如果打败金人，迎回钦宗（徽宗早死），自己还能不能当皇帝就难说了；还有一种可能，如果把金人逼急了，金人会在北方将钦宗立为皇帝，那时南宋政权将处于尴尬地位，自己的皇帝地位也会受到动摇；还有一点也是赵构非常顾虑的，那就是岳飞一旦恢复中原，将功高盖主，说不定有一天会像开国皇帝赵匡胤那样发动政变，把自己取而代之。秦桧正是猜透了赵构的这些心思，看准了他的软肋，才一步步诱导他走上杀害忠良、屈辱求和的不归路。小人的阴险毒辣由此可见一斑。

明朝有一位因领导“北京保卫战”而出名的大英雄于谦，也是被小人唆使皇帝杀害的。明英宗正统十四年（1449 年）七月，蒙古瓦剌部首领也先率军大举南侵，大宦官王振挟明英宗朱祁镇领兵五十万亲征。大军抵达大同后，王振又惧不敢战，立即回师，

---

① 见（元）脱脱等：《宋史》卷 365，《岳飞传》。

行至土木堡，被瓦剌军追上，兵士死伤过半，英宗被俘，史称"土木之变"。消息传到北京，举朝震动，群臣聚哭，不知所措。担任翰林院侍讲的徐珵高声说："我看过星象，只有将京城南迁才可以解难。"在这危难时刻，兵部侍郎于谦挺身而出，斥责道："说南迁者，该杀！京都是天下的根本，一动便大势已去，难道没见过宋朝南渡的事吗？"徐珵不敢再说，但从此将于谦记恨在心，他认为是于谦让他在大庭广众之下出了丑，并影响了他以后的前程。

于谦临危不乱，在群臣和军民的支持下，积极备战，并主持拥立朱祁镇的弟弟朱祁钰为景帝，从而稳定了人心。当瓦剌军挟持英宗进逼北京城下时，已升任兵部尚书的于谦调兵遣将，布兵城外，命令关闭城门，以示背城决一死战，他亲自率兵在德胜门外迎战瓦剌主力。结果，北京保卫战大胜。不久，也先觉得留着英宗也无多大用处，只好放回。朝廷上下公认于谦对社稷有功。于谦德才兼备，因功加少保衔，总督军务，但从不居功自傲，而是"忧国忘身"，处置军国大事"悉合机宜"，而且"自奉俭约，所居仅蔽风雨"，身居高位，而住房简陋。

徐珵自提出迁都被人讥笑后，很长时间不得升官，"急于进取"，托人让于谦推荐他担任国子监领导。于谦向景帝推荐，景帝没同意。徐珵认为是于谦说了他的坏话，从而更恨于谦。以后徐珵改名徐有贞。景泰八年（1457 年），景帝病危，徐有贞伙同将军石亨、宦官曹吉祥发动政变，拥立英宗复位，接着就将于谦等人逮捕下狱，并污蔑于谦等人要迎立藩王的孩子做太子，是"谋逆"之罪。其实，徐有贞一伙拥立英宗复位是一个骗局。景帝之子早死，于谦等大臣正打算拥立英宗之子做景帝的接班人，而英宗之子尚幼，实际还是英宗掌权。没想到徐有贞等抢先一步，挟持事先并不知情的英宗搞了一场复位闹剧，结果是徐有贞一伙夺取朝廷大权的阴谋得逞。徐有贞诬陷于谦的目的有两个：一是为报当年于谦当众斥责自己之仇；二是为掩盖自己的阴谋，表明复位政变师出有名。当要将于谦“处极刑”的奏章送到英宗手上时，英宗犹豫了，他说：“于谦实有功。”是啊，如果没有于谦，明朝早已残破，说不定已经灭亡了，他英宗也不会被送回来，更谈不上什么复位了，怎么可以杀害有功之臣呢？在这关键时刻，徐有贞只用了一句话就使英宗下了杀掉于谦的决心，他说：“不杀于谦，此举为无名。”[①] “此举”就是指英宗复位这次政变举动。只有杀掉于谦，宣称于谦有“谋逆”之罪，才能表明英宗复位是名正言顺的。小人就是小人，他有小人的智慧，有小人的手段。

三、祸国家

奸邪小人的各种危害都是相互联系的，误君主、害忠良，自然也就给国家和百姓带来祸患。这些自不必说，就是小人直接祸害国家的事例也比比皆是。别看一些小人在揣摩君主意图、逢迎讨好、争权夺势方面表现得“足智多谋”，但在治国治军的真本事方面却胸无一策，甚至愚蠢可笑。尽管如此，小人一旦得势，便趾高气扬、盲目自大、目空一切，因而决策轻率，行事任意，往往给国家造成不可挽回的损失。比如上面提到的明英宗时的“土木堡事件”。英宗做太子时，王振是侍奉太子的宦官。英宗即位后，王振经常唆使英宗杀害大臣，因而权势越来越大。到了后来，王振可以随意处置大臣而不用向皇帝报告。大臣如有对他不

---

① 见《明史》卷170，《于谦传》；卷171，《徐有贞传》。

顺从、不尊敬，甚至碰到他没有下跪，都会被找个理由加以迫害，轻则贬官，重则被斩首、弃市，甚至被肢解。王统十四年（1449年），也先率瓦剌军大举入侵，王振心血来潮，非要挟皇帝亲征，廷臣纷纷谏阻也没有用。走到宣府，遇上大风雨，大臣们又进行劝阻，王振狂怒，罚劝阻的大臣跪在草地上。到了大同，王振还想北上。镇守太监郭敬向他报告了敌人的强大情况。王振害怕了，未经一战就仓皇回师。回师路上，他又绕道紫荆关，想着邀请皇帝经过他的家乡蔚州，以在家乡炫耀一番。走到半路，他又担心大军经过家乡会踏坏田里的庄稼，家乡父老会骂他，于是又下令改道宣府。当英宗与大军到达离怀来城只有二十里的土木堡时，正确的选择应当是进驻怀来城，但由于王振沿路搜刮的一千余部辎重没有赶到，王振便反对进城，让英宗在土木堡驻扎下来。也先自知道英宗班师的消息后，便率军追击。由于王振不听大臣意见瞎指挥，先西后东，迂回曲折，让也先赢得了时间，最后又没有进驻怀来城，因而明军丧失了逃过劫难的最后一次机会。随行的兵部尚书和户部尚书请求组织兵力断后，并快速调兵保卫英宗的住所，王振对他们怒斥道："你们这些臭书呆子哪里懂军事，谁再提意见就让他死！"并让侍从把他们赶出门外。两个尚书在帐中相对而哭。第二天，土木堡被也先包围，结果五十余万明军几乎全军覆没，五十余位官员全部战死，英宗被俘，王振这个死有余辜的小人也死于乱军之中。

四、殃百姓

小人得势，并不打算报效国家、造福百姓，他们热衷于两个目的：一是满足自己的权力欲和吃喝玩乐，并希望这种腐朽生活能够享之长久，延及子孙；二是引导君主腐化堕落，而这样做就是为了保住前一个目的。那么，怎样才能享尽荣华富贵呢？天上不会掉下金银财宝来，只能是千方百计地搜刮民脂民膏，横征暴敛，巧取豪夺。因此，奸臣当道，便会无一例外地殃及百姓。这样的例子举不胜举，只能略举一二，让人有点感性认识。

宋徽宗时，奸相蔡京与宦官童贯等人狼狈为奸，千方百计地引导皇帝过上穷奢极欲、荒淫糜烂的生活。为了满足徽宗对奇花异石的喜好，他们在苏州设立应奉局专门搜刮东南花石。应奉局的吏役如狼似虎，凡是被他们看中的奇花异石，便强行掠走，物主稍有违抗，轻者囚禁，重者杀头。掠取时，掘地挖坑，遇墙凿墙，遇屋拆屋，并借机勒索。许多百姓因家里有花木奇石，即被搞得倾家荡产。搜刮的大量花石都通过大运河和汴河用船运到京城开封，称为“花石纲”，沿路同样大肆扰民。当时的方腊起义就发生在受“花石纲”祸害最深的江浙一带。

奸臣无一不是喜欢享乐腐化的，因此无一不是贪污犯。尤其是那些掌握了朝廷大权的权奸，其聚敛财物的贪婪程度是人们难以想象的。清代的和珅可以说是其中的一个典型代表。和珅凭着他一套阿谀奉承、拍马迎合的本事，博得了乾隆皇帝的赏识和信任，飞黄腾达，成为一等公、首辅大学士、领班军机大臣，身兼多种要职，权倾朝野。作为朝臣的权力和地位有到顶的时候，但财富却没有到顶的时候，和珅的最大喜好就是无休止地搜刮财富。乾隆帝去世后第六天，嘉庆帝便雷厉风行地查抄了和珅的家，抄出的财产总计折合白银八亿两。有人计算，乾隆时清政府一年的财政收入是七千万两，他的财产已超过了清政府十年财政收入的总和。也就是说，和珅为官二十余年，平均每年都有相当于清政府一半的财富收入落进了他的腰包。

无论古代还是现代，面对巨大的贪污数字，人们总是一脸迷茫：他们贪污的钱早已超出了可能的实际需要，要这么多干什么？可能贪到一定程度，心理就会发生扭曲，对享乐的实际需要会转变为对占有财富的数字追求。不管他们是怎么想的，反正财富不会从天上掉下来，总是要取之于民。在生产力低下的农业社会里，百姓承担正常的赋税已经是很困难了，再加上大大小小贪官污吏的疯狂榨取，百姓的生活就可想而知了。

第三节　忠奸之别

做人有君子小人之分，做官有忠臣奸臣之别。人们习惯上所说的这种忠臣奸臣，是广义上的概念，忠臣，泛指德行好的一类臣子；奸臣，泛指德行坏的一类臣子。其实，古人对于这两大类臣子还有更细的分类，其中对于忠臣奸臣还有狭义的定义。汉代刘向在《说苑·臣术》里将两类臣子的行为分别概括为“六正”“六邪”。虽经后代不断演变，但大同小异，大致如下：

“六正之臣”包括圣臣、良臣、忠臣、智臣、贞臣、直臣。其中居第二位的“良臣”，武则天称为“大敬之臣”，其他皆同。

圣臣的表现是：能够掌握事物发展规律，“独见存亡之机，得失之要”（魏征语），高瞻远瞩，预见未来，见微知著，消灾避祸，使君主永远立于光荣正确的地位。

良臣的表现是：对君主尽心竭力，随时进献好的意见，并用礼仪进行劝勉，君主有好的想法就加以促进，君主有过失就及时匡正，即所谓“顺其美，匡其正”，而且所有重大成功都要“归善于君”（武则天语），一切成就都是君主英明领导的结果。

忠臣的表现是：勤奋工作，早起晚眠，见到贤才就向朝廷推荐，经常用历史的经验教训来激励和提醒君主。

智臣的表现是：能够清楚地看到事情成败的原因，对不好的结果能够提早防备并补救，堵塞漏洞，断绝根源，转祸为福，使君主始终无忧。

贞臣的表现是：奉公守法，不贪污受贿，不计较俸禄，不争赏赐，清廉节俭。

直臣的表现是：遇到国家混乱，君主昏聩时，不溜须拍马，敢于犯颜直谏，当面批评君主的过失。

以上“六正之臣”，都属于广义上的忠臣。所以，历史上说某人是忠臣，并不一定是专指上面的第三类，往往此人同时兼具以上“六正”中的两三类表现，如自身能廉洁自守，同时又勤于政事，还敢于向朝廷提意见等。

那么，何谓“六邪之臣”呢？“六邪之臣”包括具臣、谀臣、奸臣、谗臣、贼臣、亡国之臣。

具臣的表现是：养尊处优，尸位素餐，拿着国家俸禄，却不务公事，“容容自安，左右观望”（武则天语）。徒具官员名分，不起臣子作用。

谀臣的表现是：凡是主子说的话，一律称颂；凡是主子做的事，一律拥护。暗地观察和打听主子爱听爱看的东西，千方百计弄来献给主子，让主子高兴。用苟且迎合的手段，讨好主子，保护自己，与主子一起作乐，却不管这样做的危险后果。

奸臣的表现是：内心奸险邪恶，表面上却小心谨慎，巧言令色，嫉贤妒能。他想举荐谁就宣扬谁的优点，并隐瞒其缺点和错误；他想排挤谁，就宣扬其过错，而隐瞒其优点。使君主弄不清是非真伪，因而赏罚不当，号令难以执行。

谗臣的表现是：他的狡猾智谋足以用来文过饰非，他的诡辩才能足以用来混淆视听，善于拨弄是非，说人坏话，在内可以挑拨骨肉分离，在外可以制造朝廷混乱。

贼臣的表现是：独揽朝廷大权，专横跋扈，颠倒是非，结党营私，攫取财富，假传圣旨，狐假虎威，作威作福。

亡国之臣的表现是：谄媚君主，诱使君主走上邪路，将君主推向不仁不义的境地。同时私结党羽，狼狈为奸，蒙蔽君主，使君主不辨黑白，是非不明，从而使君主的罪过布满境内，恶名远扬四海。

以上“六邪之臣”，都属于广义上的奸臣。所以人们平时说奸臣时，不一定是专指上面的第三类，往往是指具备上面六种中任何一种或几种表现的人。

“六正之臣”，虽然由于各人性格、职务、时代、环境等的不同，表现各有不同，但他们同属君子，因而有君子的共同特点；同样，“六邪之臣”虽各有不同，但他们同属小人，因而具有小人的共同特点。君子与小人之间，却是有着迥然不同的各自特点。古代对他们的不同特点多有论述，归纳起来，大致有以下几点。

一、信念操守方面

君子大都有理想信念，有做人的原则。他们心系朝廷，关心社稷民生。正如范仲淹所言，“居庙堂之高，则忧其民；处江湖之远，则忧其君”。他们的最高境界是，“先天下之忧而忧，后天下之乐而乐”。他们信守做人的原则，正如欧阳修所说，君子“所守者道义，所行者忠信，所惜者名节”①。君子中有大志者，大都会努力实践孔子关于“修身齐家治国平天下”的教导，重视修身，先学做人，后学做事，先正己，后正人。他们居家讲孝，

① （宋）欧阳修：《欧阳文忠公集·朋党论》。

在朝讲忠，对百姓讲仁，做人处事讲义。一事当前，先讲义，后讲利；违背义的利，虽予不取，必要时，可以舍生而取义。

小人则与君子大不相同。唐代李翱，担任过谏议大夫、刑部侍郎、户部侍郎等职，曾上书宪宗皇帝对用人问题进行劝谏，其中说道：奸佞之人“皆不知大体，不怀远虑，务于利己，贪富贵，固荣宠而已矣”①。不知大体，就是心中没有百姓、社稷和朝廷。不怀远虑，主要是指他们不知道忧国忧民；同时，也包括目光短浅，做坏事时往往不计后果，不考虑自己的最后下场。总之，他们没有建功立业的理想，缺乏爱国爱民的信念，更没有为人处世的正确原则，他们全然不顾礼义廉耻，只知道以个人利益为中心，拼命保住自己的富贵荣华和受宠的地位。

二、行为方式方面

“贤人好正，奸人好邪。”② 贤人喜欢走正道，奸人喜欢歪门邪道。君子坚持原则，敢讲真话，作风正派；小人见风使舵，阿谀逢迎，惯使阴谋诡计。

南宋大臣罗点曾直言不讳地给孝宗分析君子与小人的不同。他说：“君子志在天下国家，而不是为了自己，因此他们‘行必直道，言必正论’，往往不是得罪了君主，就是得罪了显贵；不是得罪了当权者，就是得罪了时俗。小人的志向在于为自己谋利益，而不为天下国家，他们所做所说，都是为了取悦于人。”这段话将君子与小人的行为特点概括得很好，尤其是说君子“行必直道，言必正论”，可谓言简意赅。罗点接着说：“因为君子常得罪人，所以飞黄腾达的人少；小人用的是讨好的办法，所以不飞

① 《全唐文》卷634，《疏屏奸佞》。
② （宋）邵雍：《邪正吟》。

黄腾达的也少。”因此，“君子得志常少，小人得志常多”①。

汉代王充说：“专会顺从君主，阿谀奉承的大臣，就是‘佞幸之徒’啊。”② 因溜须拍马而得宠幸，则被称为佞幸小人，为正直之人所不齿。早在先秦时期，韩非子对这种人就有比较形象的描述，他说：凡是奸臣，都想着用讨好君主的办法来获得宠幸和权势，所以“主有所善（喜欢），臣从而誉之；主有所憎，臣因而毁之”③。唐代李翱则描述得更加形象：“奸佞小人必然会说些甜美讨好的话，来迎合君主的想法：君主所看重的人，他们就把他捧为贤人；君主所恼恨的人，他们就加罪于他；君主喜欢钱财，他们就献上横征暴敛、积聚钱财的计策；君主喜欢声色，他们就进献美女，演奏靡靡之音；君主喜欢长生不老做神仙，他们就去研究炼丹术。总之，他们就是看着君主的脸色，揣摸着君主的意图，顺着君主的指示，尽力去奉承迎合。”④

元代许衡对奸臣的阴险狡诈有过较好的概括，他说：“奸邪之人，用心阴险，手段巧妙。由于阴险，所以复杂多变让人难以看清；由于巧妙，所以诡计多端让人难以防御。他们本来是谄媚主子，却貌似恭敬；他们攻击别人，却貌似直言；他们进行欺诈，却貌似诚实可信；他们溜须拍马，却貌似亲近。他们总是窥探君主的喜怒而加以迎合，窃取君主的权威来树立自己的权威，满足君主的要求来讨得君主的喜欢，从而受宠爱于上，擅权作威于下，

① 见（元）脱脱等：《宋史》卷393，《罗点传》。

② （汉）王充：《论衡·定贤篇》：“夫顺阿之臣，佞幸之徒是也。”

③ （先秦）《韩非子·奸劫弑臣》。

④ 《全唐文》卷634，《疏屏奸佞》：奸佞之人“必好甘言谄辞，以希人主之欲。主之所贵，因而贤之；主之所怒，因而罪之；主好利，则献蓄聚敛剥之计；主好声色，则开妖艳郑卫之路；主好神仙，则通烧炼变化之术。望主之色，希主之意，顺主之言，而奉承之。”

大臣们不敢议论弹劾他们，即使君主的近亲也不敢多言，他们肆意毒害天下而君主却无从知道真相。到了这一步，想着除去他们也已是很难的事情了。”①

三、生活作风方面

“君子喻于义，小人喻于利。”② 君子性廉，小人性贪。君子所守者道义，小人所守者私利。君子有贫穷的时候，也有富裕的时候；小人也有贫穷的时候，有富裕的时候。但君子的生活态度和生活作风与小人迥然不同。

君子贫穷时，仍坚持做人的原则，小人则做不到。孔子周游列国，在陈国断绝了粮食，跟随的人都饿病了，不能站起来走路。子路很不高兴地来见孔子说：“君子也有穷得毫无办法的时候吗?”孔子回答的原话是这样说的：“君子固穷，小人穷斯滥矣。”③“固穷”，就是在穷途末路时，仍能坚持做人的原则；小人一穷困，就没有底线了。“滥矣”，就是什么都干，无所不为，或蝇营狗苟，坑蒙拐骗；或为人当狗腿子，为虎作伥，甚至出卖灵魂，卖身投靠。

君子如何对待自己的贫穷呢? 孔子的学生颜回，“一箪食，一瓢饮，在陋巷，人不堪其忧，回也不改其乐”④。东晋著名诗人陶渊明本来是个官员，因不愿低头弯腰地迎接上级官员，不愿

---

① （明）宋濂等：《元史》卷158，《许衡传》：“奸邪之人，其为心也险，其用术也巧。惟险也，故千态万状而人莫能知；惟巧也，故千蹊万径而人莫能御。其谄似恭，其讦似直，其欺似可信，其佞似可近，务以窥人君之喜怒而迎合之，窃其势以立己之威，济其欲以结主之爱，爱隆于上，威擅于下，大臣不敢议，近亲不敢言，毒被天下而上莫之知，至是而求去之亦已难矣。”

② （先秦）《论语·里仁篇第四》。

③ （先秦）《论语·卫灵公篇第十五》。

④ （先秦）《论语·雍也篇第六》。

"为五斗米折腰"，而归耕于乡下，他的名句"采菊东篱下，悠然见南山"，反映了他与大自然融为一体、悠然自得的恬淡心境。唐朝诗圣杜甫一生没过过富裕的生活，颠沛流离，穷困潦倒，他专门写了一首《茅屋为秋风所破歌》，描写了"床头屋漏无干处，雨脚如麻未断绝"的真实感受，遭受了这般境遇的诗人，仍不忘在诗的末尾写道："安得广厦千万间，大庇天下寒士俱欢颜！"并说如果天下寒士们能住上广厦的话，"吾庐独破受冻死亦足"，表现了伟大诗人先人后己、忧国忧民的博大胸襟。这就是君子们面对穷困生活的态度。君子不是不想富，而是要取之有道。这里的有道，就是指通过合理合法的途径，得到应该得到的。孔子说："富与贵，是人之所欲也；不以其道得之，不处也。"① "不处"，就是不这样做。希望富裕，希望有地位，是人之常情，无可非议，但不能为了得到它们而去搞歪门邪道。

孟子说："穷则独善其身，达则兼善天下。"② 当不得意、不得志的时候，就加强个人修养，提高自身能力；等到得志、发达的时候，便拿出自己的本领为国家、为百姓服务，为社会作出贡献。他们"乐以天下，忧以天下"③，心里始终装着国家百姓，最高追求是能够青史留名，"留取丹心照汗青"。朱元璋说："正人君子是这样做的，处理公事不偏私自己的家庭，坐在公堂上不偏私个人利益，执行国法不偏袒自己的亲人；奸邪之人则正好相反。这也是可以辨别清楚的。"④ 在个人生活方面，君子富贵后，仍然

① （先秦）《论语·里仁篇第四》。

② （先秦）《孟子·尽心上》。后人习惯说"达则兼济天下，穷则独善其身"。意思是一样的。

③ （先秦）《孟子·梁惠王下》。

④ 《明太祖实录》卷135："然正人所为，治官事则不私其家，在公门则不私其利，当公法则不私其亲，邪人反是，此亦可辨。"

喜欢恬淡、高雅的生活，不喜奢侈，对财富取之有道，享之有度。与之相反，小人得志，则贪污盗窃，拼命聚敛财富，在生活方面奉行及时行乐的人生哲学，热衷于声色犬马，出入于勾栏赌场，骄奢淫逸，夸富、比富、斗富，甚至养一批走狗打手，欺男霸女，巧取豪夺，无所不为。

四、为人处世方面

君子宽仁厚道，小人心胸狭窄。孔子说：“君子成人之美，不成人之恶。小人反是。”① 君子见别人有好事总爱成全，但不会促成别人的坏事；而小人却正好相反。小人心胸狭窄，别人顺利，则嫉贤妒能，甚至打击陷害；别人有挫折，则幸灾乐祸，甚至落井下石。“君子成人之美”这句话，流传至今而不衰，因为它说得好。魏征也说过一句同样好的话，即“君子扬人之善”。魏征曾给唐太宗上疏说：“君子和小人，外貌差别不大而内心各异。君子不宣传别人的过失，而张扬别人的优点；遇到祸患不丧失原则去躲避，必要时杀身以成仁。小人不以不仁为可耻，也不怕担上不义的名声，只要对自己有利，就会危害别人保全自己。如果可以不顾道德去危害别人，那还有什么事做不出来呢？”② 小人之所以心胸狭窄，是出于争名逐利的私心，正如唐太宗所指出的，他们是“憎恨忠良贤能之人处于自己之上”，“唯恐富贵不被自己占先”。③

君子能团结大多数，小人则党同伐异。孔子的弟子中有一个

---

① （先秦）《论语·颜渊第十二》。

② （唐）吴兢：《贞观政要·论诚信第十七》：“……君子掩人之恶，扬人之善……小人不耻不仁，不畏不义，唯利之所在，危人自安……”

③ （唐）李世民：《帝范·去谗篇》：“恶忠贤之在己上”，“恐富贵之不我先”。

叫子张的说过："君子尊贤而容众，嘉善而矜不能。"[①] 君子尊敬贤人，同时也能包容团结大多数普通人；君子称赞好人，也会怜悯同情没有能力的人或有缺点的人。君子自己可能很优秀，但不骄傲自大，能团结大多数。君子是非分明，见好人好事就支持和鼓励，但对有缺点、犯过错误的人也不歧视，对能力较弱的人不鄙视，而是尽可能地帮助他们。小人则不同，小人一旦得势，便目空一切，趾高气扬，遇不同意见很难容忍，必排除异己而后快。元代有一位很有学问的大臣叫刘秉忠，很受元世祖信任，"知无不言，言无不听"，元朝的国号、官员服装、官制、俸禄等，都是根据他的建议设置的，他曾上书要求皇帝明辨君子小人。他说，君子不因为人家说了几句错话就全盘否定他，也不因为一个人有问题就全盘否定他说的话，君子是广开言路的，而小人是专爱蒙蔽人的。因为君子"以道理和正义为标准，心怀忠义；而小人以利欲为标准，心怀谗佞"。所以，"君子在位，能够容纳小人；而小人得势，必然排斥君子"。[②]

同样是交朋友，君子与小人则大不同。孔子说："君子之间是团结，而不是勾结；小人之间是勾结，而不是团结。"[③] 团结是以共同遵守道义为基础的，勾结是以暂时的共同利害关系为基础的。庄子有两句话是人们所熟知的："君子之交淡若水，小人之交甘若醴。君子淡以亲，小人甘以绝。"君子之间的交往平淡实在，而心地亲近；小人之间的交往表面上热烈甜蜜，但很容易断

① （先秦）《论语·子张篇第十九》。

② （明）宋濂等：《元史》卷 157，《刘秉忠传》："君子不以言废人，不以人废言，大开言路……君子之心，一于理义，怀于忠良；小人之心，一于利欲，怀于谗佞。君子得位，有容于小人；小人得势，必排于君子。"

③ （先秦）《论语·为政篇第二》："君子周而不比，小人比而不周。"

绝。① 对于这方面的论述，欧阳修的《朋党论》堪称经典。北宋时期，官员当中党派斗争十分激烈，欧阳修针对结党现象写了《朋党论》，认为掌权者不可笼统地反对结党，关键是要弄清结党的性质，做到用贤人、退小人。其中说："大凡君子与君子，以同道为朋；小人与小人，以同利为朋。此自然之理也。"在这句耳熟能详的名言之后，他又说，小人是没有真正朋友的，只有君子才有真正朋友。因为小人好利贪财，"当他们的个人利益一致时，会暂时勾结在一起做朋友，但这样的朋友是假的。等到他们见利而争夺，或者已经无利可图的时候，他们的关系便会疏远，甚至反过来互相残杀，即使是兄弟亲戚，也不能互相保护。而君子就不一样了，君子所奉行遵守的是道义、忠信、名节。按照这些原则进行自我修养，朋友之间能互相帮助，共同进步；按照这些原则服务国家，朋友之间能团结一致，和衷共济，并始终如一，这就是君子之朋啊。所以，做国君的人，应当是斥退小人们的团团伙伙，任用君子们组成的贤人群体，那么国家就会治理好了。"②

第四节　如何亲君子远小人

一、提高亲君子远小人的意识，对小人保持警惕

先讲唐太宗的两则故事。其一，唐太宗有一次走到一棵大树

① （先秦）《庄子·山木》。

② （宋）欧阳修：《欧阳文忠公集·朋党论》："……小人所好者利禄也，所贪者货财也。当其同利之时，暂相党引以为朋者，伪也。及其见利而争先，或利尽而交疏，则反相贼害……君子则不然，所守者道义，所行者忠信，所惜者名节。以之修身，则同道而相益；以之事国，则同心而共济，始终如一，此君子之朋也……"

下，见大树长得很好，便非常喜爱。大臣宇文士及见太宗喜爱这棵大树，认为与皇帝套近乎的机会来了，便凑过来向太宗描述这棵树的好处，赞不绝口，没完没了。太宗脸色变得严肃起来，说："魏征经常劝我远离用花言巧语谄媚的佞人，我过去还不知道佞人是谁，心里怀疑你但尚未确定，今天看来果然是你。"宇文士及慌忙叩头谢罪。① 其二，贞观十九年（645 年），唐太宗经过易州境，司马陈元璹认为皇帝来到自己管辖的地方，机会难得，应该好好招待一下，而当时不是产蔬菜的季节，怎么办？陈元璹便叫百姓在地下室蓄火栽种蔬菜，然后将新鲜蔬菜进献给太宗（"使民于地室蓄火种蔬而进之"）。可以说，陈元璹为了讨好皇帝，确实是挖空心思了。可惜他这次面对的不是一个喜欢巴结的庸君昏君，而是励精图治的唐太宗，结果是太宗厌恶陈元璹溜须拍马，罢免了他的官。②

由上面两则故事，我们可以看到，唐太宗之所以能成为一代明君，是因为他对用人问题高度重视，对亲君子远小人有很强的意识，对奸邪小人始终保持着警惕。

历史上，除了李世民这类明君之外，还有一些贤相，同样在远小人方面有着很高的自觉性，他们没有因为自己受到皇帝信任和重用，成为掌权的重臣而飘飘然，忘乎所以，他们始终保持着比较清醒的头脑，没有被谗佞小人所利用。王安石的故事对我们就很有启发。王安石被宋神宗任命为参知政事主持政务时，有一个县令郭祥给皇帝上书，请求将国家大事都交与王安石策划决断，凡是与王安石意见相左的，即使是地位很高的大臣也要罢免不用。神宗皇帝看了后感到很诧异。有一天，神宗就问王安石："你认

① 见（宋）王谠：《唐语林·太宗悟佞人》。
② 见（宋）司马光：《资治通鉴》卷 198，"太宗贞观十九年"。

识郭祥吗？此人的才能似乎可用。”王安石不知道事情原委，便实事求是地说：“我不久前在江东时，曾知道一些他的为人，他能说会道有辩才，说话也显得亲热，但行为轻浮不够老实。不知是何人推荐，让皇上知道了？”神宗拿出郭祥的奏章给王安石看，王安石以被这样的人推荐而感到羞耻，因而再三强调此人不可用，一直到神宗答应了才算完。①

值得一提的是，除了明君贤相之外，一些有心图治，但由于自身存在其他缺点而治绩平平的君主，在远小人方面也有值得肯定的故事，同样在历史上传为佳话。在此略举两例。

一个是隋文帝的故事。北周的周静帝即位时才是一个八岁的孩子，一些掌握宫廷实权的关西士族郑译、刘昉等人，便推戴周静帝的外祖父、北周开国功臣、大官僚杨坚以大丞相的身份辅政。第二年杨坚废掉周静帝而自立为帝，改国号为隋，这就是隋文帝。按照常情，隋文帝会倚重这些拥戴自己的人，给他们高官厚禄，与他们共治天下。隋文帝开始也是这么做的，但不久就发现这些拥戴者是些贪图富贵、欲壑难填的投机小人，是治理国家的巨大障碍，于是毅然将他们废弃不用。对此，隋文帝有一段解释，他是这样说的：“假如不是刘昉、郑译以及卢贲、柳裘、皇甫绩这些人当初拥立我，我是登不上帝位的。然而这些人都是些反复无常的人。（北）周宣帝在位时，他们死皮赖脸得到宠幸，等到周宣帝病危，颜之仪等人请求让宗室诸王辅佐朝政，这些人通过欺诈手段，让我成为顾命辅政大臣。我即位之后，想着治理好国家，

① （明）陈继儒：《读书镜》卷4：“公（王安石）当国时，郭祥……附递奏书，乞以天下之计，专听王安石区画；凡议论有异者，虽大吏亦当屏黜……荆公曰：‘……（其人）才近纵横，言近押阖，而薄于行……’上出其章以示公，公耻为所荐，因极口陈其不可用而止。”

实现国泰民安，可他们这些人又想扰乱朝政。先是刘昉阴谋造反，接着是郑译用巫术害人。还有像卢贲这样的人，居功自傲，永远不知道满足，任用他们就狂傲不逊，不用他们就口出怨言，自然难以让人信任，并不是我无故废弃他们。”①

另一个是唐穆宗的故事。唐宪宗有个羽林将军叫李昕，他有一匹名马。当时还是东宫太子的唐穆宗，暗示李昕把名马献给自己，李昕以自己带兵打仗需要好马为由，拒绝了太子的要求。等到穆宗即帝位后，有一次大臣们讨论太原地区领兵统帅的人选，提出了几个，穆宗都没有同意。穆宗对宰相说：“李昕在任羽林将军时，不肯把马献给我，这样的人靠得住，一定要任命他做统帅。”②

隋文帝没有因为对自己有拥戴之功，而对小人姑息迁就；唐穆宗对过去不巴结自己的人，不但不记恨报复，反而更加信任并加以重用。做君主的能做到这样，确实是难能可贵啊！

另有一类君主或大权在握的人物，或是出于糊涂，或是出于虚荣，在事先并无了解的情况下，仅是凭着某人给自己写过“效忠信”或提过什么“国策”“建议”之类，就加以提拔重用。亦举一例，南宋乾道（“乾道”为年号）初年，有个叫毛日新的进士，因向宋孝宗上了几次书，就被调入朝廷当了文学侍从。当时的参知政事陈俊卿认为这种做法很不妥，便与丞相共同上奏这件事。陈俊卿问孝宗：“陛下过去认识这人吗？”孝宗说：“我不认识，只是见他多次上书。”陈俊卿说：“士人上书，如果确实是有益于国家的，如贾谊的《治安策》、魏元忠的《边防利害》，那早

① （唐）魏征等：《隋书》卷38，《卢贲传》（原文较长，且皆为叙事，不录）。

② （宋）钱易：《南部新书·甲》：“（穆宗）谓宰臣曰：‘李昕为羽林将军，不与朕马，是必可任。’”

晨上书晚上召见都可以。可现在看毛日新的奏书，并没有写出什么可行的事情，此例一开，恐怕士人们都会效仿，不去干自己的正事而专门从事上书。这样的话，奏书纷至沓来，怎么应付得了，又怎么知道这里面没有假借别人之手来欺骗朝廷的上书呢？”孝宗这才停止了对毛日新的任用。① 这件事说明，像宋孝宗这类君主缺乏对任用小人的警惕意识，极易给投机者以可乘之机。单靠“上书”任用人才是很不靠谱的，当然有时也能通过“上书言事”发现人才，但要任用还必须进行全面考察，尤其是要考察品德如何，这样才能杜绝一些小人的投机钻营。

二、提高对君子小人的识别能力，坚持扶正祛邪

凡是头脑比较清醒，有一定用人实践的领导者，应该说对人才都有一定的识别能力，再加上有目的地考察、考验，基本上就可以分清君子小人。古人在识别君子小人方面也有不少经验之谈。

东汉时，汉顺帝有一次向尚书周举问治国的经验教训，周举回答说：“应该慎重选官用人，去除贪污者，远离佞邪小人。”顺帝问：“那么，谁是贪污、佞邪之人呢？”周举说：“公卿大臣之中，老是不怕冒犯您、直话直说的人，就是忠贞之臣；而那些阿谀奉承、讨您高兴的人，就是佞邪之人啊。”②

南宋谢方叔官至宰相，他任监察御史时，曾给皇帝上书说过这样一段话：“在皇上前后左右的人，凡是向皇上经常报告一些能引起人的警觉，使人产生忧患、危机、恐惧意识的话，那就是忠于皇

---

① 见（宋）李心传：《建炎以来朝野杂记》甲集卷5（原文略）。

② （宋）司马光：《资治通鉴》卷52：（周举对曰：）“公卿大臣数有直言者，忠贞也；阿谀苟容者，佞邪也。”

上的；凡是经常向皇上进献一些可以高枕无忧、平安享乐之类的话，那就是不忠于皇上的。凡是报告水旱盗贼等灾情的，必定是忠臣；凡是说些谄媚讨好、掩盖真相之言的，必定是佞臣。”①

宋高宗赵构很会相马，他曾经得意洋洋地对大臣说：我只要看上一眼，就能说出马的优劣和产地，丝毫不差，只要听到马蹄声，即使隔着墙也能辨别出是不是好马。大臣张浚（不是帮着秦桧害死岳飞的张俊）说：“万物各具不同的形状和颜色，可能容易辨别，唯有知人最难。”高宗说：“人实在是难知。”张浚于是郑重地报告说：“人才虽然难知，但一个人如果讨论问题刚正不阿，严肃认真，那么这个人一定不会为非作歹；一个人如果阿谀奉承，谄媚讨好，生怕失去受宠的地位，那么这个人必不可用。”②

以上三例都是说，凡是说真话、进逆耳之言的官员，都是忠良之臣；凡是说假话、进悦耳讨好之言的人，都是奸邪小人。这是从不同表现中分辨君子小人，无疑是很好的经验。还有更高明的为政者，能从看似相同的表现中看出不同，从而分辨出君子小人。朱元璋可以说就是这方面的高手。

洪武三十年（1397 年）秋七月，朱元璋教导群臣说：“凡是人做事，不可能不犯错误……如果他是出于公心，而所做的事有时出现谬误，这是他的认识和能力不够，以致有了过错；若是因为私心，他的行为有谬误罪过，那是故意干的。是君子还是小人的错误，在这里就可看出。”同样是犯了错误，是出于公心，能力不够，还是出于私心，故意为之，这是一个区别。还有一个区

---

① （元）脱脱等：《宋史》卷 417，《谢方叔传》：“左右前后之人，进忧危恐惧之言者，是纳忠于上也；进燕安逸乐之言者，是不忠于上也。凡有水旱盗贼之奏者，必忠臣也；有谄谀蒙蔽之言者，必佞臣也。”

② （清）毕沅：《续资治通鉴》卷 118：“人材虽难知，但议论刚正，面目严冷，则其人必不肯为非；阿谀便佞，固宠患失，则其人必不可用。”

别，朱元璋接着说道："君子的过错虽然微小却一定明显，小人的过错虽然很大却不显眼。这是因为君子办事直来直去，本来没有什么可掩盖的；小人善于修饰，本来就有很多隐蔽见不得人的行为。君主如果不能发现其中的微妙，那就无法区分君子与小人了。"看来，朱元璋讲的第二个区别在于犯了错误所持的态度：君子正视自己所犯的错误，小人掩饰自己所犯的错误。朱元璋对群臣的教导到此并未结束，接下来又有一段精彩的论述，他说："我观察以往的情况发现，在朝廷上讨论阐发意见，凡意见与君主相抵触的，一定是君子；那些完全顺从君主心意的人，一定是小人。君主因君子不顺从自己而对他们生气，因小人顺从自己而喜欢他们，所以小人常被宠幸而君子常被贬斥。君主用人，权衡大权在己一身，应当同时听取众人的观点，不能凭着自己一时的喜怒而决定臣子们的升降赏罚啊。"① 从这些老到深刻的谈话中，我们可以看到，朱元璋在看人、用人方面确实有一套。

观察判断一个人是君子之属，还是小人之列，角度应该是多方面的。如上面所讲的，观察一个人的表现是诚实还是虚伪，对原则问题是坚持还是迎合，办事动机是出于公心还是出于私心，以及对待所犯错误的态度是正视还是掩盖等，都是些行之有效的辨别方法。除此之外，还有人提出一些其他方法。例如有人提出看一个人怎么样，只要看他推荐的是什么人就可以了，"举荐人如果是一个

---

① 《明太祖实录》卷254："上谕群臣曰：'凡人所为，不能无过举，但当平其心，则可以知其过矣。其心本公，所为之事或谬，此则识见未至，致有过误；若缘私意，而所行有谬戾者，此特故为耳。君子小人之过，于此可见。然君子之过虽微必彰，小人之过虽大弗形。盖君子直道而行，固无所回互；小人巧于修饰，固多隐蔽。人君苟不察其微，则君子小人莫能辨别。'又曰：'朕观往昔，议论于廷，有忤人主之意者，必君子也；其顺从人主之意者，必小人也。以忤己而怒之，以顺己而悦之，故小人得幸而君子见斥矣。人主取人，权衡在己，当兼取于众论，不可以一时之喜怒而为进退尔。'"

德才兼备的贤者，那么他所举荐的人也会是贤者；如果举荐人是个不肖之徒，那么他所举荐的人也一定是个不肖之徒”①。当然，这样的情况不是百分之百，但“物以类聚、人以群分”的规律还是存在的，因此这一办法也不失为一种行之有效的办法。

对于在社会上有一定影响的人物来说，民心舆情始终是衡量一个人是好是坏的最佳标尺。宋仁宗时，罢免了夏竦的枢密使职务，由韩琦、范仲淹执政，蔡襄对仁宗说：“陛下罢免了夏竦而任用了韩琦、范仲淹，官员们在朝中庆贺，百姓们在路上歌唱，甚至高兴得饮酒叫好。”② 谁是贤臣，谁是奸佞，看看百姓的态度立刻就明白了。

说一千道一万，小人的各种手段都属于邪门歪道。君主在用人时、交往时，只要做到对邪门歪道的东西保持距离，基本上就能做到远离小人。正如先秦思想家荀子所说的：“对结党营私之徒的互相吹捧，君子不听信；对陷害加罪于人的诬陷之词，君子不采纳；对心怀嫉妒、阻塞贤路的人，君子不去亲近；对贿赂钱财、宴请送礼的请求，君子不应允。”凡是道听途说、流言蜚语，“不经过正式途径而经常从歪门邪道来的信息或言论，君子要慎重对待它，要广泛听取意见公开讨论，判断出它是对的还是不对的，然后进行赏罚，从而给以正确回应”。“这就叫作全面听取意见、发现被埋没的人才、表彰贤明、辞退奸邪、进用贤良的方法。”③

---

① （宋）李觏：《庆历民言·裁举》：“举者贤，则所举贤；举者不肖，则所举不肖。”

② 见（元）脱脱等：《宋史》卷320，《蔡襄传》。

③ （先秦）《荀子·致士》：“朋党比周之誉，君子不听；残贼加累之谮，君子不用；隐忌雍蔽之人，君子不近；货财禽犊之请，君子不许。凡流言、流说、流事……不官而衡至者，君子慎之，闻听而明誉之，定其当不当，然后出其刑赏而还与之……夫是之谓衡听、显幽、重明、退奸、进良之术。”

三、克服自身弱点，听得进逆耳之言

中国是一个重视历史经验的国家，皇帝们一般都能受到良好的历史教育。正常情况下，朝廷会挑选最有学问的德高望重的官员做太子的老师，太子即位做皇帝后，仍有侍读、侍讲等众多翰林官陪同皇帝一起学习讨论，其中“亲贤臣远小人”的先哲古训及历史的经验教训是必学内容。那么，为什么历史上会无数次重复上演小人得势、擅作威福，忠良遭受贬斥和残害的悲剧呢？难道那些皇帝们都是弱智吗？唐太宗对这种“暗主昏君之所迷惑”非常愤恨，他说道：“（他们）为什么被迷惑得这么厉害呢？真正的原因在于逆耳之言难以接受，而顺心之言容易听从。所谓难以接受，是因为忠言虽是良药，却苦口难咽；所谓容易听从，是因为鸩酒尽管有毒，却甘美可口。贤明的君主虚心听取批评意见，就等于肯接受苦口良药，病就能消；昏庸的君主听从阿谀奉承的话，就等于喜欢甘美的鸩酒，从而命亡。这样的事，能不引以为戒吗?！能不引以为戒吗?！”① 唐太宗连说两个“能不引以为戒吗?！”足以说明君主爱听阿谀奉承话的危害。

小人往往都是先从溜须拍马入手，讨得君主欢心，得到一部分信任和权力，继而进一步蒙蔽和欺骗，得到更大的信任和权力。小人的欲壑难填，随着权力的增大，胆子越来越大；随着地位的提高，欲望越来越高。待到条件成熟，那就不再仅仅是讨好皇帝得利了，而是要挟持皇帝为非。秦桧能害死岳飞，徐有贞能害死于谦，都是因为他们摸透了皇帝的心理，抓住了皇帝的软肋，挟

① （唐）李世民：《帝苑·去谗篇》：“……何迷之甚？良由逆耳之辞难受，顺心之说易从。彼难受者，药石之苦喉也；此易从者，鸩毒之甘口也。明主纳谏，病就苦而能消；暗主从谀，命因甘而致殒。可不戒哉！可不戒哉！”

持皇帝成为他们的帮凶。

小人得势，其途径无非就是对君主先是奉承迎合，继而蒙蔽欺骗，然后是利用甚至挟持操控；其手段无非是溜须拍马、奉送财宝珍玩、进献淫声美色。人都是有一定弱点的，尤其是那些生于富贵、长于安乐的皇帝们，他们的弱点要比常人明显得多、明显得重。作为君主，如果没有励精图治的自觉志向，没有远离小人的自警意识，没有艰苦奋斗的自励精神，那就很可能经不起“糖衣炮弹”的攻击，而成为奸邪小人的俘虏。

君主如果一时糊涂，误入歧途，经提醒批评，能幡然悔悟，改邪归正，亦属难能可贵。《后汉书·宋弘传》讲了这样一个故事：光武帝刘秀曾经问宋弘（担任大司空，位列“三公”）有没有多才多艺、学识渊博的士人，宋弘就推荐了桓谭。于是光武帝就任命桓谭做了议郎、给事中。光武帝每次举行宴会，就令桓谭弹琴，喜欢听他弹的那些淫乱之音。宋弘知道这事后很不高兴，后悔把桓谭推荐给了光武帝。他等桓谭从宫里出来，便穿上朝服坐在官府中，派人把桓谭叫来。桓谭到了，宋弘也不给他让座，责备他说：“我之所以把你推荐给皇上，是想让你用道德来辅助国家，然而你却多次在宴会上弹奏淫乱之音，而不弹奏‘雅’‘颂’那样高品位的曲子，这不是忠正之人的行为。是你自己改正呢，还是我来弹劾将你依法处置呢?”桓谭叩头谢罪。后来，光武帝大会群臣，又叫桓谭弹琴。桓谭见宋弘在座，惶恐得失去了常态。光武帝感到奇怪，便问是怎么回事。宋弘离开座位，摘下帽子郑重地说：“我之所以推荐桓谭，是希望他能以忠心正派的行为引导皇上，而现在朝廷上却只喜欢迷乱之音了，这是我的罪过啊！”光武帝听了这番话很受震动，严肃地向宋弘表示感谢，以后就不再让桓谭做给事中了。人非圣贤，孰能无过？刘秀能听得进逆耳之言，知错即改，不失为一个比较明智的皇帝。刘秀也算一个有作为的皇帝，所以历史上有“光武中兴”的说法。

远离小人，不仅要做到对小人的溜须拍马保持警惕，更重要的是要扭转官场上阿谀奉承、迎合讨好的不良风气，营造实事求是、一心为公的政治氛围。有些皇帝在这方面也有一定的自觉意识，他们的有关言论和做法对后世仍有一定的启发。例如，清代乾隆六年（1741 年）三月，乾隆皇帝对内阁有很长的一段训示，其中说道：“总之，近来官员们办事相率表现出观望、迎合的陋习。包括中央的九卿、地方的总督巡抚，我不止是一而再、再而三地谆谆开导，而这种风气仍不能改变。我对应该从宽处理的事，从宽了一两件，于是各位大臣就争相从宽处理事情；我对应该从严处理的事，严办了一两件，于是各位大臣就争相从严处理事情。从表面看来，似乎有令行禁止、与朝廷保持一致的气象，然而究其实质，是官员们争相迎合我的想法和做法，并十分尽心谨慎，大多是出于自私自利的目的，不考虑国家利益，胡乱揣度上面的意图，这乃是为了自己功名利禄的得失而趋利避害的对策。这与我公正无私、实事求是的想法和要求又怎么相符呢？”① 乾隆皇帝这些话，对那些不实事求是、专门伺察和紧跟领导意图的官场陋习，批得真是深刻透彻，即使在今天读起来，仍感到有很强的针对性。

乾隆皇帝对大臣争相向皇室进贡珠宝珍玩的做法，也有严厉批评，这对堵塞小人投机钻营之路同样有重要意义。乾隆四十一

---

① 《清高宗实录》卷 139：“乾隆六年三月，上谕内阁……总之，近来臣工办事。率狃于观望迎合之陋习。内而九卿，外而督抚，朕谆谆开导，不啻至再至三，而此风尚不能改。朕于事之应宽者，宽一二事，而诸臣遂相率而争趋于宽；朕于事之应严者，严一二事，而诸臣遂相率而争趋于严。自外观之，似有君令臣共，风行草偃之象，而究竟诸臣之趋承维谨者，多出于自私自利之念，不识大体，妄为揣度，此乃为功名爵位得失趋避之计耳。其于朕大公至正因物付物之心何曾符合耶？”

年（1776 年）十月，乾隆皇帝向内阁训示说，向来出产土特产的省份有向朝廷进贡土特产的例子，比如柑橘荔枝之类。但督抚们近年来于每年皇帝生日及年节，争相向皇帝进奉古器珍玩，这就不对了。“我任用封疆大臣，委以地方政务，只根据其履行职务的情况来评定优劣，哪里会看他进贡多少而衡量他的好坏呢？况且古玩不同于布帛粮食，饥不能食，寒不可衣，本来也不是什么贵重之物，而一经各省收购寻找，市侩便高价居奇。在搜购过程中，督抚亲自操办的固然也有，但也免不了有让属员代办的，有些属员以多报少，象征性地收了点钱，以此讨好结交上司。这对吏治大有影响，不能不防微杜渐。”① 由此我们可以看到，乾隆皇帝在澄清吏治、端正作风、防止小人投机钻营方面，确实是相当警觉，高度重视，对见风使舵、讨好邀宠的风气提出严厉批评，严格禁止进献古玩一类的奢侈品。乾隆皇帝的这些做法和言论无疑都是值得肯定的。但是，振振有词地要求别人容易，克服自身弱点却很难，他自己就重用了一个有名的小人和珅。

四、赏罚分明，不姑息养奸

亲君子远小人，不仅仅是要求君主提高这方面的意识、提高识别能力、克服自身弱点，关键还要落实到用君子和退小人上。头脑清醒的政治家不但重视举贤任能，而且同样重视惩处奸佞。古人在这方面有很深刻的认识，尤其是唐太宗、明太祖、康熙帝等讲得更为清楚。

---

① 《清高宗实录》卷 1018：“朕简任封疆大臣，委以地方政务，唯视奉职，程其殿最，岂因进贡衡其短长……况古玩非布帛菽粟可比，饥不可食，寒不可衣，本非贵重之物，而一经各省购觅，市侩即从而高价居奇。其间自行售办者，固亦有之，而令属员代备者，恐或不免，并有以多报少，略领价值，以为逢迎结纳之具。此于吏治大有关系，不可不防其渐。”

唐太宗把“任贤”与“去邪”看得同等重要，他说：“知道有才能的人而不提拔使用，就是失掉了人才；知道坏人而不罢免，就是祸患的开头。”① 唐太宗是这样认识的，也是这样做的。一个叫陈师合的监察御史，上书诋毁宰相杜如晦等人。唐太宗对大臣说：“从前蜀后主昏庸懦弱，而国家治理得还称得上太平，是因为任用诸葛亮而信任不疑。我现在任用房玄龄、杜如晦等，是因为他们有才有德，陈师合对他们进行诽谤，是想离间我们君臣关系。”于是将陈师合流放到了岭南。

朱元璋进一步指出了“用贤去邪”必须坚定不移的重要性。在一次与皇太子及其他皇子的谈话中，他告诫道：“用人的根本在于明察奸佞和忠良”，“如果知道谁是忠良却不用他们，知道谁是奸邪小人却不去除他们，那么国家从此就要遭殃了。历代君主大多是因为姑息迁就而导致被奸邪小人欺骗迷惑。当还不知道谁贤谁邪的时候，当然只能一概委用；一旦知道了谁是奸邪，就要马上斥退，这又有什么难的呢?”② 在另一场合，兵部尚书沈溍问：“自古以来，君子常少，小人常多，又怎么可能把他们全部去除呢?”朱元璋回答说：“将好人提拔任用，对好人好事就是莫大鼓励；将坏人罢免斥退，就是对坏人坏事的巨大打击。所以太阳出来而漫天阴云就散尽了，贤良的人被选拔任用，那些奸邪小人自然就远去了，这有什么难去的呢?”③ 去除小人并不是把有小

---

① 《全唐文》卷10，《太宗（七）·金镜》：“知能不举，则为失材；知恶不黜，则为祸始。”

② 《明太祖实录》卷86：“用人之道，当知奸良……若知其良而不能用，知其奸而不能去，则误国自此始矣。历代多因姑息以致奸人侮惑。当未知之初，一概委用，既识其奸，退亦何难?”

③ 《明太祖实录》卷198：“上曰：‘善者进之，足以劝善；恶者去之，足以惩恶。故太阳出而群阴消，贤者举而不仁远，夫何难去哉！’”

人言行的人一个个都罢免撵走，只是要坚持两条：一是将犯有重大错误或罪行的依法惩办，以儆效尤；二是坚持选拔品行端正的优秀人才。这就是说，要营造一个劝善惩恶的用人环境，从而影响和促进大部分人加强自身修养，努力向善，朝着德才兼备的方向迈进，做一个利国利民的好人；而少数本性难移的奸邪小人，因没有施展伎俩的“市场”和机会，只能是选择“靠边站”了。

清代康熙皇帝强调“举贤”和“退不肖”同等重要，“二者不可偏废”，两项工作都要抓好。康熙五十三年（1714 年）四月，康熙帝对大学士等人说：“过去有人说过，端正朝廷风气才能端正百官的官场风气，端正官场风气才能端正万民的社会风气。端正官场风气的关键，在于选拔任用贤人和斥退罢免坏人，二者不可偏废。如果只是选拔任用贤人，而不斥退罢免坏人，那么贤人虽然受到勉励，而坏人没有受到惩处，这终归不是使众人都受到教育的好办法。只有罢免斥退不肖之徒，那么众人才知道哪些事情是不该做的，就全都会努力做个好官了。”①

亲君子远小人的办法，上面介绍了古代政治家的不少精辟论述。如从原则上说，则比较简单，正如宋代文学家苏东坡所说：“所用之人，有邪有正；所做之事，有是有非。是非邪正，两言（两句话）而足：正则用之，邪则去之；是则行之，非则改之。此理甚明。”② 苏东坡将用人、做事的原则概括为两句话，具体到用人上就是一句话“正则用之，邪则去之”。作为一项原则，这句话无疑十分正确，但要落到实处，却是件复杂而有难度的事情。

① 《清圣祖实录》卷 258：“昔人有言，正朝廷以正百官，正百官以正万民。举贤退不肖正百官也，二者不可偏废。如但举贤而不退不肖，则贤者知所勉，而不肖者不知所惩，终非劝众之道。惟黜退不肖之员，则众人方知所戒，俱勉为好官矣。”

② （宋）苏轼：《苏东坡集·论时政状》。

苏东坡是著名的文人雅士，看问题相对超脱。相对来说，前面列举的那些有实际经验和实际体会的政治家们，他们的言论更为深刻，更具实际作用。如将他们的言论概括起来，大致有三点：首先，认识上要明确，思想上不能含糊。要认识到，去奸与用贤同等重要，用贤与去奸要同时并举。其次，“用贤勿贰”，选拔任用贤人不能三心二意，坚持用贤，奸邪之人则会远离。最后，“去邪勿疑”，去除奸邪态度要坚决，行动上不能犹豫不决。奸邪小人善于应变，不利条件下伪装巧饰，以退为进，而其性未改，若姑息养奸，则后患无穷。

总而言之，亲君子远小人实际是用人唯贤、德才兼备原则在实践中的具体运用，它强调并突出了“以德为先”“德行为本”的用人理念。无数历史事实证明：坚持亲君子远小人，用人方向就正确，就会出现贤人在朝、国家兴隆、百姓安定的政治局面；反之，则是奸邪当道、国家混乱、民不聊生。经过历代政治家、思想家的不断充实和发展，亲君子远小人的用人思想不断丰富，实际已成为我国古代一项重要的用人原则，在古代用人思想里占有重要地位。

第六章　求才

晋代人傅玄说过一段很有道理的话："要说圣人啊，那不是任何时代都有的；但要说德才兼备的贤能之士，哪个时代没有呢？"为什么这么说呢？他以实例论证说："舜在帝位时有五位能干的大臣，周武王兴国时有九位贤臣来到他的身边，齐桓公称霸有管仲为他谋划，秦孝公要使秦国强大，商鞅就帮他变法。"所以说："想要称王就有辅佐王业的大臣来到，想要称霸就有辅佐霸业的大臣出来，想要富国强兵就会有富国强兵之人前往，可以说是'求无不得，唱无不和'。由此可知天下并不缺少贤才啊，就看你求与不求了，又何必担心天下没有贤才呢？"①

贤才无代不有。能不能得到贤才，就看求与不求。然而，求贤也不是只嘴上说求就能解决问题的，关键还要看是真求还是假求，求的方法是否正确，以及对待贤才的态度如何等。

---

① （晋）傅玄：《傅子·举贤篇》："夫圣人者不世而出也，贤能之士何世无之。""欲王则王佐至，欲霸则霸臣出，欲富国强兵，则富国强兵之人往。求无不得，唱无不和。是以知天下之不乏贤也，顾求与不求耳，何忧天下之无人哉？"（余略）。

第一节　求贤若渴

治国理政，必依赖贤才；凡一心求治的君主，必求贤若渴（亦说“思贤若渴”）。一提到求贤若渴，人们马上就会联想到刘备“三顾茅庐”的故事。诸葛亮在《出师表》里说：“我本来是一个布衣百姓，在南阳自己耕田种地”，“先帝（指刘备）不嫌我身份低贱，放低身份委屈自己，三次到草庐之中去看我，向我咨询当下国家大事，我因此而受到感动和激励，所以才答应追随先帝为他效劳。”① 从诸葛亮这段叙述里，可知“三顾茅庐”是确有其事。《三国演义》对此事的描写，更是使人感觉真实而感人。如果刘备只是一般地希望得到人才，一般地做到谦虚待人，那他就做不到“三顾茅庐”，去两次，甚至去一次见不到也就算了。三顾而不厌，那必须是非常希望得到人才，就像一个人渴极了，拼命要喝到水一般。招揽人才需要的正是这种求贤若渴的精神。

其实，“三顾茅庐”在历史上还不算是最典型的，春秋时期还有齐桓公五拜小臣的故事。有一次，齐桓公决定去拜访一位小臣，去了三次都未见到。身边的人劝阻道：“小臣是国家中地位卑微的臣子，您作为国君，亲自去了三次都未见到，可以不去了。”齐桓公不高兴地说：“这是什么话！我听说，一个普通的士人如不想升官发财，就不会轻易地委屈自己去拜见大国的国君；大国的国君如不喜好仁义，就不会轻易委屈自己去拜访一个普通的士人。纵然老先生不想富贵是可以的，但让我不

① 见（晋）陈寿：《三国志》卷35，《蜀书五·诸葛亮传》（原文略）。

喜好仁义，却是不可以的。”结果齐桓公五次去拜访，终于见到了小臣。[①] 齐桓公正是由于具备这样一种求贤若渴、礼贤下士的精神，所以才会有不计前嫌，果断任用管仲为相的举动，终于成为天下霸主。

唐太宗对求贤若渴是有实际体会的，他说：“治主思贤，若农夫之望岁；哲后求才，若旱苗之思雨。”[②] 意思是说，一心求治的君主盼望得到贤才的心情，就像农夫盼望有个好年景一样；贤达英明的帝王渴望得到人才，如同久旱的禾苗渴望得到一场好雨。唐太宗将他的思贤之情说得既形象又真切。

朱元璋在争夺天下的过程中，对人才的需求也表现得如饥似渴。元至正十八年（1358 年），朱元璋攻占了婺州，儒士许瑗前来见他，向他建议道：“平定天下，非收揽英雄，难以成功。”朱元璋非常激动地表示：“予（我）思英贤，有如饥渴。”[③] 朱元璋这样说并不夸张，只要听说有贤人，即使在穷乡僻壤，他也要千方百计请到身边。元至正二十七年（1367 年），朱元璋的军队到了徽州，他听说隐居家乡的老儒朱升很有名气，便换上老百姓的衣服从连岭前往石门山中，亲临其家，请教平定天下的大计。朱升很受感动，向朱元璋进献了三项良策：“高筑墙，广积粮，缓称王。”正是这九个字从宏观上确定了朱元璋争夺天下的基本战略方针。

朱元璋占领建康（今南京）后，就聘请各地名儒到自己身边，与他们谈经论史，向他们咨询国家大事，对他们十分器重。

---

① （汉）韩婴：《韩诗外传》卷 6：“齐桓公见小臣，三往不得见……桓公曰：‘……布衣之士不欲富贵，不轻身于万乘之君；万乘之君不好仁义，不轻身于布衣之士。纵夫子不欲富贵可也，吾不好仁义不可也。’五往而得见也。”

② 《全唐文》卷 10，《太宗（七）·金镜》。

③ 《明太祖实录》卷 8。

癸酉年（1363 年）又命令有关部门在他的住所西边，创建了“礼贤馆”让名儒们居住，陶安、夏煜、刘基、章溢、宋濂、苏伯衡等，都住在馆中。① 朱元璋这种求贤若渴的态度和行为，给社会传递了一个信号，人们认为朱元璋是心怀大志、能够开国创业的君主，因此大批人才前来投奔他、辅佐他。

能不能真正做到求贤若渴，使求贤收到实效，关键是要在思想上真正弄明白为什么要求贤、怎样求贤。如果思想上没有认识到贤才的重要，没有重用贤才的打算，只是装出一副“若渴”的样子，沽名钓誉，或是在执行中将求贤当作不得不完成的一项任务，急于求成，那就不会招到贤才。古代在这些方面也有经验教训。

求贤不是为了装门面，不能口是心非，做表面文章。荀子说：“君主的最大问题，不在于说不说任用贤才，而在于是不是真心诚意地任用贤才。说任用贤才，只是口头上的；而拒绝任用贤才，却是实际行动上的。口头上说的和行动上做的完全相反，而想要贤才到来，不贤的人离去，岂不是很困难的事吗？”② 南宋时担任过东宫侍读、秘书监等职的杨万里，在给皇帝的上书中，直言不讳地讲了如下意思：贤才能不能被招来，不光看君主发布的诏书，更重要的还要看君主是不是真喜欢贤才，是怎样地对待贤才。君主在诏书里说：“吾好忠而恶奸，好才而恶不才。”天下人看了后并不是马上就相信，不管忠的、奸的，有才的、无才的，都要来试一试。如果人们发现君主实际喜欢的不是贤才，而是奸邪小人，那结果就会与诏书上的要求正好相反，“求忠则得奸，求才而不

① 见《明太祖实录》卷 12（原文略）。

② （先秦）《荀子·致士》：“人主之患，不在乎不言用贤，而在乎诚必用贤。夫言用贤者，口也；却贤者，行也。口行相反，而欲贤者之至、不肖者之退也，不亦难乎？”

才者至”[①] 了。

求才不能下达数额指标。宋英宗时曾发布诏书来纠正当时各地为完成数额指标而滥举人才的做法，诏书大意如下：朝廷“岁限定员”，每年给各地下达举荐人才的数额。于是问题就来了，各地长官关心的不是如何荐贤，而是如何完成规定数额，“一切取足以闻”，一切都以完成数额上报为标准。以至于“奔竞得售，而实材者见遗；请托得行，而恬守者被弃”，那些奔走钻营、请托走后门者如愿以偿，而那些有真才实学的、恬淡自守的人却被遗弃。这样的举荐，别看搞得很热闹，实际只是“充数而已”。因此，现在命令中央和地方的臣僚们，在举荐人才时，“务在得人，不必满所限之数”。[②] 下达举荐人才指标的做法，不独宋代有，好多朝代都实行过，如汉代实行的“察举”制度，就规定凡户口满二十万的郡国每年要推荐一人，满四十万的推荐两人。建立科举制度之后，这种下达指标举荐人的做法已不占主流，只是有时皇帝出于某种需要下诏求贤时还用。不管怎么说，按指标举人的做法是不科学的。隋唐以前属于选拔录用制度的探索时期，实行这种做法可以理解，而在科举考试制度建立之后再用这种办法，显然是落后之举，像宋英宗诏书中所批评的种种弊端的出现就是在所难免的了。现在看了宋英宗的诏书也会深受启发，举荐人才也好，引进人才也好，若规定一年要完成多少数额，甚至分解到人，将完成任务情况计入年终考核结果，实际已与使用人才的初衷背道而驰。选拔任用各类人才，最重要的是要坚持实事求是的原则，有就是有，暂时没有就是暂时没有；多就是多，少就是少，上面下达指标不对，下面滥竽充数也不对，为了“博得头

① 见（宋）杨万里：《诚斋集》卷87。

② 见（宋）宋敏求：《宋大诏令集》。

彩”而弄虚作假更不对，关键是要真正认识任用人才的重要性，树立求才若渴之心，以“务得人才”为标准，积极地去培养、发现和使用人才，这样才能收到实效。

求才不能搞强迫。南北朝时期，北魏太武帝统一了黄河流域。太武帝是鲜卑拓跋族，想得到汉族的支持，于是发下了举荐汉人贤士的诏书。但在执行中，地方官员为了完成任务，往往强迫威逼汉人贤士出来做官，闹得怨声载道。为此太武帝于延和元年（432 年）再次颁诏，严令禁止强迫贤士为官，强调对贤士要以礼相待。诏书说：“古代君子，身居陋室，养志苦读，修成高尚品德，学有丰富知识，才为国家效力。有的贤士雍容雅步，再三征召才出来做官；有的贤士则急急忙忙，自己背着行李就找上门来。他们虽然出仕的方式各有所好，但都能够贡献社会，这一点却是相同的。各类招贤都应该文明礼貌地说清楚，进退自便，怎么还会发生强迫遣送的事呢？”“自今以后，命令各地举荐人才，地方官要大力宣传我虚心求贤的本意。贤士来京后，要隆重接待他们，根据他们的不同才能，安排担任文官武将的职务，让他们承担政务。”① 此诏一下，汉族人才解除了思想顾虑，纷纷应诏为官。

选拔录用官员对士人来说本来是件好事，但一搞强迫，自然会引起疑惧，好事变成了坏事。特别是一些贤人名士，本来就自尊心极强，更难以接受强迫命令了。朱元璋时也发生过这样的事：洪武元年（1368 年）三月，明朝大将军徐达攻克山东，由于当时明朝

---

① （北齐）魏收：《魏书》卷 4 上，《世祖纪上》：“古之君子，养志衡门，德成业就，才为世使。或雍容雅步，三命而后至，或栖栖遑遑，负鼎而自达。虽徇尚不同，济时一也。诸召人皆当以礼申谕，任其进退，何逼遣之有也！……自今以后，各令乡闾推举，守宰但宣朕虚心求贤之意。既至，当待以不次之举，随才文武，任之政事。”

政权初建，官员奇缺，朱元璋便命令山东各州郡官员访取贤才和曾在元朝为官而现在闲居在家的人，举荐送往京都。有关衙门“询求严迫”，严格执行命令，凡合乎条件者一律遣送。结果那些曾在元朝做过官的人“多疑惧不安”，人心惶惶，“所在惊扰”。朱元璋对州郡官员的做法很是不满，又命中书省发榜安谕：“征召的人才，如果有不愿出来做官的，有关官府不许强迫遣送，听其自便。”①

古人的经验告诉我们，求贤不是求物，求贤必须尊贤重贤，求贤若渴不能急于求成，更不能有名无实，附庸风雅。否则，将会事与愿违，终究是得不到优秀人才的。

第二节　广开进贤之路

一、求才贵广，不论贵贱

广泛搜求人才，首先视野要广。古人求贤的最高目标是要做到“野无遗贤”，就是要把所有优秀人才全部搜罗起来，并全部任用，让他们“在朝”为官，而不让一人遗漏“在野”。当然这实际是达不到的，但作为一种努力的目标，还是很有号召力和感染力的。要想做到“野无遗贤”，首先就要开阔视野，广泛搜求，不论出身，不分贵贱，不管是住在繁华都市，还是住在穷乡僻壤，只要确有真才实学，能够济世安民，就要千方百计礼聘出山，加以重用。

寻求优秀人才，先要了解人才的成长规律和分布特点。成才之路与聚财之道迥然不同。就聚财而言，“天之道是夺有余而

① 《明太祖实录》卷27：“戊子……乃命中书省给榜安谕：‘所征人材，有不愿行者，有司不许驱迫，听其自便。’”

补不足，人之道则夺不足而补有余”，按理说，应该是财富多的拿出一部分来补给财富少的，但人世间的实际情况却是剥夺穷人的财富补给富人，所以穷者愈穷，富者愈富，人间的道理就是这样不公平。而成才之路却是另外一个样子，穷则思变，困则发愤图强，故寒门多出人才。豪门子弟本来学习条件好，应多出饱学之士才对，却因为条件太好不思进取，出了许多纨绔子弟。当然能够自觉磨炼、严格要求、几代诗礼传家的情况也是有的（孟子说最多传不过五代，所谓“君子之泽，五世而斩”）。根据这样一个特点，寻访人才就不能不重视草野寒门。古人认为：朝野上下，闹市僻壤，皆有贤才，就看用人者有没有识才慧眼，有没有用贤之诚。就求才而言，在朝在野，应更加重视在野，因为在朝者虽有大材小用之人，但其脱颖而出的机会毕竟多些；闹市僻壤，应更加重视僻壤，因为古代交通不便、信息闭塞，穷乡僻壤的一些饱学之士往往报国无门。《吕氏春秋》说：“要想访求有德有才的优秀人才，就应到江河之滨、山谷之中、僻远幽静之处去访求，这样或许有幸得到他们。”并举例说：“姜太公在滋泉边钓鱼，正赶上当时是商纣王当政而不用他，所以周文王得到了他。”① 当时商纣王是天子，而周文王还是个诸侯王。天子荒淫无道，不知求贤；而周文王心怀大志，求贤若渴，所以周文王得到了姜太公。

司马迁在《史记·殷本纪》里讲了这么一个故事：商朝的武丁帝即位之后，一心想着振兴殷王朝，却苦于没有得到辅佐自己的得力贤臣。于是他三年不过问朝政，把朝政托付给冢宰大臣去

① （先秦）吕不韦：《吕氏春秋·先识览》：“故欲求有道之士，则于江河之上、山谷之中、僻远幽闲之所，若此则幸于得之矣。太公钓于滋泉，遭纣之世也，故文王得之。”

处理，自己深入民间去了解民风，访查人才。有一天夜里，武丁梦中遇到一个圣人，名字叫“说”。武丁醒后就按照梦中圣人的样子对照群臣百吏，都不像。于是就派人到野外去找，结果在傅险这个地方找到了说。当时说是一名奴隶，正在被人看管着筑路。人们带他来见武丁，武丁一看就说是他。武丁与说交谈，发现他果真是圣人，便任命他为宰相。在说的治理下，殷国很快繁荣昌盛起来。因为说是从傅险这个地方得到的，所以以后就叫他傅说。这个历史故事很生动。武丁想要振兴国家，求才心切，结果思贤入梦。现在人大概都不会相信他梦中的贤人正是他以后实际得到的贤人，但都会觉得武丁思贤若渴的精神的确感人。更重要的，这个故事还告诉我们两点：其一，求才的范围要广，不管在朝在野；其二，求才要不计出身贵贱，任人唯贤。

先秦时期，类似武丁得到傅说的这类记载很多，诸如伊尹原是商汤妻子的陪嫁奴隶，商汤封他为三公之一；姜太公曾被老妻视为无用之人而逐出家门，当过屠夫的助手、驿站的仆役，而后来帮助周文王、武王取得天下；管仲曾被看作是庸夫，做过小偷的勾当，后来帮助齐桓公称霸；百里奚是秦国用五张羊皮换回的奴隶，秦穆公委以治国重任，等等。根据这些历史事实，古人得出一条经验：“所以君主要想寻访并得到贤才，不可不广求博访。”①

重视贤才，广泛搜求贤才，可以说先秦开了一个好头。秦汉以后，凡有作为的君主都非常重视广泛招揽人才。如刘邦、曹操、李世民、朱元璋等，都曾下诏在全国各地广泛求贤。这些君主以及一些比较明智的政治家在有关论述中，也都强调过广泛吸收和使用人才的思想。例如，唐太宗曾经说：“英明的君主会多方搜

① （先秦）吕不韦：《吕氏春秋·孝行览》：“故人主之欲求士者，不可不务博也。”

求优秀人才，广泛寻访英才贤士，即使他们贫贱卑微，也要把他们寻找出来发挥作用，决不能因其地位卑贱而不用，也不能因其受过屈辱而不尊重。”① 宋代的苏东坡推崇对人才“宽取严用”的办法，就是选取人才的视野和渠道要宽，而任用要严格把关。他说：“古代用人，选取的面非常宽，而任用时筛选非常严格。选取从宽，所以贤才就不会被埋没；任用从严，所以庸劣之徒就难以鱼目混珠。”② 那么，怎样做才能使选取面宽呢？欧阳修有个见解，他说：“限以资历则取人之路狭，不限资历则取人之路广。”③ 确定选取面时，不能限定那么多不必要的资格条件，把人才挡在视线之外。否则，选取之路就窄了。清代有个叫夏之蓉的也说过一段很精彩的话：“把国家治理好的根本，首要的在于得到人才。而得到人才的关键，是广开招贤纳士的渠道以储备人才，使那些并无真才实学的人不敢前来滥竽充数。这样，就会人才兴旺，贤才振奋。”④

从文化建设的角度看，我国古代这种广泛吸收人才、不计贫富贵贱的思想观念，确实对我国政治文化的形成和发展产生过巨大影响，因为这种思想观念向后世传递了这样的信息：第一，要想使国家繁荣昌盛，就要重用德才兼备的贤才，舍此别无良法。因此，历史上凡是求贤若渴、重用贤才的君主，就会得到世人称颂，千古流芳；而任人唯亲，致使奸臣当道的君主则被世人诟病，

---

① （唐）李世民：《帝范·求贤篇》：“是明君旁求俊人，博访英贤，搜扬仄陋，不以卑而不用，以辱而不尊。”

② （宋）苏轼：《苏轼文集·策别课百官二》：“古之用人者，取之至宽而用之至狭。取之至宽，故贤者不隔；用之至狭，故不肖者无所容。”

③ （宋）欧阳修：《欧阳文忠公集·再论台官不可限资者札子》。

④ （清）夏之蓉：《汲古篇·进书札子》：“国家致治之本，首在得人。而得人之要，必广其途以储之，使人不敢冒无实之名，则造就隆而贤才奋。”

遗臭万年。第二，人才不论贫富贵贱，虽出身低贱，身居穷乡僻壤，经过修身苦读，励志奋斗，皆有可能成才．德才兼备即是贤才。所以，“将相本无种，男儿须自强”的观念深入人心，激发各类人才不断涌现，与此相适应，自秦汉以来的中国历史上，文官任用中就基本上消灭了世袭制（皇族中的世袭制另当别论），这与欧洲一些国家大不相同。应当说，这些思想观念对后世影响深远。从历史进步、文明传承的角度来看，这些观念的立意、产生确实意义重大，后世对它们的维护和发展也是功不可没，正是这类引导人们积极向善的观念促成了历史的进步和文明的发展。

二、荐贤有功，蔽贤有罪

推荐德才兼备的贤人担任国家重要职务，是治国理政的需要，所以历代君主都很重视，往往在发布全国的诏书中、在与大臣的谈话训示中，屡屡加以强调。这在前面我们已多有涉及。但是，秉公荐贤并不是人人都能做得到，有意蔽贤的现象却经常发生。因而，历代政治家、思想家一直大力推动荐贤之事，对秉公荐贤之人有很高评价，美誉有加。历史上大多数朝代都强调过荐贤有功、蔽贤有罪的思想。孔子曾说，齐国的鲍叔牙、郑国的子皮都是贤者。他的学生子贡不解地问：“齐国的管仲、郑国的子产不是比他们更贤吗？”孔子反问道：“你觉着推荐比自己优秀的人担任重要职务，与自己努力去担任这一职务，哪个更优秀？”子贡也承认是“举贤为贤”。孔子接着说：“我听说鲍叔牙举荐了管仲，子皮举荐了子产，但未听说过管仲、子产举荐过什么人”①。

① （汉）刘向：《说苑·臣术》：“子曰：‘汝闻进贤为贤耶，用力为贤耶？’子贡曰：‘进贤为贤。’子曰：‘然。吾闻鲍叔之进管仲也，闻子皮之进子产也，未闻管仲、子产有所进也。’”

孔子的“举贤为贤”思想非常深刻，只有这种思想才能引导人们以举贤为荣，从而广开进贤之路；另外，举荐别人，让别人超过自己，首先要战胜自我，净化自己心灵，公而忘私，这当然是贤者所为，嫉贤妒能的人是做不出来的。

汉代大儒董仲舒在对策中提出，应令诸侯、郡守从各自下属的官吏和百姓中，每年向朝廷选拔推荐两名贤者，并提出：“所贡贤者有赏，所贡不肖者有罚。”① 就是说，如果举荐上来的人确实是贤者，那么推荐人受赏；如果举荐上来的人不贤，那么推荐人要受罚。汉武帝赞成这一观点，他在一道诏书里说，“进贤受上赏，蔽贤蒙显戮（严重惩罚）”，这是自古以来的道理。他要求有关官员讨论对不举贤者的处理办法。有关部门综合讨论意见上奏说：“凡身居高位而不举荐贤能的，一律罢官”，“如不举荐忠孝之人，就是不奉行皇帝的诏命，应当以不敬论处。不举荐行为廉正的人，就是不胜任职务，应当免除官职。”② 汉武帝立即准奏执行。

武则天是大家熟知的一位女皇帝，其一生功过在此不论，单说她在用人方面确有可称道之处。史书称，由于武则天“明察善断”，所以当时的英才贤士争相为她效劳。有这样一个故事：长安二年（702 年），侍御史张循宪担任河东采访使，在公务中遇到了难题，很是发愁，便问身边随从：“当地有没有可与他一起研究、讨论国家大事的能人?”随从回答说猗氏县曾做过平乡尉的张嘉贞是个奇才。张循宪召见张嘉贞，向他询问疑难之事。张嘉贞把问题分析得有条有理，无不清楚。张循宪于是请张嘉贞代写奏章，结果奏章内容都是张循宪原来没有想到的。张循宪回京后，

---

① （汉）班固：《汉书》卷 56，《董仲舒传》。

② （汉）班固：《汉书》卷 6，《武帝纪》：“在上位而不能进贤者退”“不举孝，不奉诏，当以不敬论。不察廉，不胜任也。”

去拜见武则天，武则天称赞他奏章写得好，张循宪详细说明是张嘉贞写的，并请求将自己的官位让给他。武则天说："我难道连一个任用贤才的官职都没有吗?"于是召张嘉贞进京，在内殿接见，经过交谈，武则天为得到这样的人才而非常高兴，当即任命张嘉贞为监察御史。高兴之余并不忘荐贤者，同时提拔张循宪为司勋郎中，以奖赏他为国家找到一个贤才。[①] 由此可见，武则天懂得"荐贤受赏"的道理，并在实际工作中运用自如。

相对而言，在言谈论述中强调荐贤比较容易，而在实际工作中真正做到秉公荐贤就不那么容易了。因而秉公荐贤者更为可贵，往往备受赞誉，青史留名。各代都有很多秉公荐贤的佳话，反映了古代政治家虚怀若谷、见贤思齐、以大局为亶的美好品德和深刻思想。秉公荐贤的情况有以下几类：

（一）不以个人恩怨为转移，秉公举荐

一说到秉公举贤的事，人们马上会想到春秋时期晋国大夫祁奚（字黄羊）的故事。祁奚任中军尉，因年老请求退休，晋悼公问他谁可接替中军尉职务。祁奚先是推荐自己的仇人解狐，正要任命时，解狐死了。于是祁奚又推荐自己的儿子祁午接替了自己的职务。时人称为"外举不避仇，内举不避亲"，并作为秉公荐贤的典型而流传至今。其实，这一问题也还有值得研究之处。"外举不避仇"是应该提倡的，但"内举不避亲"就不合适了。当时尚未建立回避制度，所以人们对他的做法没有提出异议。中国官员回避制度形成于汉代，成熟于唐宋，完善于明清。这项制度是因人事管理的实际需要产生的，也是在实践中逐步发展完善的。从人事回避的角度看，即使儿子是优秀的，也不应该由父亲

① 见（宋）司马光：《资治通鉴》卷207（原文略）。

推荐。否则，便从制度上开了一个容易走后门的口子。不管对“内举不避亲”这一做法如何认识，但从当时情况看，祁奚荐贤是出于公心这一点是没有什么问题的。历史上像祁奚这样不计个人恩怨、秉公荐贤的不乏其人。

有个成语叫萧规曹随，说的是刘邦当了皇帝之后封萧何为相国（丞相），萧何翻阅了秦朝的典籍文献，调查了天下的地形、民情、风俗等，亲手制定了汉朝的法规制度。萧何死后，曹参继任相国，对萧何制定的法规制度“无所变更”，凡事完全遵照处理。老百姓也害怕折腾，因而对曹参的做法很称赞，编了民谣歌颂曹参“守而勿失”。曹参担任丞相，是萧何推荐的，但两人平素是有矛盾的，彼此之间有隔阂。史书上是这样说的：萧何和曹参平素里互不服气，两人不和睦。萧何病倒后，孝惠帝亲自去看望他，并趁此机会问道：“如果您百年之后，谁可代替您担任相国呢？”萧何回答说：“真正了解臣子的，谁都比不上皇帝。”孝惠帝说：“那您看曹参怎么样？”萧何忙跪下叩头说：“皇帝已经找到合适的人啦！我死了也没有什么遗憾了！”① 萧何虽然平日里与曹参有矛盾，但关键时刻能以大局为重，为国家推荐出能够担当大任的合适人选，可谓是高风亮节！

宋代名人欧阳修秉公荐贤的故事同样为人称道。欧阳修参与国家大政时，曾在同一报告里推荐三个人可以担任宰相。他推荐的这三个人就是以后真的都当了宰相的吕公著、司马光和王安石。然而，他推荐这三个人时，这三个人与他的关系都是什么样子呢？吕公著本来嫉恨他是范仲淹的同党，欧阳修被贬降滁州，吕公著

---

① （汉）司马迁：《史记》卷53，《萧相国世家》：“何素不与曹参相能，及何病，孝惠自临视相国病，因问曰：‘君即百岁后，谁可代君者？’对曰：‘知臣莫如主。’孝惠曰：‘曹参如何？’何顿首曰：‘帝得之矣！臣死不恨矣！’”

在其中起了很坏的作用；司马光在濮庙之争中不与欧阳修同心协力，反而排挤他，帮助吕献可；王安石又以尊崇儒学经术为己任，而不追随欧阳修。然而欧阳修对吕公著则“忘了”两人之间的仇怨，对司马光则“忘了”他帮助别人对自己的抨击，对王安石则“忘了”他与自己的学术之争。① 从这三个“忘了”足以看出欧阳修的雅量和厚道，从推荐三人可以做宰相，可以看出欧阳修识人知人的睿智和秉公荐贤的胸怀！

（二）克服嫉贤妒能的弱点，胸怀宽大

古人说：“人臣莫难于无妒而进贤。”做臣子的，没有比不心怀嫉妒而举荐贤才更难的了。为什么这样说呢？“举荐贤才之所以难，是因为贤才一旦被重用，自己就有可能不受重用了；贤才的地位显贵了，则使自己的地位相对降低，因而一般人很难做到毫不嫉妒而举荐贤才。”② 对于担任各级领导职务的人来说，如果推荐别人担任低于自己的职务，可能容易做到；但如果被推荐的人有可能替代自己，甚至会超过自己，这时还能不能秉公推荐，就看能不能战胜自我了。战胜自我这一关，并非一般人都能做到。更有甚者，别说是推荐别人，就是看到别人正常晋升，自己都嫉妒得不行。显然，只有那些一心为公、胸怀宽大的人，才能不计个人得失，坦然面对，秉公荐贤。

我们在前面曾讲到齐桓公、鲍叔牙和管仲的事。管仲从少年时就与鲍叔牙有交往，“鲍叔知其贤”，鲍叔牙对管仲的才能有很

---

① （宋）叶梦得：《避暑录话》：“（欧阳修）及在政府，荐可为宰相者三人，同一札子，吕司空晦叔、司马温公与荆公也。吕申公本嫉公为范文正党，滁州之谪实有力，温公议濮庙不同力，排公而佐吕献可，荆公又以经术自任而不从公。然公于晦叔则忘其嫌隙，于温公则忘其议论，于荆公则忘其学术。”

② （汉）刘向：《战国策·楚策》：“苏子谓楚王曰：‘……人臣莫难于无妒而进贤……夫进贤之难者，贤者用，且使己废；贵，且使己贱，故人难之。”

深的了解，因而对管仲的一些小节问题和具体错误都能理解。例如管仲与鲍叔牙一块经商，分利时管仲设法自己多要点，鲍叔牙不认为管仲贪婪，而认为他是因贫困才这样做；管仲曾为鲍叔牙谋事策划，结果使鲍叔牙更糟糕，鲍叔牙不认为他愚蠢，而认为自己运气不好，等等。管仲感动地说："生我者父母，知我者鲍子也。"后来，鲍叔牙服侍齐公子小白，管仲服侍齐公子纠。等到小白即位成为齐桓公，公子纠被杀，管仲被囚禁，按说这时鲍叔牙就可以稳稳当当地当上国相了，可是鲍叔牙却认为管仲能力比自己强，极力向齐桓公推荐管仲。管仲成为国相，鲍叔牙心甘情愿在他领导下做事，"鲍叔即进管仲，以身下之"。对于这件事，人们是如何评价呢？"天下不多管仲之贤而多鲍叔能知人也。"① 人们往往不去赞美管仲的才能，而更多是赞美鲍叔牙能够知人并秉公荐贤。

元世祖忽必烈时，丞相桑哥的种种罪行被揭露。元世祖想让不忽木担任丞相，说："我在你年幼时就认识你，让你跟从学习，正是预备今天用你，请不要再推辞。"担任丞相，此所谓"位极人臣"、"一人之下，万人之上"，是大臣们渴望达到的最高目标，而不忽木却要将这个即将到手的显赫职位让于别人，他说："太子詹事（官名）完泽可担此任。先前抄没阿合马家时，阿合马贿赂皇帝近臣的情况都记在本子上，上面唯独没有完泽的名字；他又曾说过'桑哥为相，必败国事'，现在果然如他所说。因此认为完泽可以担当此任。"从不忽木讲的这两件事上看，完泽一是廉洁正派，二是有远见卓识。由此判断完泽堪当大任是靠谱的。于是元世祖采纳了不忽木的意见，拜完泽为右丞相，同时任命不忽木为平章政事（地位仅次于丞相）。②

---

① （汉）司马迁：《史记》卷62，《管仲列传》。

② 见（明）宋濂等：《元史》卷130，《不忽木传》。

（三）不借机拉党结派，不图回报

无论是历史上，还是现在，借推荐之名，拉党结派、暗结党援者有之，借机市恩、希图回报者也有之。但古往今来，也不乏光明磊落，公而忘私，以国家社稷为重，以德才兼备为标准，秉公荐贤的仁人志士。

春秋时期，晋平公路过山西的九原山，叹息说："这里埋葬着好多良臣啊。"并问身边的叔向："这些死者里边谁是最贤的。"叔向回答是赵武最贤，因为"他一生举荐了平民四十六人，后来证明这四十六人都符合国家求才之意，而且国家非常依赖他们。等到赵武去世时，四十六人前去吊唁，都站在宾位上，这说明他们与赵武并无私人恩德关系。所以我认为赵武是个贤人"。① 赵武一生成功举荐四十六人，不借机拉关系，不市恩图回报，的确堪为后世学习的楷模。

北齐时，临淮王元彧担任仆射（仆射在魏晋南北朝时期相当宰相），他了解到祖鸿勋有学识文采，便上表推荐他担任了某一官职。有人对祖鸿勋说："因为临淮王举荐你，你才得到官职，可是你对他一点谢意都没有，这恐怕不太合适。"祖鸿勋回答说："为国家举荐人才，是临淮王的义务，我祖鸿勋为什么要谢他呢?"元彧听说这件事后非常高兴地说："我得到真正的贤才了。"② 祖鸿勋得了官，并不领元彧的情，而且还理直气壮地说自己没有理由去谢他。这叫一般人肯定会生气，而元彧听了反倒高

---

① （汉）刘向：《新序·杂事》："晋平公过九原……（叔向）对曰：'……然其身举士于白屋下者四十六人，皆得其意，而公家甚赖之。及文子之死也，四十六人皆就宾位，是其无私德也。臣故以为贤也。'"

② （唐）李百药：《北齐书》卷45，《祖鸿勋传》："人谓之曰：'临淮举卿，便以得调，竟不相谢，恐非其宜。'鸿勋曰：'为国举才，临淮之务，祖鸿勋何事从而谢之。'彧闻而喜曰：'吾得其人矣。'"

兴，认为祖鸿勋这样的人，才是真正的人才。真是宰相肚里能撑船啊！

清代著名文人赵翼有一本著名的书，叫《廿二史札记》，其中写道：明代洪熙、宣德、正统年间，大臣举荐贤才的风气很盛，史称“那时举荐贤才，都是根据其名望，考核其才能品行然后向皇帝报告”，“于谦在河南、山西出任巡抚时，‘三杨’（杨士奇、杨荣、杨溥）在朝廷主政，他们都看重于谦，于谦的奏请没有不被允准的。于谦每到京城议事，分文不带空囊而来，权贵大臣们别想从他那里得到什么油水。等到‘三杨’去世后，于谦就被降为大理寺少卿。由此可见，‘三杨’等举荐人才都是出于公心，不像后世那些举荐人才都是为了市恩和植党营私”。[①] 赵翼通过对后世一些人以推荐人才为名，卖好图回报、借机拉党结派行为的批评，进一步衬托出古代秉公荐贤者的高尚品质。

（四）荐人以贤为标准，坚持原则

喜欢读史的人往往会感觉到，历史上确有不少刚愎自用的暴君，与此相适应的也有众多唯唯诺诺和溜须拍马的大臣；但也出现了一些敢于坚持原则、不怕皇帝发怒的忠直之臣。

宋太祖赵匡胤时，赵普任宰相，“太祖常劝以读书”，因此赵普“晚年手不释卷”。赵普这个人“能以天下事为己任”，而且办事“刚毅果断”。《宋史》本传载：赵普曾推荐某人担任某官，宋太祖不同意用。赵普第二天又奏请用这个人，宋太祖仍然不同意。第三天，赵普又上奏推荐这个人，宋太祖大怒，将赵普的奏章撕

---

① （清）赵翼：《廿二史札记》卷33，《大臣荐举》条：“其时荐贤者，皆采人望，核才品而后上闻。”“而于谦之为河南、山西巡抚也，三杨在政府，皆重谦，所奏请无不允。谦每议事至京，空囊以人，诸权贵不能无望。及三杨卒，谦遂左遣大理少卿。可见三杨等之荐人，皆出于至公，非如后世市恩植党之为也。”

碎扔在地上。赵普面不改色，跪在地上将碎章一片一片捡起来拿回家去了。过了两天，赵普将撕碎的奏章粘贴修补好，还是上奏推荐这个人。宋太祖这才醒悟，终于任用了赵普推荐的这个人。① 赵普之所以敢于这样坚持，首先可以断定他推荐的这个人是个合适的优秀人才，条件是过得硬的；其次赵普与被推荐者没有可为人"抓辫子"的私人关系，秉公这一点也是过得硬的，否则他不敢与皇帝叫板。读史至此，我们不能不为赵普坚持原则的精神所折服，同时也会感到，赵匡胤作为一个至高无上的皇帝，在臣下三次当众与自己顶牛的情况下，竟然放弃自己的偏见而回归正确，其能大能小、能高能低的大度胸怀也是值得称赞的。

无独有偶，吕蒙正也有三荐贤才的事。有一次宋太宗打算派人出使辽国，指示中书省挑选一个能胜任出使任务的人。宰相吕蒙正退朝后考虑出一个人选并报告给太宗，但太宗不同意。过后，太宗连续问了三次，吕蒙正三次都是推荐这个人。太宗说："你怎么这么固执?"吕蒙正说："不是臣固执，是陛下您还没谅解。"接着又坚持说道："这个人可以胜任出使任务，其他人都不如他合适。我不愿意献媚讨好、无原则地迎合陛下的意思，从而危害国家大事。"在场的官员都吓得屏住呼吸不敢动。太宗退朝后对身边的官员说："蒙正的气魄胆量，我自愧不如。"不久，终于任用了吕蒙正所推荐的人出使辽国，果然称职。② 看来，皇帝也是喜欢和信任那些忠贞为国、敢于坚持原则的大臣，当然前提是这个皇帝不太糊涂。

① （元）脱脱等：《宋史》卷256，《赵普传》："（赵普）尝奏荐某人为某官，太祖不用。普明日复奏其人，亦不用。明日，普又以其人奏，太祖怒，碎裂奏牍掷地，普颜色不变，跪而拾之以归。他日补缀旧纸，复奏如初。太祖乃悟，卒用其人。"

② 见（元）脱脱等：《宋史》卷265，《吕蒙正传》。

说荐贤有功，并不是主张滥荐。对于才德平平，甚至爱投机钻营的人，就不能推荐，在这方面同样需要坚持原则。左宗棠是晚清重臣，为大家熟知。他曾对人说："如果一个人有才，我自然会给他合适的职位；如果一个人无才，给他职位反而对别人有害，我决不做这样的事情。"所以没有人敢求他写推荐信。左宗棠收复新疆后，应召进入军机处。他有个朋友的儿子叫黄兰阶，一直在福建等待候补知县，几年都没有得到实缺。他认为左宗棠会念旧，拜访一下或许有收获，于是就克服困难到京找到了左宗棠。见面后，左宗棠问："你是黄某人之子吧？"回答说："是。"左宗棠又问："来京有什么事？"黄兰阶如实相告。左宗棠生气地说："你在家有田不耕，有书不读，而只会羡慕做官吗？你如果放弃做官的打算回家去，我可以拿出十亩良田来送你。除此之外，就不要再妄想了。"黄兰阶惶恐而退。①

第三节　礼贤敬才

国家用人，当然是希望贤能之人越多越好，那用什么办法才能使贤能之人增多呢？墨子说："贤能之人是国家的珍贵财富和社稷的辅佐之才，'必且富之、贵之、敬之、誉之'，然后国家的贤能之士才能得到并逐渐增多。"② 就是说，要想得到贤士并使之越来越多，必须做到使他们富有，使他们地位尊贵，使他们受到尊敬，使他们享有荣誉。大致说来，"富之、贵之"，指的是物质

---

① （近代）小横香室主人：《清朝野史大观》卷10，《左文襄不为人作荐书》："（左宗棠）尝语人曰：'苟有人才，我自能位置之。如其不才，复以贻祸他人，吾不为也。'"（余略）。

② （先秦）《墨子·尚贤》："此固国家之珍而社稷之佐也，亦必且富之、贵之、敬之、誉之，然后国之良士，亦将可得而众也。"

待遇和政治待遇要优厚；“敬之、誉之”，指的是以礼相待，使之能享有一定荣誉。

管仲老了之后，齐桓公忧心忡忡地问谋士宁戚：“管仲一旦去世，国家怎么管理呢？”宁戚说：“关键在于得贤而任之。”齐桓公又问：“怎样才能得贤？”宁戚回答说：“要开启贤士进身的道路，考察合格就加以任用，然后‘尊其位，重其禄，显其名’，这样天下的贤士就会纷纷前来投奔您了。”① 宁戚所说的“尊其位，重其禄，显其名”，与墨子所说的“富之、贵之、敬之、誉之”在意思上差不多，都是说要使贤士的待遇优厚，并以礼相待。

为什么要给优秀人才以优厚待遇？自古以来，这个问题要想得到所有人的理解是不可能的。有两种人最不理解：一种是那些自己没能力，又不肯学习和吃苦，却专在待遇上攀比别人，极力主张平均主义的人；另一种就是那些糊里糊涂，既无识人之明，又不懂人才重要的领导者了。如果这种人只是一个小单位的领导，尚为害不大；如果君主如此，那国家就会走向衰弱了。

韩愈有一篇《马说》，用千里马比喻优秀人才。养一匹千里马与养一匹普通马，成本是不一样的，千里马一次要吃很多粮食，如果让它和普通马一样在马槽里吃草料，它吃不饱，力不足，能力和优势就表现不出来。使用优秀人才与使用千里马的道理是一样的。人们常说，“千军易得，一帅难求”。如果让一个优秀将帅，也同普通士兵一样扛着枪，背着包，气喘吁吁地急行军，那他就没有时间和精力运筹帷幄。如果一个君主这样对待将帅，那

① （汉）刘向：《说苑·君道》：“……宁戚对曰：‘要在得贤而任之。’桓公曰：‘得贤奈何？’宁戚对曰：‘开其道路，察而用之，尊其位，重其禄，显其名，则天下之士骚然举足而至矣。’”

他就不用劳师动众地去打仗，干脆直接投降就行了。

大凡头脑比较清醒的君主都懂得给贤才待遇从优的道理，一般也是这样做的。元世祖忽必烈是一个出身于少数民族、在马背上锻炼出来的君主，但他在崇儒尊贤、厚待人才方面一点也不逊色。至元二十一年（1284 年），元世祖提拔重用了阿鲁浑萨理，并采用他的建议，建立集贤馆来接待从各地招来的人才。“凡饮食供帐，车服之盛，皆喜过望”，吃穿住行都超过了这些人才来之前的想象。对于那些不太合格的人，也给以赏赐，送他们回家。这时有一个在宣徽院任职的官员，认为集贤馆的供应太过丰厚了，就想搞点破坏，他将供应来京人才的物品饮食摆在内殿前面，希望皇帝看到这些东西。元世祖果然从殿前走过并问这是怎么回事，宣徽院那位官员赶忙报告道：“这是集贤馆每天供应一个人的东西。”元世祖一下就明白了，大怒道：“你想让我看见后减少它吗？即使十倍于此来接待天下人才，我还怕他们不来呢，更何况要减少它，那样谁还肯来呢？”这位官员被骂得羞愧而退。阿鲁浑萨理又对元世祖说：“国家设学校是培养人才之本，设立国子监培养博士弟子员，生活待遇也应优厚，这样可使学习的人越来越多。”元世祖又采纳了他的建议。①

朱元璋很重视招纳人才，尤其是在打天下的时候更是求贤若渴，癸酉年（1363 年）五月专为儒士建造了一座礼贤馆，吸引了大批人才前来投奔他，为他出谋划策，帮助他成就了大业。朱元璋懂得厚养人才的道理，当了皇帝后，有一次他说：“治国家，首先要得到贤才。贤才是天下人所寄托的希望。然而出身平民的士人，要交给他工作，必须先给他能够用以养廉的条件，然后才

---

① 见（明）宋濂等：《元史》卷 130，《阿鲁浑萨理传》。

可以责成他把工作干好。”①

说起朱元璋关心人才的生活待遇时，就很自然地想起马皇后。马皇后虽是后妃，但她讲政治，而且水平很高，在此不妨多说两句。有一次谈论治国道理时，马皇后出言不俗，原话是这样的：“法屡更必弊，法弊则奸生；民数扰必困，民困则乱生。”法令不能总变，总变必出弊端，坏人就会钻空子；老百姓不能老去搅扰，老折腾会导致百姓穷困，国家就不安宁了。朱元璋当时听了惊叹道：“哎呀，这是至理名言啊！”赶忙命令女史官把皇后的话记入史册。马皇后对厚养人才的事非常重视。有一次朝会后，官员们领取了工作餐，马皇后令太监拿一份来自己尝尝，感觉不可口，便对皇帝说：“人主自奉欲薄，养贤宜厚。”说皇上自己的供奉可以节俭，但对贤才的待遇应该丰厚。说得何等好啊！有一次朱元璋视察太学回来，皇后问太学学生有多少，皇帝说有几千。马皇后便说：“人才不少啊。学生们是供给伙食的，但他们的妻子儿女靠什么生活呢？”于是朝廷设立了“红板仓”，筹集粮食赐给太学生养家。向太学生发粮养家的制度就是从马皇后那时开始建立的。②

求贤是不是只要给他们高官厚禄就能解决问题了呢？古人的经验是不行。因为对贤士来说，还有比待遇优厚更重要的事情，那就是对他们要以礼相待，要尊重他们的人格，看重他们的能力，珍视他们的成果。明洪武十三年（1380 年）十月，朱元璋对管人事的吏部讲：“天下之务非贤不治，求贤之道非礼不行。”③ 这应

① 《明太祖实录》卷 29：“治国家，得贤才为先。贤者，天下之望也。然布衣之士所授以政，必有以养其廉耻，然后可责以成功。”

② 见（清）张廷玉等：《明史》卷 113，《后妃一》。

③ 《明太祖实录》卷 134。

该是对求贤之道的最佳概括。

求贤为什么还要待之以礼呢？你为我出力，我给你合适的待遇不就行了吗？雇工这样做或许可以，但求贤不行。且看古人是怎么认识这个问题的。孟子说："对于一个人，如果只是养活他而不爱他，那就和养猪差不多；爱他而不恭敬他，就和畜养所喜欢的狗马差不多。恭敬之心在送给货币礼物之前就应具备。徒有恭敬的形式，而没有恭敬的实质，君子是不会被这种虚假的礼仪所留住的。"① 宋朝人陈亮在给皇帝的上书中对这个问题讲得更透一些，他说："哪个时代不出人才？哪个人才不愿对社会作贡献？天下的英雄豪杰，没有不伸着脖子等待任用的，但往往要看皇帝的态度是什么样子。假使皇帝能虚心对待他们，诚心诚意用他们，即使没给他们高官厚禄，也可以使他们死不足惜，更何况献计献策呢？如果皇帝傲慢无礼，那么即使将高官厚禄摆在他们面前，英雄豪杰之士宁愿穷困饿死，对这样的高官厚禄也不屑一顾。天下可以单纯用高官厚禄引诱上钩的人，都不是真正的英雄豪杰之士。皇上千万不要认为只要给予高官厚禄，就可以把英雄豪杰当作奴婢一样使唤，那样的话，天下本来有英雄豪杰之士，却因害怕皇上缺乏诚心而不来了。"②

正因为上述缘故，一些皇帝往往在求贤诏书里，特别强调自己是尊敬和礼遇贤士的。如刘邦在求贤令中明确说道："贤士大

---

① （先秦）《孟子·尽心上》："孟子曰：'食而弗爱，豕交之也；爱而不敬，兽畜之也。恭敬者，币之未将者也。恭敬而无实，君子不可虚拘。'"

② （宋）陈亮：《陈亮集》卷2，《论开诚之道》："何世不生才，何才不资世。天下雄伟英豪之士，未尝不延颈待用，而每视人主之心为如何。使人主虚心以待之，推诚以用之，虽不必高爵厚禄而可使之死，况于其中之计谋乎？人主有矜天下之心，则虽高爵厚禄日陈于前，而雄伟英豪之士有穷饿而死尔，义有所不屑于此也。夫天下之可以爵禄诱者，皆非所谓雄伟英豪之士也。陛下勿以其可以爵禄诱，奴使而婢呼之，天下固有雄伟英豪之士，惧陛下诚心之不至而未来也。"

夫有肯从我游者，吾能尊显之。”谁跟我一起治理天下，我一定百倍尊重他，使他显贵。还有的则通过某种活动或措施表明自己是礼贤下士、尊贤崇儒的，如东汉光武帝刘秀刚上台，就大张旗鼓地寻访曾经在西汉哀帝、平帝时任过县令，爱民如子、深受百姓爱戴的卓茂，并发布诏书说：“卓茂名冠天下，应该受到天下人的尊重和奖赏。现任命卓茂为太傅，封他为褒德侯。”① 卓茂这时已七十多岁了，已过当时的退休年龄，从使用角度看这样破格安排已意义不大。刘秀这样做，无非就是表明自己注重人才、主张德政的态度。

敬贤礼贤，做君主的首先要从自身做起，不能在贤士面前端主子架子。春秋时的晋文公重耳是大家比较熟悉的一个历史人物，他跟楚国交战，来到黄凤之陵时，鞋带开了，于是弯下腰来亲自系上。左右的人问晋文公：“不可以让别人给你系上吗?”晋文公说：“我听说，上等的国君，同他在一起的人都是他所敬畏的人；中等的国君，同他在一起的都是他所喜欢的好友；下等的国君，同他在一起的都是他可以任意支使侮辱的人。我虽然是个不怎么样的国君，但原来跟随先君的人还都在，所以我不能那样做。”②像系鞋带、系衣扣这类事，自己能做的坚持自己做，而不劳烦、支使下属人员，看起来是很小的事情，但却能反映一个领导者的素养。

春秋时郑国的国相子产，也是个不爱摆架子的高官。子产去见一位叫壶丘子林的贤士，子产身为国相，与壶丘子林的弟子们

① 见（宋）司马光：《资治通鉴》卷10。

② 佚名：《晋文春秋》：“晋文公……履系解，因自结之。左右曰：‘不可以使人乎?’公曰：‘吾闻上君所与居，皆其所畏也；中君之所与居，皆其所爱也；下君之所与居，皆其所侮也。寡人虽不肖，先君之人皆在，是以难之也。’”

坐在一起，坚持按年龄顺序就坐，而不讲究身份地位，并与他们真心诚意地讨论问题。①

金世宗不但自己谦恭待士，还注意教育自己的家人对贤士和功臣要尊敬。按照惯例，金代皇宫里举行宴会，只有亲王、公主和驸马能参加。有一次宫内宴会，金世宗特地叫大臣石琚参加宴会，诸位亲王及其他皇族亲属窃窃私语，心里大概很轻视他。金世宗觉察到这一点，就对在座的亲属说："使我们父子家人得以安然无恙，并且能享受今日之乐的，就是这个人出的力啊！"于是举出了近期发生的显著而为大家所熟知的几十件事来教育亲属，大家听后都趴在地上磕头谢罪。② 有些做君主的视臣子为奴隶，认为臣子为他效劳是理所当然，丝毫不加体恤，而金世宗却对有功之臣感恩戴德。君主能这样尊重贤臣，做臣子的能不鞠躬尽瘁吗？

明孝宗也是一位"优礼大臣"的皇帝，只要不发生重大问题，从来不会训斥羞辱大臣的。他常常把大臣叫到自己屋子里，从容地讨论问题，和颜悦色，"真如家人父子"。李东阳有诗赞道："近臣皆造膝，阁老不呼名。"③ 这说明孝宗对近臣都能促膝谈心，对内阁大臣称先生而不直呼其名。

同样是优秀人才，由于性格、阅历、背景等的不同，其表现也不尽相同。有的骄傲，有的谦虚；有的大方，有的拘谨；有的已颇有名气，有的"绿柳才黄半未匀"，等等，对待他们应该采取不同的方法。

对待有点骄傲的人，《吕氏春秋》是这样讲的："有本事、有特长的士人，原本对君主就有些骄傲、看不起；而不贤明的君主，

① 见（先秦）吕不韦：《吕氏春秋·慎大览》。

② 见（元）脱脱等：《金史》卷88（卷末"赞"语）。

③ （明）陈洪谟：《治世余闻》上篇卷3："上优礼大臣，无大故未尝斥辱……"

也看不起有本事的士人。他们天天相互傲视，什么时候才能相互契合呢?”“贤明的君主就不是这样，士虽然傲视自己，而自己越发对他们以礼相待，这样一来，士怎么能不归附他呢?士人归附了，天下人就会跟从他们归附。”① 优秀人才并不是各方面都完美无缺，有些骄傲也是常有的事，骄傲在一定的环境里也是会改变的。作为领导者，只要心想天下大事，完全可以开明一点，不必计较别人是不是瞧得起自己。正确的态度就是：你越骄傲，我越以礼相待。

傲视上司的情况虽然有，但毕竟是少数，傲视君主的情况就更是少之又少。更多的情况是：臣子见了君主诚惶诚恐；涉世不深、阅历不多的人才，初见高级官员时还往往怯生生的。因此，礼贤下士应该是君主和各级官员的基本素质。史载：“唐太宗仪表威武，面容严肃，进见的百官往往望而生畏，举止失当。太宗知道这种情况后，每次见到有人奏事，必定做出和颜悦色的样子，希望这样能听到臣子的直言规谏，以便了解治国理政的得失。”② 皇帝往往令人望而生畏，手握大权的大臣同样也有令人见而却步的情况。明代徐阶四十三岁时，就掌握了辅佐选用官员的大权，他将严格要求自己言行的诫语张贴在公务大堂上，用来自警。按照惯例，吏部高官接见一般官员时，说不上几句话，以显示自己的严肃和冷峻。徐阶说：“像这样子，怎么能广泛选拔人才呢?”于是他痛下决心，放下架子，用好言语、好脸色待人。接见地方官员时，尽量坐得时间长一点，细细询问各地的重要事情，以及

① （先秦）吕不韦：《吕氏春秋·慎大览》：“有道之士固骄人主，人主之不肖者亦骄有道之士，日以相骄，奚时相得?……贤主则不然，士虽骄之，而己愈礼之，士安得不归之?士所归，天下从之。”

② （唐）吴兢：《贞观政要·论求谏第四》：“太宗威仪严肃，百僚进见者，皆失其举措。太宗知其如此，每见人奏事，必假借颜色，冀闻谏诤，知政教得失。”

吏治和民间疾苦，并间杂交流一些对百姓生活关切和同情的话，借这样一个谈话的机会更好地了解下级官员。见到徐阶的人自己也很高兴，愿意向他言无不尽，因而徐阶在官员中的声誉更高了。[1] 掌管官员选拔任用的部门，在官员心目中的地位太重要了。正因如此，在这类部门中，大力倡导、牢固树立礼贤下士的作风，就显得尤为重要。

① 见（明）焦竑：《玉堂丛语·政事》。

第七章 识才

识才，就是正确地认识和识别人才，古人谓之“知人”。识才的涵义广泛，包括识别哪些人是人才，哪些人不是人才；判定人才属于什么类型，比如说，是治国人才还是治军人才，是理论人才还是技术人才，是开创型人才还是守成型人才，等等；判定人才的价值和层次，如人才的潜在能力如何，是杰出、优秀还是一般，等等。

识才非常重要，它在整个用人流程中是一个重要环节。重视人才，必重视识才。古人在研究识才重要性和如何正确识才方面费心良多，其中有些见解，其深刻精辟不让今人；其中有很多经验，在今天看来仍颇受启发，可资借鉴。当然，也有些议论空谈成分多，实用成分少。这些都需要我们认真加以研究总结，去粗取精，去伪存真，以达到古为今用之目的。

第一节 识才至关重要

识才之所以重要，首先，因为它是正确用人的前提。只有发现人才，才能使用人才；只有了解人才的长处和短处，才能做到人尽其才，才尽其用。我们常说“知人善任”，只有先“知人”，然后才能谈得上“善任”。汉代有人说，任用贤能有十难：“一是不知人，二是知而不举荐，三是有人举荐而不任用，四是任用不能善始善终，五是因小节不满意而忘记了大的美德，六是以小过抵消了大功，七是以小的失误掩盖了大的贡献，八是因揭发奸佞之徒而伤害忠正之士，九是以邪恶的理论扰乱了正确的法度，十是听信妒忌谗言而排斥贤能，这些就叫作‘十难’。十难不除，贤臣就不会得到合理使用。”① 在这用贤“十难”里，第一难说的就是不能识才，其他第五、六、七、八、九、十，也都与不能正确识才直接有关。这充分说明识才在整个用人体系中的重要性。

用人者能不能识才，直接关系到国家能不能得到真正的人才。唐贞观元年（627 年），有一天，唐太宗对房玄龄等人说：“《尚书》说：‘任用职官，只有用贤才才行。’又说：‘官职不一定要设得那么多、那么全，关键是得到称职合格的人才。’若能得到优秀人才，即使少一点也够用了；那些不合格的，纵然多又有什么用？古人也把选官得不到合格的人，比作在地上画饼子，是不能吃的。”② 唐太宗在这里强调，设官用人，关键是选准人，能用到称职合格的人才。不言而喻，要想选准人才，首先要识别人才。

晋代学者葛洪对识才的重要性有过精辟的论述，他说：“将

---

① （汉）荀悦：《申鉴·政体》：“惟恤十难，以任贤能。一曰不知，二曰不进，三曰不任，四曰不终，五曰以小怨弃大德，六曰以小过黜大功，七曰以小失掩大美，八曰以讦奸伤忠正，九曰以邪说乱正度，十曰以谗嫉废贤能，是谓十难。十难不除，则贤臣不用。”

② （唐）吴兢：《贞观政要·论择官第七》：“（太宗曰）故《书》称：‘任官惟贤才。’又云：‘官不必备，惟其人。’若得其善者，虽少亦足矣。其不善者，纵多亦奚为？古人亦以官不得其才，比于画地作饼，不可食也。”

美玉看成石头的人，也会将石头看成美玉；将贤才看成蠢才的人，也会将蠢才看成贤才。将石头看成美玉，还没有多大的害处；若将蠢才看成贤才，那将是国家要灭亡的征兆啊！”① 这话说得何其深刻啊！

对于用人者来说，遇到了人才，能马上有所意识，尤其是遇到了贤才，更有一种“众里寻他千百度，蓦然回首，那人却在灯火阑珊处”的感觉，从而能抓住机会，使人才为我所用，这便使自己的事业有了成功的保证。如果人才与你擦肩而过，你却茫然不知，便是丧失了一次机会；如失去的仅是一般人才，那损失还不算大，如是杰出人才，那你很可能丢失的就是整个事业。

其次，识才之所以重要，是因为只有识才，才能发现人才，给优秀人才一个展示才华，为国家、百姓、社会作出贡献的机会。《吕氏春秋》中说：“舜在耕田捕鱼时，他的贤和不贤与后来当天子时是一样的。在机遇未到时，他和他的同伙耕种土地，兴修水利，编织蒲席和渔网，手足长满老茧仍坚持劳作，方能免除冻饿之苦。等他有了机遇当了天子，贤才往他身边聚集，万民称颂他，男女老幼都热烈地拥戴他。”② 同样是一个舜，在被尧发现和重用前后，其地位和作用竟有天壤之别！不言而喻，“识才”这一环节在其中起了关键作用。

汉代文人邹阳有一次游说梁孝王刘武，一口气列举了从三代至春秋战国的七位有影响的历史人物：伊尹、姜太公、管仲、百

① （晋）葛洪：《抱朴子·擢才》：“夫以玉为石者，亦将以石为玉矣；以贤为愚者，亦将以愚为贤矣。以石为玉，未有伤也；以愚为贤者，亡之诊也。”

② （先秦）吕不韦：《吕氏春秋·孝行览》：“舜之耕渔，其贤不肖与为天子同。其未遇时也，以其徒属，掘地财，取水利，编蒲苇，结罘网，手足胼胝不居，然后免于冻馁之患。其遇时也，登为天子，贤士归之，万民誉之，丈夫女子，振振殷殷，无不戴说。”

里奚、宁戚、司马喜、范雎。着重说明他们在未被发现重用之前，曾分别是奴隶、贱民、囚徒、车夫、仆役等被人瞧不起的人，有的还受尽侮辱。邹阳最后总结说：“这七位贤士，倘若不遇上圣明的君主，几乎就等于乞丐一类，就像绵软的葛麻一样枯死于旷野而无人问津。”①

说到这里，我们马上会联想到伯乐与千里马的故事。王充在《论衡》里说：“从前曾有人让千里马去拉重载的盐车，只见这匹马低垂着头，累得大汗淋漓，寸步难行。伯乐看到后，马上让卸掉车，由骑手王良驾驭，于是马就空身飞驰起来，因而有了千里马的美名。”② 有感于此事，韩愈才慨然叹道：“世有伯乐，然后有千里马。千里马常有，而伯乐不常有。”③ 这句名言突显了识才的重要和识才者的宝贵！

最后，识才之所以重要，还因为识才能激发人才的忠诚和奋进，极大地调动人才的积极性。对于人才来说，能否遇上识才者，对于一生的发展至关重要。能遇上懂得自己价值的人是一种机遇，很多优秀人才可能一辈子怀才不遇。所以，很多人把受到赏识和重用看作是用人者对自己的恩德，并为报答“知遇之恩”而竭心尽力，甚至死亦心甘，此所谓“士为知己者死”。

宋代大文豪苏轼任翰林学士时，有一次在皇宫中值班，被召入便殿答话。宣仁太皇太后问苏轼：“你前年担任什么官职?”苏轼说：“臣当时任常州团练副使。”太皇太后又问：“你现在担任什么官职?”苏轼回答：“臣现在担任翰林学士。”太皇太后

---

① （汉）刘向：《说苑·尊贤》：“此七士者，不遇明君圣主，几行乞丐，枯死于中野，譬犹绵绵之葛矣。”

② （汉）王充：《论衡·状留篇》：“昔骥曾以引盐车矣，垂头落汗，行不能进。伯乐顾之，王良御之，空身轻驰，故有千里之名。”

③ （唐）韩愈：《韩昌黎集·杂说·马说》。

问："你为什么这么快就升到这个官职?"苏轼回答："我遇到了太皇太后、皇帝陛下。"太皇太后说："不是这样的。"苏轼说："莫非是大臣们推荐的?"太皇太后说："也不是。"苏轼惊慌地说："臣虽做事不够稳当，但也不敢从其他不正当途径获得提拔。"太皇太后说："这是先帝（宋神宗）的意思。先帝每次读你的文章，必然感叹地说：'奇才，奇才!'但还没有来得及提拔你，就去世了。"苏轼听到这里，忍不住痛哭失声，太皇太后和哲宗皇帝也哭了，在场的侍从们也都感动得流下泪来。① 苏轼之所以痛哭失声，是感动于宋神宗的知遇之恩。在场的人之所以受感动，是因为大家对知遇之恩有共识和共鸣，知遇之恩能够感动人。不言而喻，这种感动会极大地激发苏轼对宋王朝的忠心，也会激励苏轼在通往最高文学殿堂的道路上不断攀登。

识才的重要性，彰显了识才者的宝贵。识才者的可贵之处在于，他们在人才的才能尚未充分表现出来之前，在人才未发达之时，能够透视人才的内质，发现人才的潜能，预测人才的发展。凡属真正的人才，凡是怀珠抱玉者，都希望用人者是识才者，能够慧眼识珠，拔识自己于未显之时。

唐代诗人杨巨源的《城东早春》这样写道："诗家清景在新春，绿柳才黄半未匀。若待上林花似锦，出门俱是看花人。"早春时节，柳芽初发，半绿半黄。那些初露才华的人才好比这初发的柳芽，虽然他们的学问"半未匀"，还不够成熟，但却透出一股蒸蒸日上的"新春"气息。发现人才，正当其时，如果等到他们才华毕露"花似锦"时，那人人都会欣赏，大家都成了"看花人"，哪里还显得出用人者的识才慧眼呢?

① 见（元）脱脱等：《宋史》卷338，《苏轼传》。

第二节　领导者要有识才慧眼

孔子的学生樊迟，有一次问孔子什么是“仁”，孔子回答道：“爱人。”又问什么是“智”，孔子回答说：“知人。”① 这里的“知人”，就是“善于识别人”的意思。“仁者爱人，智者知人”，是孔子的名言。“善于识别人”当然不是智慧的全部，但孔子抓住了关键。一个领导者如果不善识人，贤愚不分，善恶不辨，那肯定做不成大事，甚至坏了大事，所以在识人用人上的糊涂是领导者最大的糊涂。

历史上，凡是比较英明的君主、贤明的大臣，在识别人才上都表现出独到的眼光和较高的智慧，人们说他们有识人慧眼，甚至说独具慧眼。当然，明君贤臣在看人方面不可能百分之百地准确，甚至长于做事，而识人水平一般的贤臣也是有的。但应承认，绝大多数明君贤臣在看人方面的确比一般人有经验、有眼光。正因如此，他们才得以在自己周围聚集一大批优秀人才，在治国理政方面创造出辉煌业绩。所以说，具有识才慧眼是一个好的领导者应该具备的素质。

作为有用人权的领导者，能不能识才，那结果是迥然不同的。据《史记·范雎列传》讲，范雎原是魏国人，在魏国的中大夫须贾手下做事，有一次跟着须贾出使齐国。齐襄王看出范雎是个人才，派人赐给范雎十斤黄金，还有牛肉和酒，范雎不敢收。须贾知道此事后大怒，因为在他看来，范雎并不是什么人才，齐襄王之所以赐给他厚礼，只有一种可能，那一定是范雎向齐国出卖了

① 见（先秦）《论语·颜渊篇第十二》。

情报。回国后，须贾即按照自己的判断向国相魏齐作了汇报。魏齐大怒，命人把范雎打得断了肋条掉了牙齿，然后用席子卷起来，扔在厕所里。喝醉酒的宾客把小便撒在范雎身上，故意糟蹋侮辱他。夜深之后，喝得酩酊大醉的魏齐以为范雎真的死了，同意看守把他丢出去，范雎这才得以逃生。恰在这时，秦国派使者王稽到了魏国，改名换姓的范雎设法见到了王稽。王稽并不认识范雎，也没有听说过范雎这个人。所以，王稽能不能识才，这时便成了范雎能不能转危为安、遇难呈祥的关键。史书上是这样说的："语未竟，王稽知范雎贤。"两人交谈，话还没说完，王稽已经知道范雎是个了不起的贤能之人了，值得自己冒风险把他带回秦国去。结果，范雎见了秦昭王，先当客卿，后任丞相，使秦国变得更为强大。同样是一个范雎，须贾、魏齐对他视之如草芥，弃之如粪土；而王稽与他话未说完，便知其贤。范雎在魏，备受凌辱，性命难保；而在秦，却成了秦王的座上宾，并凭借自己的才能当上了国相。很显然，像须贾、魏齐这类人是有眼不识泰山，而王稽、秦昭王这样的人却是慧眼识珠。

毛泽东同志曾在很多重要场合谈论过三国时的谋士郭嘉，希望各级领导干部学习他的多谋善断①。郭嘉先投奔袁绍，经过一番观察，他对别人说，袁绍这个人，只是学周公的礼贤下士，而实际上并不懂用人的关键（"袁公徒欲效周公之下士，而未知用人之机"），他办事抓不住要领，好谋而无决断，成不了大事。于是，郭嘉离开了袁绍，经人推荐见到了曹操。曹操与他"论天下事"。谈话之后，曹操高兴地说："能使我成就大事的，必定是此人了。"郭嘉出来后，也高兴地说："这才是我真正的主公。"以

① 见陈晋主编：《毛泽东读书笔记解析》，广东人民出版社 1996 年版，第 1027—1031 页。

后郭嘉果然成了曹操离不开的得力谋士，为曹操立下了汗马功劳，他自己也很快被封侯。① 郭嘉评价袁绍的话中有一层意思很重要，那就是袁绍只会模仿周公的礼贤下士，而不懂用人的关键。关键是善于识才、合理任用。识才又是任用的前提，不会识才，怎会知道谁是真正的贤才呢？那礼贤又从何说起？所以，袁绍的礼贤下士只能是模仿，附庸风雅而已。有没有识才慧眼，这正是曹操与袁绍的主要区别。这一区别也就注定了两人的胜败。

元代做过宰相的张养浩曾说："为宰相不难，一心正、两眼明足矣。"② 当宰相的只要做到心正眼明就足够了。识别人才也是如此，做君主的，以及各级为政者，要想做到慧眼识才也不难，一是自己要正，包括人品正、观点正、作风正；二是眼睛要明，就是要有一定的识才经验和能力，不能"有眼不识泰山"、"有眼不识金镶玉"，或者鱼目混珠。

清代康熙四十年（1701 年）五月，康熙皇帝对大学士等人有一段训话，其中有这样几句："自古以来，帝王使用人才管理国家都靠大臣们举荐贤能"，"如果所举之人做官后都表现很好，那说明举荐的大臣是实心为国、公正无私的贤臣；如果所举之人做官后有的好有的坏，那说明举荐的大臣虽然一心为国，但识别人才的能力不够；如果所举之人做官后都是贪污受贿、徇私枉法之徒，那举荐的大臣就是严重玷污了做官为臣的道义。"③ 康熙皇帝认为，举荐贤能是每一个大臣的重要职责，从所举之人是好是坏，

① 见（晋）陈寿：《三国志》卷 14，《魏书·郭嘉传》。

② （元）张养浩：《三事忠告·风宪忠告》。转引自《中国官训经典·官经卷》，红旗出版社 1996 年版，第 57 页。

③ 《清圣祖实录》卷 204：（上曰）"自古帝王用人行政，皆赖大臣举荐贤良"，"倘所举之人居官皆善，此乃实心为国无私之贤臣也。所举有善有不善，此其心虽为国，特识鉴未到之故耳。若所举皆贪污行私，此则大玷为臣之义矣。"

就可看出举荐者是不是心正，是不是眼明。其中，心不正的人为害最大，他们所举之人皆不可用。

据陈登原的《国史旧闻》卷59讲，清代光绪朝发生过这样一件有趣的事：有个叫玉铭的木材商人，隶属内务府管辖，凭借跑关系走后门承包皇家工程，还贪污盗窃，因而拥有巨资。贪心之人总不知足，钱多了又想做官，玉铭于是捐了个道员的衔，在吏部等待选用，同时托李莲英的关系，拿出三十万两银子作为助修颐和园的经费。慈禧太后大喜，立即告诉光绪，让任命玉铭做四川盐茶道的道员（一个肥缺）。光绪看了玉铭的履历，召见玉铭，问道："你过去在何处当差？"玉铭回答："奴才一直在广顺。"光绪没听说过这么个地名，又问他。玉铭说："皇上不知广顺吗？广顺是西城第一大木材厂啊。奴才一向在那里做管事。"光绪冷笑说："这么说，你就是木材厂的掌柜了。生意挺好的，怎么忽然要弃商当官呢？"玉铭回答："听说四川盐茶道的收益要比木材厂好数倍呢！"光绪这时已非常愤怒，但还是强忍未发。于是又问："你能说国语吗？"（清朝统治者为满人，以满语为国语）玉铭回答说："不能。"又问："能写汉字吗？"玉铭结巴了半天，才说："能。"光绪把纸笔扔在地上，令一太监领他出去，于乾清宫台阶上默写履历。过了很长时间，才把卷子交上来，只见上面仅有"奴才玉铭，某旗人"几个字。字大如茶杯，还缺笔少画，歪歪扭扭，几乎辨认不出来，甚至连"玉铭"两个字也写得不像字。光绪大怒，立刻把他轰了出去。像这样一个只知赚钱的文盲商人，慈禧怎么看不出来，却安排他担任掌管盐茶专营的道员？原因不是别的，是这人捐出的助修颐和园的巨资起了作用。慈禧一心想住园子，谁捐钱修园子谁就是好人，谁就可以做官。所以，慈禧是心不正。心不正比眼不明更可怕！

当然，心正并不能代替眼明。不是说，只要一心为国选才，就一定能够选到贤才。对于每一个人来说，都有一个需要学习和积累识才办法和经验的过程。除此之外，也确实存在一个悟性问题，有人在看人的关键方面领会得快，掌握得准，确有慧心慧眼；有人眼拙，还坚持自己的看法，听不进不同意见。这两方面的表现，历史上都不乏其人。

战国时，赵国大将赵奢的儿子赵括，从小熟读兵书，因此只要一谈到怎样用兵，便引经据典，说得头头是道，连赵奢也难不住他。然而赵奢不认可自己的儿子，说他是“纸上谈兵”，一旦真的领兵打仗，一定是败军之将。秦昭王四十七年（公元前260年），秦军攻打赵国。这时赵奢已经去世，赵国大将廉颇率兵拒敌，采取固守的办法和秦军相持了四个多月。于是，秦王采用范雎的离间计，派人到赵国去散布谣言，说秦国最怕的就是让赵括当将军。赵王听信谣言，便要派赵括去代替廉颇领兵。蔺相如对赵王说：“您根据赵括的名声而用他带兵，就好像把琴上调音的柱子粘住再弹琴，是弹不出好听的声音来的。赵括只会背诵他父亲的兵书，但不会在战场上灵活运用啊！”赵王认定赵括是一定可以打败秦军的优秀将帅，根本听不进蔺相如的忠告。赵括的母亲也赶忙跑来对赵王说，赵括和他父亲很多表现都不一样，请求不要任命儿子为帅。赵王对此毫不在意。赵母又说，如果赵王一定要用赵括的话，他如果出了问题，不能判我老婆子连带获罪。赵王当即答应了赵母的要求，却很不以为然。赵括到了前线后，改变了廉颇的战法，结果一败涂地，赵军士兵被秦军活埋了四十万人，赵国从此一蹶不振。赵王起用赵括的心是真诚的，他就是急于找到一个能马上打败秦军的统帅。但是他眼不明，不会识才。最要命的是他听不进不同意见，赵奢明确说赵括不能带兵，蔺相如当面劝阻起用赵括，直到赵母用与儿子划清界限来警醒赵王，赵王仍置若罔闻，固执己见。像赵王这样的人，从古至今并不鲜见，这样的人永远都是眼不明，等待他们的只能是失败。

我们已多次提到，管仲是春秋时齐国的贤相。管仲之贤，不仅仅在于他个人有能力，更重要的是他有识才之能，有容人之量。他对齐桓公说："发展农业，我不如宁戚，请安排他担任田官；熟悉礼仪，我不如隰朋，请安排他担任大行；直言进谏，我不如东郭牙，请安排他担任谏臣；司法判案，我不如弦宁，请安排他担任大理；带兵打仗，我不如王子成甫，请安排他担任大司马。"管仲推荐的这五个人，都是当时齐国的顶级优秀人才。齐桓公按照管仲的要求一一作了安排。管仲自己有能力，但他没有单打独斗，而是深刻了解别人的长处，特别是别人超过自己的地方，然后将这些人安排到最能发挥特长的职位上，这样就能形成一个优势互补、结构合理、强大有力的领导集体。可以说，管仲的贤能，重要的不在于他本人有多大能力，而在于他能识才，能知人善任。所以，古人说："管仲能知人，桓公能任贤，所以九合诸侯，一匡天下（九次将各诸侯国的君主集中起来，使天下得到匡正，遵守一定秩序）。"①

唐太宗的周围之所以能聚集一大批能人贤士、文臣武将，首先在于他能识才，发现优秀人才必想方设法罗致身旁，对于大臣们的尺长寸短、特长缺点，了如指掌。贞观十八年（644年）八月的一天，唐太宗对大臣们说："人苦于不知道自己的过失，你们可以公开说说我的过失。"大臣们赶忙说："陛下的文治武功，我们看都看不过来，哪有什么过失可言啊？"（半是真话，半是拍

① （汉）刘向：《新序·杂事》。

马屁）太宗说："我本来是向大家询问我的过失，你们却变着法子恭维我。我可要当面列举你们的得失，以便大家引以为戒，加以改正。你们说如何？"（太宗会做工作）大家拜谢。于是，唐太宗一口气列举了八位大臣的优缺点，讲优点实事求是，讲缺点不遮不掩，比如说长孙无忌善避嫌疑，处理事情敏捷，决断得体，不亚于古贤；但领兵攻战，非其所长。再如说刘洎性格最为坚强不屈，这对国家当然有好处；但他重义气，爱许诺，难免为了朋友而害公事。① 唐太宗这样了解大臣，大臣在他面前自然用不着装模作样，只有兢兢业业，更加努力而已。

像唐太宗这样洞悉下属的优劣长短，叫知人。知人的领导，也就是有识才慧眼的领导。在很多场合，领导面对的并不是自己所熟悉的下属，而是新人，需要领导作出判断以决定录用或提拔，就好像现在国家机关录用公务员、企事业单位录用新职员一样。这种场合同样考验，甚至更加考验一个领导者有没有识才能力。

有史料载，明太祖朱元璋"选官慎重"。有一次他在便殿同时召见了三位儒生，问他们在家以何为业。第一位儒生回答说："我是务农的。"太祖便问他："你知道稻子和麦子的秸秆有何不同吗？"这个儒生回答说："稻子经三个季节而成熟，所以有三个节；麦子要经四个季节才成熟，故有四个节。"太祖说："这是个懂得种庄稼艰难的人，可选拔任用为知州。"第二位儒生回答说："我是从医的。"太祖于是问："你知道蜂蜜也有苦的，胆汁也有甜的吗？"该儒生回答说："蜜蜂采黄连花酿的蜜是苦的，猸猴因多食水果而胆汁是甜的。"太祖说："这是个能够研究物理变化的人，可选拔到太医院任太医。"第三个儒生说："我以教书为业。"

① 见（宋）司马光：《资治通鉴》卷197。

太祖问："你也有爱憎吗?"这位儒生回答说："我喜爱善良的人，憎恶不善的人。"太祖说："这是个懂道理、明是非的人，可选拔到国子监任助教。"① 朱元璋在这里是用面试谈话的方式考察人才，关键是他不搞那类对鉴别人才没多大用处的虚题套话，而善于抓住问题的根本，并根据考生对问题的具体回答，抽象出考生的一般品行和特长，第一位考生懂得稼穑艰难，第二位喜欢研究物理变化，第三位是非分明，据此就可以合理安排他们的工作。

在我们承认英明领导者慧眼识珠的同时，也不要对领导者"独具慧眼"而过分迷信。《明实录·太祖实录》有载：朱元璋有一次微服出行，了解民情，到一个酒店里喝酒时遇到一个国子监的学生。他问监生是哪里人，监生说："四川重庆人。"明太祖说："千里为重，重山重水重庆府。"监生应声对说："一人成大，大邦大国大明君。"太祖大喜，又举起一片垫桌子腿的木楔让他赋诗。监生吟道："寸木原从斧削成，每于低处立功名，他时若得台端用，定向人间治不平。"太祖叹赏。第二天召见该生，任命他为按察使。② 这个监生当了按察使以后干得如何，我们不得而知，即使称职，朱元璋这种录用办法也不足取，这跟上一个例子有所不同。上一个例子是，有关部门从各地选拔出来的儒生，最后经皇帝验看敲定和安排职位。而这一次是皇帝微服私访，在酒店偶遇监生，仅凭一对一诗就加以重用，虽说能看出这个监生有文采、有抱负，但其他情况都不了解。按照规定，监生学习期满，通过考试加考核，由吏部拟定职位，报皇帝批准，最好的结果也就是安排县级官员，而朱元璋没等他毕业，一下子就任命他

① （清）梁维枢：《玉剑尊闻·赏誉》："太祖选官慎重。三儒者同赴召，见于便殿……"（以下略）。

② 高自龙主编：《资政史鉴·用人卷》，人民出版社 1998 年版，第 640 页。

为按察使这样一个主管一省司法的副省级官员。也只有皇帝，才有这样不受约束的用人特权。

总而言之，识别人才是一个领导者，特别是高级领导者的应备素质；另外，即使是有识才慧眼的领导者，也应遵守任用程序，这样才能较好地保证任用质量，减少失误。

第三节　全面看人　看大节略小过

明代有一部有名的现实主义小说叫《警世通言》，其中第四卷是《拗相公饮恨半山堂》，讲的是王安石的故事。对于王安石变法的是非功过，自有专家评价，不可轻信小说家的杜撰。在此，我们只说开篇部分的论述使人很受启发。开篇先引了一首唐诗："周公恐惧流言日，王莽谦恭下士时。假使当年身先死，一生真伪有谁知！"当年周公辅佐年幼的周成王时，曾经遭人流言陷害，被迫辞去相位，终日心怀恐惧。如果他这时死了，人们肯定说他是一个企图篡位的坏人，幸亏后来真相大白，周公又重回相位，保驾周王室危而复安。汉平帝的舅舅王莽当丞相时，为了笼络人心，表现得公道正派，礼贤下士，受到广泛赞誉。如果这时他死了，人们一定说他是一个贤相。可是等到他大权在握，羽翼丰满，便毒死平帝，自立为皇帝。所以，小说开篇的末尾说出了这样一句很有水平的话：评价一个人，"不可以一时之誉，断其为君子；不可以一时之谤，断其为小人"。用今天的话说，就是评价一个人，不能看他的一时一事，要看他的全部历史和一贯表现。

清代乾隆朝的张照，曾任内阁学士、刑部尚书。按他的级别，应将他的生平事迹编入官修的《一统志》。可是张照曾坐过监狱，并在狱中写过对朝廷不满的诗句。因为这些，编志的人就不敢将他列入《一统志》，乾隆皇帝为此事专门讲了一大段话，大意是：张照过去在办理贵州苗疆事务上有罪，在狱中又对我心生“怨恨”，这确实不是大臣应有的“公忠体国”的态度。但我考虑到张照“系可用之材”，所以把他从监狱里放出来，不几年就将他由内阁学士提升到刑部尚书。我对张照是有始有终，不因他犯过错误就摒弃不用。即使将来的国史也应载入他的生平事迹，现在的《一统志》就更不应该没有他的名字了，这才是“瑕瑜不掩，公论自在”。[①] 作为一个封建皇帝，能够比较客观地对待一个大臣一生的是非功过，不因其曾有过错，特别是曾经“怨恨”过自己而加以排斥，尚能做到功过分明，瑕不掩瑜，也算是难能可贵了。

古语说：“金无足赤，人无完人。”又说：“人非圣贤，孰能无过。”一般而言，每个人都有自己的长处和短处，人的一生也总有成绩和不足，有功劳和过错。这些是非功过、优劣短长，有时复杂交错，常常弄得领导者眼迷心乱，说不清自己面对的人究竟是贤是愚，该不该用。看人确实有个方法问题，而掌握方法要有一定智慧。

春秋时期，晋平公有一次在西河乘船游玩。船到中游，他忽然叹气说：“唉，怎么样才能得到真正的贤士与我共同享受这种快乐呢?”船夫固桑上前说：“您现在如果真的喜欢人才的话，那贤士就会到来的。”晋平公说：“固桑啊，我的门下有食客三千多人，如果早晨的食物不足了，下午我就到市场上收租；晚上的食物不足，我早晨就到市场上收租。我都这样做了，还能说我不喜欢人才吗?”固桑回答说：“鸿鹄能够高飞冲天，然而它所依靠的只是翅膀上粗壮的翎毛。至于它肚皮下和后背上的毛，增加或减

① 见《清史列传·张照传》。

少一把，不会影响飞得高低。不知您的食客们，是翅翎还是腹背上的细毛呢?”晋平公听后没有再说什么。[①] 应该说，这个船夫水平很高，他道出了一个看人看事的基本方法，那就是要分清主次，看实质、看关键、看主流。就如同现在各地争相引进人才，有的领导者实事求是，不求数量重质量，引进的都是能在事业腾飞中发挥“翅翎”作用的人才，效果当然就好；有的领导者却是只图个“重视人才”的虚名，不管实际需要，只要是外来的就行，结果有的用不上，有的缺乏真才实学，只能充数而已。

对一个团队，需要分清主次，注意发现、培养、保护骨干人才。因为，只有稳定和重用骨干人才，才能使他们真正发挥“翎翅”作用，带动整个单位、整个事业腾飞；也只有稳定和重用骨干人才，才能培养出更多优秀人才，带出一支好队伍。如果是看一个人，那同样需要分清主次，看主流，看大节；大节不亏，就可以根据才能大胆使用。对于小节问题要具体问题具体分析，有些属于过失性的小错误，要相信人家过而能改，自己能教育自己；有些属于品行有亏的问题，可以采取适当方式给予提醒、教育和引导，但不能以小过而掩大德，对人才全盘否定，弃而不用。

汉高祖刘邦有个孙子叫刘安，承袭父亲的封号为淮南王，召集了一大批人著《淮南子》一书，其中在《汜论训》一篇中说道：“现在有些君主在评论他的臣子时，不考虑他们的大功，不看他们总的表现，而专看他们在细小问题上是不是做得好，这是一种失去优秀人才的做法。所以，‘人有厚德，无问其小节’。享有盛誉的人，就不要挑剔他细小的过错……人总是有缺点和短处

---

① （汉）刘向：《新序·杂事》：“晋平公浮西河，中流而叹曰：‘嗟乎，安得贤士与共此乐者！’……（船人）固桑对曰：‘今夫鸿鹄高飞冲天，然其所恃者六翮耳。夫腹下之毳，背上之毛，增去一把，飞不为高下。’……”

的，这是人之常情，我们只要看他大的表现就可以了；虽有小的过失，也没有什么妨碍。若是大的方面不好，县有小的善行，也不能提拔重用。”①

历史上有很多重大节而略小节的看人用人实例。

宁戚是管仲临死时向齐桓公推荐接替自己担任国相的贤人，他本是卫国人，听说齐桓公招揽贤士，便投奔齐国并设法见到了齐桓公。第一次见面，宁戚向齐桓公讲述了能使国内团结强大的计策；第二天再见面，又向桓公讲述了称霸天下的计策。齐桓公非常高兴，打算马上任命宁戚。这时群臣提出反对意见，说：“这位客人是卫国人，离齐国只有五百里，路不算远，不如派人先去了解一下，如果确实是个贤人，再任用也不晚啊。”齐桓公说：“不是这样，去了解他，是恐怕他有什么小毛病。然而因为人才有小毛病，就忘了他的大优点，这正是国君丧失天下贤才的普遍原因啊。再说，人本来就很难做到十全十美，只能是用其所长罢了。”② 于是即刻起用宁戚并加以重用，授他为卿大夫。看来齐桓公懂得看人看大节、不可求全责备的道理，他已确信宁戚是一个不可多得的人才，担心发现小毛病会动摇他的任命决心。有人或许说：齐桓公的做法是不对的，不考察历史怎能任命？其实这要分析。第一，这个故事主要是说明，对于人才不能以小毛病否定大优点，应注意看大节。第二，考察也要抓重点，特殊历史

① （汉）刘安：《淮南子·汜论训》：“今人君论其臣也，不计其大功，总其略行，而求其小善，则失贤之数也。故人有厚德，无问其小节；而有大誉，无疵其小故……夫人之情，莫不有所短，诚其大略是也。虽有小过，不足以为累。若其大略非也，虽有闾里之行，未足大举。”

② （汉）刘向：《新序·杂事》：“桓公曰：‘不然。问之恐其有小恶；以其小恶，忘人之大美，此人主所以失天下之士也。且人固难全，权用其长矣。’遂举，大用之，而授之以为卿。”

条件下更不应面面俱到。齐桓公已经与之交谈两天，这本身就是一种重要的考察。在当时各诸侯国激烈争夺人才的时候，如果按部就班、磨磨蹭蹭，甚至面对宁戚表现出犹豫怀疑，很可能就会与优秀人才失之交臂。所以，齐桓公是对的。

三国时东吴的国君孙权，有一次与大将陆逊谈论周瑜、鲁肃和吕蒙，其中在谈到鲁肃时，孙权是这样说的：周瑜将鲁肃推荐给我，我和鲁肃一交谈，他便谈出了建立帝王之业的重大方略，这是我生平的一大快事。后来曹操收降了荆州的刘琮，更加壮大了自己的势力，扬言要统帅数十万大军，水陆并进，攻下江南。我请来全部文臣武将，咨询应该采取的对策，开始没有一个人能回答出合适的办法。当我问到张昭、秦松时，他们都说应该派遣使节带上我的书信去投降曹操。鲁肃当即驳斥，认为不可，劝我马上把周瑜召来，把军队交给他指挥，逆江而上击败曹操。这是我生平第二快事。而且鲁肃谋划计策，其眼光远远超过了古代的苏秦和张仪。后来虽然他劝我将荆州借给刘备，这是他的一个短处，但是这一短处不足以否定他的两个长处。圣人周公从来不对人求全责备，所以我对鲁肃是‘忘其短而贵其长’，常常将他比作东汉光武帝刘秀的大功臣邓禹。”①

宋太宗赵光义想任命吕端当宰相，有人提出不同意见说：“（吕）端为人糊涂。”太宗不以为然，说：“（吕）端小事糊涂，大事不糊涂。”结果，吕端担任宰相后，“为相持重，识大体，以清简为务”，非常称职。有一件事很能说明“吕端大事不糊涂”。西夏的首领李继迁带兵侵扰宋西部边境，保安军抓获了他的母亲。太宗召枢密副使寇准商量，打算杀了李母，以此惩戒李继迁的叛

---

① 见（晋）陈寿：《三国志》卷54，《吴书·周瑜鲁肃吕蒙传》。

逆行为。吕端知道后，马上进见太宗说："从前项羽抓住刘邦的父亲太公，要烹了他，以此来要挟刘邦，而刘邦却说：'你要烹的话，希望分给我一杯肉汤。'凡是图谋天下大事的人都不顾及自己的亲人，更何况李继迁这种叛逆之人呢？陛下今日杀了他母亲，明日能抓住他吗？若抓不住，那就是白白地与李继迁结下仇怨，更加坚定了他的反叛决心。"太宗问："那该怎么办呢？"吕端说："以我的愚见，可以把她安置在延州，派人养护起来，以此来招降李继迁，他虽不会马上降，终究可以牵住他的心，而他母亲的生死命运掌握在我们手中。"太宗拍着大腿叫好说："如果不是你提醒，几乎误了我的大事。"于是用了吕端的计策。李母后来病死在延州，李继迁不久也死了，李继迁的儿子最终纳贡归顺了宋朝，史书说"这是吕端的功劳"。[①] 由此可见，吕端在军国大计上表现得确实是卓尔不群，这也就证明宋太宗只注意"大事不糊涂"而忽略"小事糊涂"的看人方法是正确的。

以上几个实例表现了古人在看人方面的智慧：看人主要是看其在大德、大节、大功、大事上的表现，而在小节、小事上的表现有时可以忽略不计。若将这些思想用一句话来表示，就是毛泽东同志所概括的："观人观大节，略小故。"[②] 这也就是我们平常说的，看人要"看大节，略小节"。

那么，什么是大节，什么是小节呢？这需要"具体问题，具体分析"，要具体看表现的性质（在哪些方面的表现）、表现的程度（是突出还是一般，是严重还是轻微）以及当时的用人环境（是战争时期还是和平时期）等。

---

① 见（元）脱脱等：《宋史》卷281，《吕端传》。

② 中共中央文献研究室编：《毛泽东读文史古籍批语集》，中央文献出版社1993年版，第291页，毛泽东读司马光《资治通鉴》卷67《汉纪》的批语。

一般来说，古代凡属大节问题都涉及儒家思想在做人、做官方面的基本要求。如做人是否诚实守信，是否行为端正，是否善恶分明等，即在仁、义、礼、智、信各方面表现如何；做官还要加上在忠君、爱国、爱民以及清正廉洁等方面的表现，如唐朝在考核官员时突出强调在德政、清廉、公平、勤政四方面的要求。① 一些不属于做人做官基本要求的缺点过错，一般也就属于小节问题了。

同属于一个方面的问题，大小程度不同，有的严重，有的轻微，有的属于一贯，有的纯属偶然，也会决定是大节还是小节的划分。孔子的孙子叫子思，他客居卫国时，向卫君推荐苟变说："这个人的才能可统帅五百辆战车作战，您可以任命他做军队统帅，得到这个人就可以无敌于天下啦。"卫君说："我知道这个人是个将才，然而他曾当过小吏，有一次向百姓征税时吃了人家两个鸡蛋，因这个原因没有用他。"子思说："圣明的君主用人，就好像高明的木匠使用木材一样，'取其所长，弃其所短'。所以，两手合抱那么粗的名贵木材，虽有数尺腐朽的地方，好木匠也不会抛弃它的，为什么？因为知道无用的只是很少的一部分，用它最终可以做成无价的器物。现在国君您处在战国之世，在选用猛将勇士的时候，却因为能够御敌保国的将才吃过人家两个鸡蛋就抛弃，这样的事可千万不要传到邻国去，以免传为笑谈。"卫君听后连拜两次，说："感谢您的教诲!"② 看来，卫君很注意廉政

① （宋）欧阳修等：《新唐书》卷46，《百官一》："（四善是）一曰德义有闻，二曰清慎明著，三曰公平可称，四曰恪勤匪懈。"

② （汉）孔鲋：《孔从子·居卫》："子思居卫，言苟变于卫君曰：'其材可将五百乘，君任军旅率，得此人则无敌于天下矣。'卫君曰：'吾知其材可将，然变也，尝为吏，赋于民而食人二鸡子，以故弗用也。'子思曰：'夫圣人之官人，犹大匠之用木也，取其所长，弃其所短，故杞梓连抱而有数尺之朽，良工不弃，何也？知其所妨者细也，卒成不訾之器。今君处战国之世，选爪牙之士，而以二卵弃干城之将，此不可使闻于邻国者也。'卫君再拜曰：'谨受教矣。'"

问题，但他不懂大节与小节的区别。在征税的时候吃了纳税人两个鸡蛋，严格说起来是不够廉洁，但这与贪污受贿行为有着本质区别，因为这个事很小，又非一贯，因而明显属于小节问题，尤其是放在这个不可多得的将帅之才身上，只是白璧微瑕而已。

有时用人环境的不同，也会影响大节与小节的划分。一般来说，和平年代对人才的要求会更加全面严格，对于大节、小节的界限往往有偏严的倾向；而战争年代出于战争形势的考虑和争夺人才的需要，对有特殊作用或特殊才能的人往往从宽，将介于大节、小节之间的问题归入小节，甚至有时候将某些比较严重的问题视同小节处理。像前面提到过的，陈平“盗嫂受金”，刘邦并不认为这是什么了不起的大事，对陈平照旧予以重用。历史上类似的例子并不鲜见。三国时期，诸葛亮对有关问题的认识和处理方法就给后人留下了有益的启示。据《资治通鉴》卷六十七载，法正原来依附益州牧刘璋，后为刘备献策攻取蜀地，得到刘备重用，任蜀郡太守、尚书令等职。法正这个人心眼很小，恩怨必报，“一餐之德、睚眦之怨，无不报复”，对过去曾经诋毁伤害过他的人，他已擅自杀了数人。于是有人劝诸葛亮向刘备报告，制止法正的专横。而诸葛亮善于从大局出发考虑问题，指出当时刘备所处的“北畏曹操之强，东惧孙权之逼”等的不利环境，以及法正的重要作用，认为法正就像“辅翼”一样辅佐刘备“翱翔”，这时怎能因为小的过错而让法正感到自己的权力受到限制、已不被信任呢？毛泽东同志正是看到这里，才写下了重要批语“观人观大节，略小节”，并在诸葛亮分析当时不利形势的几句话旁边划了粗线。[①] 这说明毛泽东同志同意诸葛亮的看法，同意要根据环

① 见《毛泽东阅点资治通鉴》第 3 册，中国档案出版社 1998 年版，第 2131 页。

境来衡量大节和小节问题。当然不能说环境决定大节与小节的划分，但应承认环境对于大节、小节的划分有一定的甚至相当大的影响。如果在和平年代，为泄私愤擅杀数人恐怕就不是什么小节问题了。

由此可见，在区分大节、小节问题上，古人同样表现出了高度的智慧，他们并没有为大小之分划出一个或若干固定的杠杠，而是具体问题具体分析，多角度看问题，不但看在哪些方面发生过错，分清问题的性质；要根据当事人的全面情况，在相对比较中区分大小；还要联系具体环境，结合不同背景区别对待。这完全是辩证的方法。

第四节 识别人才重考察

识别人才不是一件简单的事，这不仅仅是因为有的人口是心非，善于伪装；还在于，即使是真实的表现，有时也会令人难以判断是好是坏。清代康熙皇帝曾说："世人的秉性，什么样的没有？有一类特别拗性的人，大家都认为好的，他偏说不好；大家都认为是对的，他偏说是错。这种人看上去似乎忠诚正直，如果真的重用了他们，必然坏事。所以古人说：'喜好人们所厌恶的，厌恶人们所喜好的，这就叫执拗逆反的性格，灾祸必定缠身'，说的就是这种人。"① 康熙皇帝这段话对我们很有启发，因为在现实生活中也常常有这种判断失误，错以拗性为正直的情况。同时

① （清）康熙帝：《庭训格言》："训曰：'世人秉性何等无之，有一等拗性人，人以为好者，彼以为不好；人以为是者，彼反以为非。此等人似乎忠直，如或用之，必然偾事。故古人云'好人之所恶，恶人之所好，是谓拂人之性，灾必逮夫身'者，此等人之谓也。"

这段话还启发我们，做人做事不要持逆反心理，凡事要讲究一个是非曲直，对的坚持，错的反对。

对于辨识人才之难，古人多有论述。其中，元代人胡祗论述较为全面。他说："辨识人才最为困难，因为有些事情往往似是而非。有人刚直、开朗，看上去像是说话刻薄不留情面；有人柔和、懦弱，看上去像是忠厚老实；有人廉洁守法、坚持原则，看上去像是保守固执；有人头脑清楚而拙于言辞，看上去像是无能；有人并无真才实学而能言善辩，看上去像是很有才能；有人头脑迟钝、不学无术，看上去像是城府很深；有人总爱攻击、诽谤别人，看上去像是端方正直；有人对人比较厚道、隐恶扬善，看上去像是讨好拉拢别人。一一考究起来，似是而非，似非而是，人才的优劣真伪，往往混淆不清，难以辨识。"① 这里共讲了辨识人才中容易混淆的八种表现，有力地说明了辨识人才之难。

辨识人才不容易，那么古人是如何辨识人才的呢？我们先举两个例子：上古时期一例，封建社会末期的清代一例。

尧是传说中古代历史上的一位圣明帝王。据《史记·五帝本纪》载，尧在晚年为选拔接班人曾广泛征求意见，他身边的人给他推荐了几个，他都认为不行，尤其是有人推荐了尧的儿子丹朱，尧坚决反对，说他是一个"顽凶"，不能用。可见尧对选拔接班人有明确的标准，并坚持原则，他决心要找到一位能真正为老百姓办事的人。大家推荐了生活在民间的舜，尧说自己也听说舜的品德很好，但也不能盲目地用，"我要考验考验他"（"吾其试

① （元）胡祗：《紫山大全集》卷20："辨人材最为难，盖事有似是而非者：刚直开朗似刻薄，柔媚疲软似忠厚，廉介有守者似褊隘，言讷识明者似无能，辨博无实者似有材，迟钝无学者似渊深，攻讦谤讪者似端直，掩恶扬善者似阿比。一一较之，似是而非，似非而是，人材优劣真伪，每混淆莫之能辨也。"

哉”)。尧是怎么考验舜的呢?他采取了五项措施:第一,尧把两个女儿嫁给舜,通过她们来观察舜的品德(尧为了考察接班人,真是下了本钱),结果舜处置得当;第二,让舜在百姓中推行五教(即父义、母慈、兄友、弟恭、子孝),百姓都能遵从;第三,让舜承担各种管理工作,结果各项管理都井井有条;第四,让舜到四门主持接待宾客的事,结果四门的接待工作都搞得很好,来朝贡的诸侯和远方客人对舜很敬重;第五,尧又让舜到山林大泽之中去办事,正遇上狂风暴雨,舜仍然镇定前行,不慌张迷乱。经过这些考验,尧认为舜是圣人,于是召见舜说:“你考虑事情周到细致,而且很有成绩,已经三年了,你登帝位吧。”我们可以看到,尧采取的这五项考验措施,除了把女儿嫁给舜之外,其他几项都是我们现在所熟悉的通过实践进行考察的办法,让舜经过多个岗位的锻炼,并到艰苦地区接受了考验。

当然,尧所考察的是接班人,是未来的天子人选,需要多方考察,慎之又慎。如果是选拔一般人才,也就用不着这样费时费力,但也应该采取实践考察的办法。清朝大臣赵尔巽,历任按察使、布政使、巡抚、户部尚书、湖广总督、四川总督等职。在他刚到四川担任总督时,为整顿官员队伍,对县级官员进行了一次考察,在官员进见时,每八人分成一组,从书架上随机抽取几份公文,发给他们批答,以此观察他们的才识能力。办法虽简单,然而闹笑话的人却很多。另有一次,某县令来拜见,刚坐定,赵尔巽就给他一份呈报来的文件,并说自己连日事多,此件很久没有处理,今天正好县令你来了,借重你的大才,代我写个批语吧。这个县令拿着文件反复审看,很久也没有写出一句批语,脸上的汗却像雨点一样落下来。这个县令与总督府的一个文书是旧友,这个文书抽了一个机会将“遵式另呈”四个字递给他,让他抄上，县令这才敷衍搪塞过去，然而他在仓促之间，还是把“式”字误写为“示”字了。又有一个县令，以颇有才能闻名，有一次因有事来省城拜见赵尔巽。赵尔巽对他说：“久仰您的才名，但听有人说您不识字，我想这不会的。这里有一卷书，请您选择一部分加上标点，把句子断开。”县令推辞说自己近视，上车时又忘了带眼镜。赵尔巽马上说：“这事好办。”立即叫仆人买来好几副眼镜，让县令自己选择一副。县令惊慌失措，只是举着笔装样子。赵尔巽大笑说：“你这才真正是‘文不加点’，名不虚传啊(文不加点，原意是写文章一气呵成，没有一点涂改。这里是讽刺县令一个标点也写不出来)！然而哪有不学无术而可以做官的呢？你赶快回去写一份告长假休养的申请来，免得被罢免而失去官员身份。”县令无地自容地退了出去。① 通过这些故事，我们看到赵尔巽辨识官员是否合格的办法并不深奥，就是通过实际考察。

通过实际考察、实践检验来辨识人才，而不是单凭主观印象，更不凭道听途说或者请托介绍，这是古人辨识人才的基本方法。许多古代政治家、思想家对此都有明确的论述。

管仲认为：对一个人，“仔细察看他喜欢什么、讨厌什么，那么他的优点和缺点就可以知道了；观察他与之交往的都是些什么人，那么他这个人是好是坏，也就很清楚了”②。

元代张养浩，是个有名的宰相。他讲：“皇帝的职责，没有比选择宰相更重要的了；宰相的职责，没有比任用贤才更重要的了。然而怎么才能知道一个人贤不贤呢？询问众人就可以知道，

---

① 见（清）李伯元：《南亭笔记》卷9（原文略）。

② （先秦）《管子·权修》：“审其所好恶，则其长短可知也；观其交游，则其贤不肖可察也。”

观察他的所作所为就可以知道，看他举荐什么人就可以知道。”①

古人关于通过实际考察来识别人才的论述，即使今天读来，仍大受启发。比如，我们现在考察干部，有一条“群众公认”原则。这条原则无疑是坚持了实际考察的观点，因为只有到群众中去考察，才能知道群众是否公认。值得提出的是，古代的一些思想家、政治家也主张群众公认原则，尽管他们的用语习惯与现在有所差别。一说古代也有人主张群众公认原则，可能有人会觉得好笑，认为这是不可能的。其实，现代思想是从古代思想继承、批判、发展而来的，并不是到了一个新时代，过去的思想就会突然消失，又从天上“打包”掉下一捆新思想来。新思想都能从过去找出它的源头、端倪、半成品来，甚至有的内容并没有因时代变迁而过时，尤其是在中国这类文明古国的国度里。读读古人的有关论述，对加深理解现在的观点和思想，无疑大有裨益。

古人为什么重视群众意见，因为他们也懂得“公论”和“私意”的区别。朱元璋就说过：“众人都憎恶的人，即使当领导的一人喜欢他，但他未必是好人；众人都喜欢的人，即使当领导的一人讨厌他，但他未必坏。因为‘出于众人为公论，出于一人为私意’。”② 由此可见，说古人也主张群众公认原则并非虚言。

《论语》里说，有一次子贡问孔子：“乡里的人都喜欢他，这个人怎么样？”孔子说：“还不行。”子贡又问：“乡里的人都厌恶他，这个人怎么样？”孔子回答道：“还不行。最好是乡里的好人

---

① （元）张养浩：《三事忠告·庙堂忠告·用贤第二》：“天子之职，莫重择相；宰相之职，莫重用贤。然则何以知其贤：询诸人则知之，察其行则知之，观所举则知之。”

② 《明太祖实录》卷135：“众人恶之，一人悦之，未必正也；众人悦之，一人恶之，未必邪也。盖出于众人为公论，出于一人为私意。”

都喜欢他，乡里的坏人都厌恶他。”① 这就是分析的观点，光说“群众”不行，要分析是什么样的群众。这还不够，孔子又说：“众人厌恶他，一定要去考察；众人喜欢他，也一定要去考察。”②就是说，即使事先听到了群众意见，也不能代替实际考察。因为只有通过实际考察，才能知道事先听到的群众意见是否真实；是哪些群众喜欢他，哪些群众厌恶他；大家为什么喜欢他或者是厌恶他。

孟子对孔子的思想在继承基础上又有所发展，话说得更清楚一些，文字也比较好懂，原话是这样的：“左右（跟前的人）皆曰贤，未可也；诸大夫（上层人士）皆曰贤，未可也；国人皆曰贤，然后察之；见贤焉（发现真的好），然后用之。左右皆曰不可，勿听；诸大夫皆曰不可，勿听；国人皆曰不可，然后察之；见不可焉，然后去之。”③ 孔孟的这些论述涉及两个用人原则：第一，“国人皆曰贤”，这是群众公认原则，其中对“群众”要作分析，光是领导者身边的人不行，光是领导干部也不行，应包括广大人民群众；第二，全面考察（考核）原则，孔、孟都强调，弄清了群众意见之后，还必须进行实际考察，只有通过全面考察，才能了解一个人的全面情况，决定用与不用。

明代的米国桢继承并进一步发挥了孔孟的观点，明确提出“察吏于民”。他说：“老百姓虽然愚钝没有文化，但英明的君主在选拔官吏时，必定要使百姓参与其事。凡是士人和普通百姓称赞说好的人，英明的君主就加以考察，如证明他确实得到了百姓的信任拥护，就提拔重用。凡是士人和普通百姓对他感到苦恼的

① （先秦）《论语·子路》：“子贡问曰：‘乡人皆好之，何如？’子曰：‘未可也。’‘乡人皆恶之，何如？’子曰：‘未可也。不如乡人之善者好之，其不善者恶之。’”

② （先秦）《论语·卫灵公篇》：“子曰：‘众恶之，必察焉；众好之，必察焉。’”

③ （先秦）《孟子·梁惠王章句下》。

人，明主也要加以考察，如证实了百姓都说他不好，就将他降职或罢免。所以仁义之君选用官吏决不会草率胡来，必然要得到百姓的赞成，然后加以任用，这便是百姓和君主的一唱一和。所以，了解百姓的意见，是选拔官吏的必经程序，先要‘察吏于民’，然后再予选拔或降免。”① 米国桢这段“察吏于民”的话有两个要点：一是应当把了解百姓意见作为选拔任用官吏的必经程序；二是要把百姓赞成不赞成作为对官吏提拔重用或者降职罢免的基本依据。这些思想，即使在今天看来也是颇具深度的。

古人除了提倡在实际考察中重视群众意见外，还提倡在实际考察中重视人在自然状态下基本品质的表现。有书载宋太祖赵匡胤识人的两则故事，很具有启发意义。赵匡胤还没当皇帝时，是周世宗手下的大将。当时曹彬是周世宗的亲信官员，掌管宫廷里的茶酒。有一次赵匡胤向曹彬讨酒喝，曹彬说：“这是公家的酒，不能给你喝。”然后自己买酒给赵匡胤喝。赵匡胤当了皇帝后，对群臣说：“世宗手下的官吏不欺骗主子的，只有曹彬一人啊。”宋太祖由此将曹彬视为自己的心腹。

再一个故事，赵匡胤带兵打下滁州，周世宗派窦仪去登记滁州原来官府库藏的财物。过了几天，赵匡胤派亲信来取些库藏的丝绢。窦仪说：“您刚打下滁州时，就是把库藏的东西全拿走，谁又敢说什么呢？现在既已登记在册，就是官家的东西了，没有皇帝的指示是拿不走的。”赵匡胤当皇帝后多次称赞窦仪坚持原则。②

① （明）米国桢：《大政下篇》：“故夫民者虽愚也，明上选吏焉，必使民与焉。故士民誉之，则明上察之，见归而举之。故士民苦之，则明上察之，见非而去之。故王者取吏不妄，必使民唱，然后和之。故夫民者，吏之程也，察吏于民，然后随之。”

② 见（明）冯梦龙：《智囊·上智部》（原文略）。

赵匡胤握有兵权，又有那么大功劳，想喝点官家的酒，要一点自己破城缴获的丝绢，曹彬、窦仪竟然不给，这事如果放在一般人身上，很可能就会对曹、窦两人耿耿于怀，甚至怀恨在心。可赵匡胤是心怀大志的人，他不但不记恨他们，还通过两人的自然表现，看到了他们忠于职守、公私分明、坚持原则、不徇私情的优良品质。从识才的角度来看，赵匡胤发现曹彬、窦仪这两个人才，并不是在他当皇帝之后通过正规考察发现的，而是在当皇帝之前与两人没有隶属关系时，通过一般交往发现的。这样的发现无疑更加真实。

司马光在不计个人恩怨，注重看人品质方面，也有一段佳话。司马光在宋哲宗元祐年间出任宰相时，推荐刘器之担任馆长（没说是什么馆，但肯定是提拔），他对刘器之说："你知道我为什么推荐你吗?" 刘回答说："因为我跟您是老朋友吧。" 司马光说："不是的。我没做官在家闲居时，你每逢过节都来问候，从未间断；但我当了宰相以后，人们都来问候，却只有你连封书信都没有。这就是我推荐你的原因啊。"① 刘器之在司马光未发达时，与之交往不断；司马光有权有势时，他却悄悄地躲到一边去了。这说明刘器之与司马光交往不是为了"利"，而是出于朋友的"义"。不趋炎附势的人更值得信任。从识才角度看，司马光是通过日常观察，特别是通过对刘器之前后两种表现进行比较，发现了刘器之的人品高尚。

从以上古人的叙述中，我们至少可以概括出四点深刻而有益的观点：

---

① （宋）邵伯温：《邵氏闻见录》卷 13："温公入相元祐，荐器之为馆职……公曰：'……某闲居，足下时节闻讯不绝，某位政府，足下独无书，此某之所以相荐也。'"

其一，辨识人才要重视实际考察，而不是根据个人恩怨好恶主观臆断，也不是根据道听途说的毁誉之言。其二，在实际考察中要重视群众意见。其三，在重视群众意见的同时，对“群众”要有一定分析。其四，识别人才，不但要重视有组织的集中考察，也要重视随时随地的观察。

第五节　古人识才之法面面观

古人都说辨识人才不易。越是难的东西，就越是能激发人们去探索，力求拿出一套行之有效的万灵妙方来；越是难的东西，人们就越是不满意已有的方法，还要继续补充提出新的方法，力求更加完善，此所谓不一而足。但不管后来的多么完善，人们都得承认最先提出者的伟大，更何况有的后辈还走偏了路子，其成果根本就不如前人呢！

下面我们就列举一系列古人的识人“妙方”。由于这些“妙方”原话大都铿锵有力，朗朗上口，有一定欣赏价值，因此我们采取录其原文，随后加以解释的办法，这样能使读者先欣赏其妙语连珠，然后再细思其实际价值究竟如何，更有利于对其进行比较、分析和评论。

孔子是这样说的：“视其所以，观其所由，察其所安。”① 视其所以，就是观察一个人的所作所为，即看他干什么；观其所由，就是观察他做事所采取的方式方法，即看他怎么干；察其所安，就是观察他对什么事安心，对什么事不安心，即看他的思想境界、志趣爱好如何，有无理想信念等。孔子认为，只要考察清楚这三

① （先秦）《论语·为政篇》。

项，对这个人就都看清楚了，“他还能隐藏得住吗”（“人焉廋哉”）？

与孔子同时代的晏婴有一番更进一步的论述。晏婴是春秋时齐国的大夫，后人依托并采缀他的言行编成《晏子春秋》。据该书载，有一次齐景公与晏子谈论如何识别人才的问题。晏子说：君主不能只凭个人的华丽辩辞来判断人的品行，也不能只凭旁人的称赞或非议来判断人的一生。应该是，“通则视其所举，穷则视其所不为，富则视其所分，贫则视其所不取。夫上士，难进而易退也；其次，易进而易退也；其下，易进而难退也”，根据这几条选用人才就可以了。① 意思是说，对仕途亨达者要看他举荐些什么人；对不得志者要看他不做哪些事；对富有者要看他怎么分配使用财产；对贫穷者要看他不肯拿哪些东西。如果是上等的士人，请他来做官比较难，而辞退他很容易；中等的士人，请他做官比较容易，辞退他也比较容易；下等的士人，让他做官很容易，而辞退他可就难啦！

战国时的魏文侯，有一次就选谁当国相的问题向李克请教。李克不直接说谁可以当国相，而说出一套看人的办法，让魏文侯自己去决定。李克说：“居视其所亲，富视其所与，达视其所举，穷视其所不为，贫视其所不取，五者足以定之矣。”② 仔细看来，李克基本上是学晏婴的，只是多了一项“居视其所亲”，即平日里看他与什么人亲近。

孔子讲了三项，晏婴讲了四项，李克讲了五项，而且都说按照自己这一套识别方法就足够了。究竟谁讲得比较全面呢？这需要结合实际进行分析。孔子虽然只讲了三项，但这三项是同时针对一个

① （先秦）《晏子春秋·内篇》。

② （汉）司马迁：《史记》卷44，《魏世家》。

人的，看一个人干什么、怎么干，他有什么志趣爱好。晏子和李克多讲了一两项，初听似乎更加复杂细致，其实那不是同时考察一个人的，因为一个人不能同时既“达”又“穷”，既“富”又“贫”。他们的方法可作两种理解。第一种理解是，这是针对不同人的，比如一个人“达”，那就看他推荐什么人；最多他同时也是“富”的，那就再看他帮助什么人，其他对他就不适用了。第二种理解是，这是针对一个人的不同时期的，比如某人现在是富的，那就还要考察他过去贫时的表现，这无疑增加了考察的时间跨度和难度。这样看起来，还是孔子的方法更全面和实在一些。

孔子、晏婴、李克，都是先秦时代的名人。他们所讲的识别人才方法，对后世影响很大，很多人以此为基础，使用类似的叙述方法，加以发挥，演绎出一个又一个的识才之法。

战国末期的吕不韦，召集门客编写了一本《吕氏春秋》，其中《季春纪·论人》篇讲了品评人才的“八观六验”之法：“凡论人，通则观其所礼，贵则观其所进，富则观其所养，听则观其所行，止则观其所好，习则观其所言，穷则观其所不受，贱则观其所不为；喜之以验其守，乐之以验其僻，怒之以验其节，惧之以验其特，哀之以验其人，苦之以验其志。八观六验，此贤主之所以论人也。”虚虚实实共列举了十四种验人之法。“八观”中的通、贵、富、穷、贱几种情况与前面讲过的几种看人方法基本类似，另外又加了几项，包括在“听”（处理公事时，如听政）、“止”（空闲时）、“习”（学习时）几种情况下的考察方法。“六验”则是采取一定手段加以考察：使他高兴以考察其操守，使他快乐以考察其癖好，使他愤怒以考察其自制能力，使他恐惧以考察其特殊表现，使他悲哀以考察其爱心，使他陷于苦难以考察其意志。由此看来，“六验”之法实际是将被考察人置于喜怒哀乐等特殊环境下进行考察。但稍加思索便知，这些特殊环境必须让被考察人感觉不出是人为制造，他的反应才会是真实的，否则他会将计就计，尽情表演。那怎么才能在一定时间内，使他交替处于喜、怒、哀、乐、恐、苦等环境中，而且是那么自然，毫无破绽呢？这恐怕也是不切实际的想法。

到了三国时期，诸葛亮提出“知人之道有七”：“一曰，间之以是非而观其志；二曰，穷之以辞辩而观其变；三曰，咨之以计谋而观其识；四曰，告之以祸难而观其勇；五曰，醉之以酒而观其性；六曰，临之以利而观其廉；七曰，期之以事而观其信。”① 意思是：一是将善恶是非混杂在一起，摆在他面前，看他取舍，从而考察他的志向；二是同他进行深入辩论，考察他的应变能力；三是向他咨询计谋，考察他的见识；四是告诉他面临祸患灾难，考察他是否勇敢不怕困难；五是用酒将他灌醉，考察他的性格表现；六是用利益诱惑他，考察他是否廉洁；七是约定完成任务的期限，考察他是否守信用。诸葛亮这七项知人之道，是同时针对一个人的，除了“醉之以酒”在今天看来不太合适外，其他几项都有一定的可操作性。

生活在三国末期的刘邵，写了一本《人物志》，共三卷十二篇，是一本人才学专著。其中有一篇叫《八观篇》，即从八个方面观察识别人才，是这样说的：“一曰，观其夺救，以明间杂；二曰，观其感变，以审常度；三曰，观其志质，以知其名；四曰，观其所由，以辨依似；五曰，观其爱敬，以知通塞；六曰，观其情机，以辨恕惑；七曰，观其所短，以知所长；八曰，观其聪明，以知所达。”大致意思是，对于一个人，一是观察他与人争夺时

① （三国）诸葛亮：《诸葛亮集·知人性》。

或帮助别人时的表现，以了解他的善恶是非观念；二是观察他的感情变化，以了解他的基本性格；三是观察他的志趣气质，以了解他是否名实相副；四是观察他的所作所为，以了解他是否表里如一；五是观察他喜欢什么人尊敬什么人，以了解他的为人处世和交往情况；六是观察他的喜、怨、恶、悦、忌讳、妒忌等情绪变化，以了解他是否有宽恕之心；七是观察他的短处，以了解他的长处；八是观察他的聪明程度，以了解他是否通达。乍看起来，刘邵的“八观”比孔子的考察方法复杂详细多了。但说实在的，“八观”在文字上远比孔子讲的艰涩难懂（而孔子所处时代却比刘邵早了七八百年），思想内容上也不如孔子说的容易理解和把握。例如，第七观从文字上是最好懂的，但了解一个人有什么长处，为什么要通过观察他的短处来了解呢？直接观察他的长处不是更直接和准确吗？再说，一个人的长处和短处并不成一一对应关系，贤者长处多而突出，佞者短处多而明显，知其长不一定知其短，知其短也不一定知其长。两相比较，孔子讲的是思想家、政治家的语言，刘邵讲的是学究的语言。

唐代以后，像以上“八观六验”之类的观人之法，很少有人再提了。到了清末，左宗棠又提出了一套“九验九术”的方法。他说，选拔人才是一件很难的事情，必须按照“九验九术”的办法进行观察。九验就是，“远使之，以观其忠；近使之，以观其恭；繁使之，以观其能；卒然使之，以观其智；急与之期，以观其信；委之货财，以观其仁；告之以危，以观其节；醉之以酒，以观其态；杂之以处，以观其色。”① 意思是说：派他到边远地区任职，看他对朝廷是否忠心；安排他在身边任职，看他是否恭顺；

① 王之平：《曾胡左兵学纲要》。

派给他复杂纷繁的任务，以观察他的才能；让他处理猝然发生的任务，以考察他的机智；与他紧急约定一项事情完成的期限，以观察其信用；将财物委托给他保管，观察他是否仁义；告诉他面临危险，以观察他的节操；用酒将他灌醉，以观察他的仪态；让他混居于花街柳巷之中，以观察他是否好色。“九术”则是根据不同表现，将军队人才分为仁将、义将、礼将、智将、信将、步将、骑将、猛将、大将九种类型。也就是说，“九术”里的九类人早已确定都是将才，不需要再考察他们是不是人才，是好人还是坏人，只是分分类型，这与考察识别人才还是有区别的。与之相比，“九验”才是识才之法。

类似以上列举的识人“妙方”可能还有，我们没有必要穷搜尽收，关键是对这些“妙方”怎么看，对它们的实际意义及在今天有无借鉴作用，作出科学的判断。

以上这些“妙方”，虽然形式雷同，但在可操作性方面差别较大，因而在实际意义上有很大区别。在此，我们进行一个简单分析：

第一，有些方法是总结了辨识人才的经验之谈，因而可操作性比较强，在当时有重要的实际意义，对今天也有一定的启发意义。例如孔子讲的观察一个人干什么、怎么干以及志趣爱好，不失为一种很好的考察方法；诸葛亮讲的“知人之道”，其中有的方法在今天的用人面试中也有类似应用。还有其他人所讲的在不同环境下抓住关键问题进行考察的方法，也包含了相当的合理性，如在人发达得势、身居高位时，看他举荐什么人，就能看出他有没有正确的是非善恶观念，是亲君子还是亲小人；在人穷途末路时，主要看他还讲不讲原则，是饥不择食、有奶就是娘，还是能守住底线、有所不为。抓住关键问题进行考察，无疑是十分正确的考察方法。否则就会“捡了芝麻，丢了西瓜”，考察徒劳无益。

第二，这些“妙方”里面，有些是学究式的空话套话，读之铿锵有力，细思则于实用无补，玄玄乎乎，难以操作。这很可能是这类“妙方”于唐代以后不再时髦的原因。玄玄乎乎、难明其义者，以刘邵的“八观”最为典型，像“观其志质以知其名”、“观其所由以辨依似”、“观其情机以辨恕惑”等，到底观什么、怎么观？能否达到辨识人才的目的？恐怕谁也说不清楚。繁琐折腾、操作不易者，如左宗棠的“九验”之类，考察一个人，要“远使之”、“近使之”、“繁使之”、“卒然使之”等，这样折腾一遍需要好几年，而且古代的编制管理是很严格的，被考察者的每一次职位变更都需要有人为他腾位子。所以，这类方法如果是针对个别人的可能还行，如果作为一种常态化的识别人才办法，那就难以付诸实际了。我们知道，古代许多言简意赅的用人经验至今仍广为流传，“用人唯贤，德才兼备”甚至作为一条用人原则写入公务员法，但组织人事部门却绝少有人知道“八观六验”、“九验九术”这类“妙方”，其原因就是因为这些东西没有多大实际用处，无用则废。

第三，有些方法，若作为官方的正式考察方法，显然是不可取的。例如，用酒把人灌醉了看他有什么表现，甚至把人放到色情娱乐场所看他是否好色等，都是不合适的。考察识别人才，不能采取诱导、欺诈等不正当手段。唐贞观初年，有人上书请唐太宗罢免佞臣。唐太宗问佞臣是谁，那人回答说：“我并不知谁是佞人，请陛下假装发怒去试验群臣，若能不惧您的雷霆之怒，直言进谏的，就是正直的人；那些看您脸色说顺话的人，就是佞人。”唐太宗对大臣们说：“这不是让我搞欺诈吗？当君主的自己搞欺诈，而想着让臣下行为正直，那就好像源头浑浊而希望流水清澈一样，是不可能的。”于是明确拒绝了上书人的提议，说：“我不想用欺诈的办法纠正不良风气。”① 唐太宗不用欺诈手段考察下属的做法，值得今人思考和学习。

第四，关于唐代以后这类“妙方”不再时髦的原因，可能有两个。一是如前所说，它们存在实际用处不大的缺陷。二是因为唐代以后，识才选人方法有了很大发展，录用选人有了科举考试制度，在职官员的选拔主要依赖于制度化的考课办法，不再像过去那样主要依赖于伯乐相马式的识才方法和领导推荐式的选拔方法。科举和考课不是不需要识别人才，而是已用不着“八观六验”一类的“妙方”了。“妙方”不时髦了，但识才能力和识才经验永远是领导者的必备素质。

① （唐）吴兢：《贞观政要·论诚信》：“贞观初，有上书请去佞者……‘请陛下佯怒以试群臣，若能不畏雷霆，直言进谏，则是正人；顺情阿旨，则是佞人。’帝谓封德彝曰：‘流水清浊，在其源也……君自为诈，欲臣下行直，是犹源浊而望水清，理不可得……’谓上书人曰：‘朕欲使大信行于天下，不欲以诈道训俗。’”

第八章 用才

“用才”（或说“用人”）一词，有广义和狭义之分。从广义上说，“用才”泛指对人才的使用，相当于全部人事工作所包含的内容，如本书所称“用人思想”即是从广义上说的；而本章的“用才”是从狭义上讲的，主要指任用，包括入仕后第一次任用和以后的选拔任用，相当于现在常说的“录用”和“职务晋升”。

在整个用人工作里，任用是关键环节。我们常说，当领导的要“知人善任”。知人就是能够识别人才和了解人才，但是仅仅是发现了人才还不行，还必须合理任用，让人才发挥作用。否则，求才也好，识才也好，都变成了毫无意义的游戏。

如何任用，自然就成了古人关注的焦点，其中有很多做法和论述堪称经典，闪烁着经验和智慧之光。

第一节 用人如器 弃短用长

“用人如器”（或“使人如器”等）这个词，现在人们已不大说，其实这个词很好，意思是：用人和使用器物是一个道理，器物各有各的用处，一个善于使用器物的人，能够合理使用各种器物，让它们各得其所，充分发挥各自的作用；用人也是如此，应该弃人之短，用人之长，人尽其才，才尽其用。

古代一些重要的用人思想，经常能从孔孟那里找到依据。孔子说过这样一段话：君子是好伺候的，但要讨他喜欢却比较难。不用正当的方式去讨他喜欢，他是不会喜欢的。“及其使人也，器之。”就是说，等到他使用人的时候，是要根据各人的不同德才条件和特点去安排工作的。相反，小人难伺侯但却容易讨他喜欢，用不正当的方式讨他喜欢，他会喜欢的。“及其使人也，求备焉。”就是说，小人在使用人时，总是百般挑剔，求全责备。①孔子这段话里包含着一个重要观点，就是：君子使人，器之；小人使人，求备。这大概就是“用人如器”的源头。

古人喜欢以木匠善用木材的道理来说明用人如器的思想，他们把心灵手巧的木匠称为“巧工”或“巧匠”，把木匠善于使用木材称为“巧匠（巧工）制木”。西汉淮南王刘安与门客共著的《淮南子》一书中有这样的论述：“贤明的君主使用人才，就好像巧工制木的道理一样，用大木料制造舟船、房柱房梁等，用小木料制造船桨，做木楔子等；用长木料做屋檩房椽，用短木料做柱子上的横木。木料不论大小长短各得其所，不管方的圆的各有所用……因此说山林荒野中的材料尚无可弃之物，何况于人呢？”②

---

① （先秦）《论语·子路篇》：“子曰：‘君子易事而难说也。说之不以道，不说也；及其使人也，器之。小人难事而易说也。说之不以道，说也；及其使人也，求备焉。’”

② （汉）刘安《淮南子·主术训》：“是故贤主之用人也，犹巧工之制木也，大者以为舟航柱梁，小者以为楫楔，修者以为榱橑，短者以为朱儒枅栌。无小大修短各得其所宜，规矩方圆各有所施……是故林莽之材，犹无可弃者，而况人乎？”

唐太宗也用“巧匠制木”来说明用人如器。他说：“贤明的君主任用人才，犹如巧匠制木，直的木料可用作车辕，弯的木料可用作轮子，长的大木料可用作房屋的栋梁，短的木料可用作斗拱。无论曲直长短，各有各的用处。贤明君主任用人才，也是这个道理。有智慧的人用他的智谋，四肢发达、头脑简单的人用他的蛮力，勇敢的人利用他的威武，胆小的人利用他的谨慎，无论智愚勇怯，根据他们的不同特点加以任用。所以在优秀的木匠那里没有不能用的木材，在贤明君主跟前没有不能用的人才，不能因为某人偶然做过一件坏事，而忘掉他平日做的好事；不要用某人有过的一次小过失去掩盖他的功劳。”①

唐太宗等人用“巧匠制木”比喻明主用人，深入浅出，发人深省。我们可以从中领悟到：所谓“用人如器”，实质是合理使用，关键是弃短用长。那么，为什么要用人如器、弃短用长呢？用人如器、弃短用长又有什么意义呢？综合古人观点，大致有以下几层意思。

一、从使用人才的角度看，金无足赤，人无完人，如能用人之长，则世无弃才；若求全责备，则无可用之人

对于为什么用人要弃短用长，《淮南子·主术训》里有一句简明扼要的话，原话是这样讲的：“人固难全也，权而用其长而已矣。”意思是说，人本来就是难以十全十美的，只能是使用他

① （唐）李世民：《帝苑·审官篇》：“故明主之任人，如巧匠之制木，直者以为辕，曲者以为轮，长者以为栋梁，短者以为栱角。无曲直长短，各有所施。明主之任人，亦由是也。智者取其谋，愚者取其力，勇者取其威，怯者取其慎，无智愚勇怯，兼而用之。故良匠无弃材，明主无弃士，不以一恶忘其善，勿以小瑕掩其功。”

们的长处罢了。这句话里有两个关键字：一是“固”；二是“权”。“固”是“本来”的意思，人本来就不是十全十美的，想用一个什么都好、什么都能的人，是找不到的；“权”是“姑且”“变通”的意思，找不到完美的人，只能是挑选一个虽然有缺点，但其长处尚能胜任工作需要的人。一“固”一“权”，就把为什么要弃短用长的道理说清楚了。

“人固难全”，说得还算比较委婉，还有人说得更直接一些。明代人薛瑄说：“用人当取其长而舍其短，若求备于一人，则世无可用之人才矣。”①

如果明白了上面的道理，且想用一句正面的、高度概括的话来表达这一意思的话，那唐太宗的下面这句话便可当之无愧了：“人不可以求备，必舍其所短，取其所长。”②

说到这里，或许有人问：既然“人固难全”，“人不可以求备”，那么还能要求“德才兼备”吗？其实，要求德才兼备与要求完美无缺不是一回事。品德过得硬，加上某些方面，甚至某一方面才能比较突出，就可以说是德才兼备；而且对于品德好，也不是要求完美得一点缺点和过失都没有，而是辩证地看，看本质，看大节。

北宋词人秦观（字少游），曾任秘书省正字兼国史院编修官，是有文才的人。他在给皇帝写的“进策”中，将“天下之才”分为四类：成才、奇才、散才和不才。所谓“成才”，是品德高尚、学问渊博、有远见卓识的人；所谓“奇才”，是在政治、军事、经术、文艺等某一方面卓然超群，而在生活细节上不能严格要求自己，有些这样或那样小毛病的人；所谓“散才”，

① （明）薛瑄：《读书录》卷2。

② （宋）司马光：《资治通鉴》卷198。

就是随群逐队的一般人，没有功劳，也没有大错；所谓“不才”，即不学无术、不通情理、成事不足、败事有余的人。古代明君的用人方法是：对于“成才”，“付以大任”；对于“奇才”，“随所长而器使之”；对于“散才”，“明赏罚而磨砺之”（用赏功罚过的办法锤炼激励他们）；对于“不才”，“弃之而已”。秦少游的高明之处，不仅在于他提出了对不同人才的使用方法，而更重要的是他提出了用人主要是用好“奇才”的观点。他认为：“成才”者固然好，但“不世出”，不是每个时期都有的；“散才”者又办不成大事；“不才”者成事不足、败事有余。所以要做好天下大事，关键是用好“奇才”，而用好“奇才”的关键，就是舍短用长。秦少游举了好多历史上的“奇才”，包括人们熟知的萧何、韩信、司马相如等。如果对这些人求全责备的话，君主“岂（能）得而用之”。他最后说：“按照正常情理，人不可能连一点小的过失都没有。所以，对于那些奇才，只要不是犯有明显罪恶需要受到惩处，其他问题应该一切置而不闻，重用并责成他们去建功立业。这样，他们就会披肝沥胆去报效朝廷，而且心甘情愿。”①

清代康熙朝的县令顾嗣协，写过一首脍炙人口的诗：“骏马能历险，犁田不如牛。坚车能载重，渡河不如舟。舍长以就短，智者难为谋。生材贵适用，慎勿多苛求。”这首诗用通俗的语言说明，人与其他天下万物一样，各有所长，亦各有所短，只有舍短就长，才能使他们各有所用。

---

① （宋）秦观：《淮海集》卷 14，《进策 · 人材》：“任天下之能事者，常取乎奇材（同‘才’）。”“人情不能无小过，非有显恶犯大义所当兑者，宜一切置而不闻，以责时之功，则彼将输肝胆，捐委躯命求报朝廷而不可得。”

二、从人才发展的角度看，如能用人之长，则是给人以发展机会，人在各展其长的情况下才能获得更强的激励，在才尽其用的状态下才能更好地发展自己；因此领导者如能用人之长，也是成就人才，与人为善

人来到世界上，无论能力大小，都希望自己能成为有用之人，能力强一点的还希望做到有为有位，谁都不希望成为一个被抛弃的无用之人。要想做到人尽其才，使人人感到都有奔头，在用人观念上就要牢牢树立弃短用长的用人思想。正如晋人葛洪所讲的："只要善于使用人的长处，就没有办不成的事情；只要善于避开人的短处，那世上就没有被摒弃的人才。"①

左宗棠讲过一句话：对人"非奖其长、护其短，不能尽人之力"；"非令其优劣得所，不能尽人之用"。② 就是说，对于各类人才，必须舍短用长，使他们的长处和短处各得其所，才能做到人尽其才，才尽其用。

唐代人李觏说："人没有没才能的，才能没有不可用的。用人的才能，只要取其所长，使用得当，那么天下的人才都会像自己的手臂和手指一样运用自如。"③ 用人之长，安排合理，用起来自然就顺手。

使各类人才都能得到合理安排，都能发挥各自的作用，大材

① （晋）葛洪：《抱朴子·务正》："役其所长，则世无废功；避其所短，则世无弃才。"

② （清）左宗棠：《左文襄公全集·书牍·与胡润之》。

③ （唐）李觏：《李觏集·论兵策第九》："人莫不有才，才莫不可用。才取其长，用当其宜，则天下之士皆吾臂指也。"

大用，小材小用，各得其所，各尽其职，这不光是国家用人的需要，也是社会安定和谐的需要。这无论对国家社会，还是对个人，都是好事。因此，唐太宗说："人才有长短，不必兼通"，"舍短取长，然后为美"。

古代凡立志建功立业的优秀人才，并不十分在乎金钱财富，而最在乎的是能有一个可以施展才能的"用武之地"，使自己的作用能被社会所承认。他们将自己的才能未被领导者重视称为"怀才不遇"，将不得已在不重视自己的领导人手下工作称为"明珠暗投"，而将对自己的举荐和重用称为"再造之恩"，这些都反映了他们渴望得到重用，并使自己的才能得到进一步发展的迫切心情。康熙皇帝是一位爱惜人才的英明君主，他理解、重视人才的感受，并认为那种对人才求全责备的做法是不厚道的行为。他说："每个人都有自己的长处和短处，弃短取长才能充分发挥一个人的才能。如果一定要求全责备，别人稍有欠缺就加以指责，这是不符合忠厚宽容精神的。"①

三、从治国理政的角度看，没有广大人才的参与，国家是无法治理的，要想做到吸引和使用广大人才，就必须坚持弃短用长的用人原则

若求全责备，国家几无可用之人；弃短用长，则广大人才皆有可用。长短互补，自然就能形成强大的人才优势。国家用人，不是用一个人，而是用一群人、一批人、成千上万的人，如能合理使用，发挥大多数人的长处，则国家没有办不了、办不成、办不好的事。

---

① 《清圣祖实录》卷216："凡人各有长短，弃短取长始能尽人之材；若必求全责备，稍有欠缺，即行指摘，此非忠恕之道也。"

唐太宗深深懂得治理国家的不容易。他说，月亮那样明亮，还要借助众星帮助它增添光辉；大海那样深，还要靠百川不停地给它注入水流；君主治理这么大的国家，“不资众力，何以成功?”① 唐太宗在这里所讲的依靠众力，指的是依靠众多的治国杰出人才和优秀人才。他曾责怪宰相封德彝不注意举荐人才。封德彝分辩说，自己是尽心努力的，只是一直没有遇到优秀人才。太宗听了很生气，说：“过去的圣明君主，使用人才就跟使用器物一样，即用其所长，他们并没有向别的时代借用人才，都是在当代选拔人才。难道说还要等到梦见傅说、遇到吕尚，然后再去治理国家吗？哪一个朝代没有贤人，只怕是我们不了解罢了!”② 一番话把封德彝说得羞愧而退。唐太宗的这番话充满哲理：要想把国家治理得好，必须得到众多优秀人才；而要想得到优秀人才，必须坚持使人如器、用人所长的用人方针。

朱元璋的见解同样深刻。明洪武二十四年（1391 年），朱元璋与群臣谈论治国方法，其中说道：“建造大厦的，必然要依靠众多工匠；治理天下的，必然依赖于群才。然而人的才能有长有短，正如工匠的技艺有善长的和不善长的一样。善于砍木的不能开凿石头，善于制造车轮的不能制造舟船。如果在用人的时候，量能授官，则无不可用之才。”③ 朱元璋在这里所讲的关于“治天下必赖于群才”的观点、关于“量能授官，则无不可用之才”的

---

① （唐）李世民：《帝范·审官篇》。

② （唐）吴兢：《贞观政要·论择官第七》：“上曰：‘前代明王，使人如器，不借才于异代，皆取士于当时。岂得待梦傅说、逢吕尚，然后为政乎？且何代无贤，但患遗而不知耳！’”

③ 《明太祖实录》卷 210：“构大厦者，必资于众工；治天下者，必赖于群才。然人之才有长短，亦犹工师之艺有能否。善断木者不能攻石，善断轮者不能为舟。若任人之际，量能授官，则无不可用之才矣。”

观点，与唐太宗的观点如出一辙。

偏居一隅的清朝统治者之所以能实现入主中原的雄心壮志，很重要的一个原因是由于其早期统治者善用人才，他们见到优秀人才就千方百计得到，得到之后就加以重用，用其所长。1615年，清太祖努尔哈赤有一次教导群臣说："国家事务非常繁多，必须得到众多贤才，量能授职才行。倘若治国治军的人才缺乏，我们凭借什么去完成统一大业呢？所以，能攻善战者，应令他治军；有经世济民才能者，应让他治国；博学多才、精通典故者，应让他担任可以向他咨询国策的职务；熟悉仪式礼节者，应让他负责各类典礼事务。如果发现了这样的贤才，要随时随地请来，让他们各就各位。"① 1616年，努尔哈赤又教导侍臣们说："用人之道，就是根据德才条件，做到用人如器。""凡有需要任用人员的事，都要根据人的资质条件酌情任用。"②

树立和坚持用人如器、舍短用长的用人思想，对于治国理政的重大意义，不仅像李世民、朱元璋等具有宏图大略的政治家有深刻体会，一些具有远见卓识的文人谋士也都有充分认识。例如，深受元世祖器重的谋臣刘秉忠在上书中说："贤明的君主用人，就好像高明的木匠用材，根据木材的粗细长短，按照尺寸画线施工""用人做到人尽其才，则是成功之道。"③ 明朝的开国功臣刘基也曾向朱元璋建议说："您想要任用贤人，就应当使人如器，

---

① 《清太祖实录》卷4："国务殷繁，必得贤才众多，量能授职。倘治国治兵，经理乏才，何以济事。故勇能攻战者，宜令治军；才能经济者，宜令理国；博通典故者，宜咨得失；娴习仪文者，宜襄典礼。若兹贤才，当随地旁求，俾列庶位。"

② 《清太祖实录》卷5："用人之道，随才器使。""凡有任使，俱因人酌用可也。"

③ （明）宋濂等：《元史》卷157，《刘秉忠传》："明君用人，如大匠用材，随其巨细长短，以施规矩绳墨。""尽其才而用之，成功之道也。"

只有做到避短用长，才会取得功效从而有利于国家大事。”① 他们讲的都是一个道理：要做好国家大事，无论是打天下还是治天下，只有坚持用人所长，人尽其才，才会成功。

第二节 量才授官 人事相宜

西汉大儒董仲舒提出：“量材（才）而授官，录德而定位。”② 即根据才能大小来授予合适的官职，根据品德高下来确定适当的地位。“量才授官”一直是古人公认的一条用人原则。“量才授官”的目的是为了求得“人事相宜”。所谓“人事相宜”，就是用人和治事相适应、相协调，职得其人，人称其职，人尽其才，事竟其功。围绕“量才授官”“人事相宜”的用人原则和用人目标，古人亦有不少的精彩论述。

一、为官择人，人称其职

“为官择人”是实现人事相宜的重要手段。这里的“官”是指官职，不是指官员。“为官择人”就是根据职务的需要来选择合适、称职的人来担任，反对因人设事。唐太宗十分强调“为官择人”的重要性，他讲：“为官择人者治，为人择官者乱。”③ 按照官职的要求选择合适的人来担任，国家就能治理好；相反，为了照顾安排人而选择官职，国家就会混乱。他又说：“作为有德

① （明）刘基：《诚意伯刘文成公文集》卷8：“君欲任贤，当如用器，惟能避短而庸长，乃克奏功而济事。”

② （汉）班固：《汉书》卷56，《董仲舒传》。

③ （后晋）刘昫等：《旧唐书》卷61，《窦诞传》。

君主，任用官员必须做到为官择人，不可随便就用。”① 可以说，“为官择人”的用人思想也正是现代人事行政学中的“职位分类”所强调的基本精神。要做到“人事相宜”，就要“为官择人”，而不能“为人择官”。

“为官择人”说起来很轻松，真正做起来就不容易了。古今用人实践中经常犯的一个通病，就是“为人择官”，因人设事。领导者往往看到某人或某群人有功劳了，或资格老、有苦劳了，甚至觉得与自己亲近、顺意、顺眼，就想提拔他们担任更高的职务，而不在乎他们是不是适合这些职务的要求，甚至额定职务已经满员，还要再新设一些职务以满足安排人的需要。

韩非子曾尖锐批评商鞅变法中的某些规定，他说：“商君的法令规定：‘斩一颗敌人的首级赐给一级爵位，愿意当官的可以当秩次为五十石（官员等次）的官；斩两颗敌人首级的赐爵二级，愿意当官的可以当秩次为百石的官。’这就将官和爵的升迁与斩首之功对应起来了。假如有法令规定‘斩获敌人首级的可以当医生、工匠’，那他们肯定盖不成房子、治不好病。因为做工匠的，靠的是手巧；做医生的，靠的是懂得药理。而让有斩首之功的人去做这些事，则和他们的才能不相符合。同样，当官理政的，靠的是智慧和才能；斩获敌人首级的，靠的是勇敢和力气。用靠勇力立功的人去担任依靠智慧和才能办事的官职，就如同让杀敌立功的人去当医生、工匠一样。”②

① （唐）吴兢：《贞观政要·论择官第七》：“贞观六年，上谓魏征曰：‘古人曰，王者须为官择人，不可造次即用。’”

② （先秦）《韩非子·定法》：“商君之法曰：‘斩一首者爵一级，欲为官者为五十石之官；斩二首者爵二级，欲为官者为百石之官……今治官者，智能也；今斩首者，勇力之所加也。以勇力之所加，而治智能之官，是以斩首之功为医、匠也。’”

在这里，我们不评价整个商鞅变法的功与过，单就韩非子所指出的这条规定看，商鞅的确是犯了一个错误，他所采取的办法就是典型的“为人择官”，而不是“为官择人”。即使按照现代人事行政学的观点来看，韩非子的批评也是完全正确的。杀敌立功，理应受到奖励。但官职不是奖品，不能用作奖励。精神奖励，可以记功，享受表彰和荣誉等，如商鞅也采取过“有功者显荣”①的措施，可他又规定“欲为官者”可以为官，这就不对了。物质奖励可以奖给金钱、田地、布帛或其他实物。而官职是有任职要求的，不合乎任职要求，即使有天大功劳也不应任职，否则便违背了“人事相宜”的原则，会把政事搞得一团糟，结果害了国家和百姓，也害了任职者自己。

据《隋书·柳彧传》，隋朝初年，隋文帝多任用武将担任各州的刺史（行政长官），结果“类不称职”，即一般都不称职。柳彧担任治书侍御史，忠诚正直，敢于直言。他上表给文帝说：“当年汉光武帝刘秀是一代明君，他出身平民，但深知人才各有长短。他与身边二十八员武将，披荆斩棘平定天下，及至功成之后，这二十八员开国武将没有一人担任行政职务（‘无所任职’）。”在称赞了刘秀的正确做法之后，话锋一转，柳彧继续说道：“刚才我看到诏书上任命上柱国（勋位第一等）和干子为杞州刺史。和干子已年近八十，到了迟暮之年。以前他任过赵州刺史，由于职务上的事他不懂，政务都交给手下一伙小人处理，结果是贿赂公行，百姓怨声载道，编出骂他的歌谣到处传播。”最后，柳彧说出了自己的观点和主张：“俗话说，‘耕种的事问农夫，纺织的事问妇女’。这就是说人各有所能。和干子精于弓马武艺，这是他的长处，但管理百姓，

① （汉）司马迁：《史记》卷68，《商君列传》。

履行职务，他就不懂了。陛下一心想把国家治理好，日夜操劳，如果说是优待尊敬老臣，自可多多赏赐金钱布帛；如果任命他担任刺史，那国家损失就太大了。”隋文帝听了直说好，便免去了和干子的职务。① 柳彧这段话有一个看点，就是说人各有所长，“耕种的事问农夫，纺织的事问妇女”，如果纺织问农夫，耕种问妇女，肯定不行。以这样一个浅显的比喻说明了一个深刻的道理：国家公职，尤其是那些重要职务要挑选合适的人来担任，不能作为奖品、礼品随意送人，否则国乱民怨，损失重大。

在用人方面，明太祖朱元璋就比隋文帝高明多了。洪武元年（1368 年）四月，朱元璋要调翰林学士陶安为江西参政，对陶安有一番任职谈话。朱元璋说：“当年在军旅之中，我们‘朝夕相近’，你给我出了不少好主意，对我‘裨益良多’。后来你进了翰林院，我更多地听到了你的正直的言论。江西是上流都会，地位重要，可以去担任参政的非你莫属，你一定为我治理好江西啊。”陶安回答道：“我知识浅陋，您对我委以重任，我担心不能胜任，‘有负上恩’。”朱元璋本来是想对他鼓励一番，等待他叩头谢恩就算完事，没想到他却推托起来，看来还需要用治国理政、用人治事的基本道理，对他教育一番才行。朱元璋于是说道：“身披甲胄，在两军阵前决一胜负，这是武夫的事情，不是你们儒生所能做的。至于传承文化，进行道德教育，安抚一方百姓，这是儒者的事情，不是武夫所能做的。我用人，是用其所能，而不强求其所不能。你的才能适合担任这一职务，所以我才把这一职务授

---

① （唐）魏征等：《隋书》卷 62，《柳彧传》：（节录）“古人有云：‘耕当问奴，织当问婢。’此言各有所能也。干子弓马武用，是其所长；治民莅职，非其所解。至尊思治，无忘寝兴，如谓优老尚年，自可厚赐金帛；若令刺举，所损殊大。”

予你。我岂能为了照顾偏向一人，而不爱惜一方百姓?”① 陶安听了，赶忙“顿首受命”。陶安为什么由推辞而变成叩头受命了呢?因为他从朱元璋的教导中领会到两大要点：一是我朱元璋用人不是随意的，而是有原则的，那就是用其所能，量才授职；二是我用人不是为了照顾个人，而是从治理国家的大局出发，为官择人，做到人事相宜。

从理论上说，人才各有所长，职务的职责要求各有不同，任用人才应当坚持“为官择人”的原则。但实际做到却并非容易，其中既有一些当权者任人唯亲的干扰甚至破坏，也有用人指导思想上的误差。即使在现代社会，在我们对人事行政科学研究不够、人事法治建设薄弱的时候，也会发生类似的问题。往往是一个时期强调重视哪部分人，就提拔哪部分人到各级机关担任领导职务，至于合不合职务要求，是不是用其所长，倒成了次要问题。

为了做到人事相宜，古人不但主张用人所长，有时还考虑更细，根据职务当时当地的实际需要，选择作风相合、性情相符的人来担任，真正做到了知人善任。北宋真宗时，秦州是边远地区，曹玮在知州这个职位上任职时间很久了，多次请求替换。真宗问宰相王旦谁可替代曹玮，王旦推荐枢密直学士李及。真宗于是就任命李及担任秦州知州。朝廷众官议论纷纷，都说李及虽然谨慎、厚道，品行可靠（“谨厚有行”），但不是戍守边境之才，接替曹玮将“不胜其任”。王旦听到大家的议论也不解释。过了一段时间，从边境传来了赞扬李及的消息，大家又都说王旦有“知人之

---

① 《明太祖实录》卷27：“上（明太祖）曰：‘躬擐甲胄，决胜负于两阵之间，此武夫之事，非儒生所能。至若承流宣化，绥辑一方之众，此儒者之事，非武夫所能也。朕之用人，用其所能，不强其所不能。卿才宜膺是任，故以授卿。我岂私卿一人，而不爱一方乎？’”

明”。王旦这才说出了他推荐任用李及的考虑，他说：“曹玮做秦州知州有七年之久，羌人对他惧怕而顺服。对于边境事务，曹玮都已妥当处理并形成章法。如果派别人去接替曹玮，必然为了表现自己聪明能干，对曹玮的章法多所变更，从而破坏了曹玮多年治边得之不易的成绩。我之所以举用李及，只是因为李及稳重厚道，一定会严格遵守曹玮的规矩和处理方式而已。”① 听者叹服不已。

这件事情说明王旦是一位高明的识人用人者，他不墨守成规（比如大家都认为守边疆必须用果敢勇猛之人），而是因时因地而异，做到人事相宜。曹玮当初担任知州时的秦州，与李及接任时的秦州肯定大不相同，当初任命一个办事果敢、锐意改革的人是对的。曹玮经营七年，尽革其弊，诸事步入正轨，“已尽其宜”。如果接替他的人又要大刀阔斧地“改革”一番，就会尽反其宜，羌人便可以伺机捣乱，百姓也受不了折腾。而李及的特点是“稳重厚道”，稳重则不会随意折腾，厚道就不会为了显示自己高明而贬低和推翻前任的成果。所以，李及能守其成。守成的前提是原来有个比较好的基础和正确的发展路线。守成并不是守着不动，而是承认原来的基础，沿着原来正确的发展路线继续前进，其中也包括适时进行必要的调整和改革，但这种改革是实事求是的，而不是为了显示自己，从而挖空心思地为创新而创新。看来，古人的经验并不是墨守某些教条式的用人章法，而是具体情况具体分析，根据治事的实际需要选择合适的人选，力求人事相宜。

---

① （宋）司马光：《涑水记闻》卷6：“旦（王旦）笑曰：‘……夫以曹玮知秦州七年，羌人慑服。边境之事，玮处之已尽其宜矣。使他人往，必矜其聪明，多所变置，败坏玮之成绩。旦所以用及者，但以及重厚，必能谨守玮之规模而已矣。’”

二、大材大用，小材小用

前面已讲，用人如器，人无弃才，但这并不等于说人才同等重要。人才各有所用，大材大用，小材小用。用人者务要因才使用，量才授职，不可大材小用，或小材大用。现在习惯用的“量才授职”，古文常写作“量材授职”，“材”指人的资质能力，所以我们在理解“量才授职”时，不能认为这里的“才”仅指才能，而是指整体的资质条件，包括才与德两方面。

为什么要量才授职，大材大用，小材小用呢？因为职务各异，人各有别。只有量才授职，才能做到人事相宜。就职务而言，从层次上讲有高低主辅之分，从承担任务上讲有繁简难易之别，从工作性质上讲还有专业性、综合性、机要性、基础性等不同，所以古代称“百官”，意思就是说职务之多。就人而言，人之品德各有高低，人之才能各有大小，所以俗语说“什么人都有”。先秦时墨子曾说：“这世上有爱进谗言、说别人坏话的人，有与人为善、说别人好话的人，有恶人，有善人，有适合做长官的人，有适合做谋士的人，有勇敢不怕牺牲的人，有善用巧计的人，有善于做外交使者的人，有对人宽容的人，有对人排斥的人，有善于接待的人，有善于做门卫的人。作为长官，必须了解他们的本性和特长，合乎需要的就可以接收安排他们。”①

王安石在讲到“任人之道”时，非常概括地说：“人的才能有高低区别，人的品德有厚薄不同，所以给他们安排的职务，就可能有的合适，有的不合适。”只有懂得了这一道理，才算明白

① （先秦）《墨子·杂守》：“有谗人，有利人，有恶人，有善人，有长人，有谋士，有勇士，有巧士，有使士，有内人者，有外人者，有善人者，有善门人者，守必察其所以然者，应名而内之。”

了对人的任用之道。这样，任用人的时候就要努力做到量才授职、人尽其才，适合做大事的安排做大事，适合做具体事的安排做具体事。王安石进一步说道：“让那些德厚而才高的人担任长官，让德薄才低的人担任属员。”①

与王安石同时代的程颢、程颐兄弟俩，是北宋有名的理学家。他两个对这个问题似乎说得更加具体：“世间并不缺乏贤人，问题是你的求贤之道是不是正确。”正确的方法就是量才授职，大材大用，小材小用。“能胜任宰相职务的人，任命他做宰相；能胜任卿大夫一类职务的，让他做卿大夫；有办法能治理好州郡的人，派他去担任刺史；有能够管好一县政务的人，派他去做县令。各类人才各得其任，各项工作就会发展起来，这样一来国家还不能治理好的，是从来没有的事。”②

王安石和“二程”主要是从正面讲了用人必须量才授职，唐代大诗人白居易则是从反面进一步论述了量才授职的必要性，他说：“有关官职已经设立，而事情还是做不成；有能力的人才已被任用，但政务还是不成功，这是职务与人才不相适合的缘故。职务有‘大、小、繁、简’的区别，才能有‘短、长、能、否’的不同。人与职务相称，则政务就能做好；能力不适应职务，事情就办不好……如果任用能力弱的去干需要能力强的职务，将大的职务授给仅能担任小职务的人，希望一个人去完成他不能完成的任务，强求一个人去干他干不了的事情，即使设的官职再恰当，

---

① （宋）王安石：《王文公文集·上仁宗皇帝言事书》：“所谓任人之道者，何也？人之才德，高下厚薄不同，其所任，有宜有不宜……其德厚而才高者以为之长，德薄而才下者以为之佐属。”

② （宋）程颢、程颐：《二程集·文集》：“世不乏贤，顾求之道如何尔……有宰相事业者，使为宰相；有卿大夫事业者，使为卿大夫；有为郡之术者，使为刺史；有治县之政者，使为县令。各得其任，则无职不举，然而天下弗治者，未之有也。”

人才再加倍，也无济于事。”①

古人不但在道理上讲清了量才授职的必要性，而且还积累了一些这方面的用人经验。例如，有人品德方面比较突出，但才能相对差一些；有人才能比较突出，但品德相对差一些。明永乐二年（1404 年）四月，吏部尚书蹇义奏请选拔官吏的事，明成祖将他教导了一番，话讲得简明扼要，其中说道：“用人之道，各随所长，才优者使治事，德厚者令牧民。”② 这里的“治事”与“牧民”是相对的，“牧民”即管理百姓，指担任各级地方长官，“治事”在这里不是泛指治理各类事务，而应该是指担任中央各部门有一定专业性、行业性的工作。“才优者使治事”，比如，翰林院一般都是选拔学识渊博的人在其中供职，负责兴修水利的官职也需要由治水人才来担任等。“德厚者令牧民”，“牧民”当然也需要有一定才能，但对直接与老百姓打交道的地方官来说，要求他们廉洁奉公、厚生爱民，比要求他们才华出众更为重要。古人这方面的经验，确实值得我们细细琢磨一番。

用人是一门大学问，要做到用人得当、人事相宜，并非易事。如果只是简单地作一番考察，找了一些例子证明某人忠于朝廷、清正廉洁，且能办事，又善言辞，便认为是德才兼备，提拔重用，这恐怕距离真正的用人得当还差得远呢！按照一定的固定格式去套用、衡量一个人的德才情况，最多算是了解了一些基本情况或表面情况。要想做到人事相宜，还需要掌握该人的性情特点、思想方法、处事方法等。《吕氏春秋》讲了一个用人实例：春秋时

① （唐）白居易：《白居易集·策林》：“夫官既备而事未举，才既用而政未成者，由官与才不相得也。且官有大小繁简之殊，才有短长能否之异，称其任，则政立；枉其能，则事乖……若以短任长，以大授小，委其不可而望其可，强其不能而责其能。如此，则官虽能，才虽倍，无益于理矣。”

② 《明成祖实录》卷 28。

齐国的国相管仲得了重病，依靠管仲而称霸诸侯的齐桓公马上想到了国相让谁接班的问题。他问管仲："您病得很厉害。到了这种时候，人们是不讳言生死的。您死之后，我让谁当国相呢？"管仲先是推托看不准，齐桓公说："这是国家大事，您一定要给我指导。"管仲让齐桓公先说看谁合适，他来参谋。齐桓公第一个提出鲍叔牙，管仲马上回答说"不可"。我们知道，齐桓公刚即位时，是打算让鲍叔牙担任国相的，而管仲当时是齐桓公的仇人，齐桓公本来要杀他，是由于鲍叔牙的极力推荐，齐桓公才请管仲担任国相的。就是说，鲍叔牙是管仲的知己和恩人，而且按照一般标准，鲍叔牙也绝对算得上一个德才兼备的贤人。那么，管仲为什么说他担任国相不合适呢？原来管仲有更深的考虑，其理由是："鲍叔牙为人清正廉洁、清高正直。见到不如自己的人，就不愿与他交往；一听到别人的过失，一辈子都不会忘记。"看来，鲍叔牙是个正人君子，洁身自好，嫉恶如仇，但不能宽容人、团结人，所以不适合做国相。齐桓公于是又问隰朋是不是可以，管仲回答说："隰朋这个人，自己的志向很高而对别人要求很低，自愧不如黄帝，而体恤不如自己的人；他对于国事，有些不必过问的就不过问；他对于日常事务，有些不必知道的就不去了解；他对于人，并不是事事都那么较真，有些过错就装作没看见。如果没有更合适的人选的话，那隰朋就可以了。"

需要指出的是，管仲在这里是从谁适合做国相的角度来评论鲍叔牙和隰朋的；如果从做人、做朋友的角度讲，管仲一直是对鲍叔牙赞赏有加的。那么，从做国相的角度看，鲍叔牙与隰朋有何区别呢？第一，鲍叔牙对己、对人都要求严格；隰朋要求自己的标准高，而要求别人的标准低（韩愈也主张"其待己也重以周，其待人也轻以约"，对己要求严格而周全，对人要求宽松而简单）。第二，鲍叔牙不愿意与不如自己的人交往，发现别人有过错，总忘不了；隰朋对人宽厚，能谅解不如自己的人，对别人过错采取分析态度，对有些过错视而不见。第三，隰朋对待事务，抓大放小，举重若轻，反对事无巨细，事必躬亲；而鲍叔牙做不到这样。隰朋这些不同于鲍叔牙的品质，正是做一个高级领导者所必需的。《吕氏春秋》是这样评论的："凡做大官的，不在小事上看得那么清楚，不在玩小聪明上表现自己。所以说：'大工匠不亲自动斧头，大厨师不亲自端盘子，大勇之人不亲手与人搏斗，正义大军不做掠夺之事。'"① 这些话说得富有哲理，令人从中深受启发。

做事总有出差错的时候。用人也是这样，即使认认真真地按照职位要求去选拔人才，也会发生任用不当的问题，那怎么办呢？办法就是及时调整。西晋时候有个叫庾峻的，曾任御史中丞、侍中等职，是当时官场上公认的"有才思"的人。他在给皇帝的上书中，针对当时"九品中正制"按家庭背景定品授官的弊端，提出了"随才任官"、建立奖惩制度、建立退休制度等建议，其中说："如果官员能力小，不能担任较高的职务，就可以降职到较低岗位上，这也是'使人以器'啊。"② 读至此便会自然想起，我国在干部人事制度改革之前，曾长期存在干部"能进不能出，能上不能下"的弊病，"不犯错误就不能降职"的观念根深蒂固。

---

① （先秦）吕不韦：《吕氏春秋·孟春纪》："（管仲曰：）'鲍叔牙之为人也，清廉洁直，视不己若者，不比于人；一闻人之过，终身不忘。''隰朋之为人也，上志而下求，丑不若黄帝，而哀不己若者；其于国也，有不闻也；其于物也，有不知也；其于人也，有不见也。勿已乎，则隰朋可也。'夫相，大官也。处大官者，不欲小察，不欲小智。故曰：'大匠不斫，大庖不豆，大勇不斗，大兵不寇。'"

② （唐）房玄龄等：《晋书》卷 50，《庾峻传》："能小而不能大，可降还莅小，则使人以器矣。"

而古代的有识之士竟然将这种职务调整称为“使人以器”，认为将不胜任较高职务的人员及时调整到较低职务上，是应当的，是自然的。这是多么了不起！

选人之前，首先明确和坚持“为官择人”的原则，反对“为人择官”；选人之中，坚持量才授职，大材大用，小材小用；选人之后，可以适时调整，做到人事相宜。这是古人给我们提供的一套完整有效的用人经验。

第三节　公正持衡　公平用人

公平公正是治国要略之一。房玄龄在与唐太宗的一段对话中说：“我听说治国理政最要紧的道理，确实在于‘公平正直’。所以《尚书》说：‘不偏私不结党，帝王之道坦坦荡荡；不结党不偏私，帝王之道平平安安。’”①

清雍正四年（1726 年），皇帝御书四个大字作为匾额赐给吏部，这四个大字是：“公正持衡。”“持衡”就是保持公平，“公正持衡”就是我们现在所说的“公正公平”的意思。这说明雍正帝认为，作为全国官吏主管部门的吏部，最要紧的就是要做到公正公平。实际上，这不是雍正帝自己的认识，是他积累了历史上的经验之谈。

在用人工作中，坚持公平公正原则意义重大，它是确保用人工作正常进行，保证用人效果的法宝。倘若用人不公，一是德才兼备的人才得不到重用，作用得不到发挥，而很多重要职位被一

① （唐）吴兢：《贞观政要 · 论公平第十六》：“贞观二年……房玄龄对曰：‘臣闻理国要道，实在于公平正直。故《尚书》云：‘无偏无党，王道荡荡；无党无偏，王道平平。’”

些无德无才的人所占据，从而造成效率低下，贻误公事。这是直接后果。二是如此则优秀人才不服，而小人竞进，投机钻营之风日盛，从而败坏了官场风气。这一后果可能比上面的直接后果还要严重。

荀子在《君道》中说："做君主的要想得到射箭好手或者驾车能手，只要让有关人员实际比一下，就自然选出来了，这样做很公平，既不会偏向自己的子弟，也不会埋没与自己没什么关系的人，难道这不是一种很好的得人之道吗？然而在选拔大臣丞相辅佐自己治国时，却偏偏不像选拔射箭好手和驾车能手这样公平公正了，而是专找宠爱的亲信和迎合自己的人来任用，这不是太错误了吗？拥有国家的君主，没有不愿国家强盛的，但不久就衰弱了；没有不想国家安定的，但不久就危机四伏了；没有不想政权长存的，但不久就走向灭亡了。古代国家有无数个，现在却只剩下十几个，那些国家灭亡的原因不是别的，都是因为用人不公而造成的。所以，英明的君主可以将金石珠玉送给别人，但不会把官职和国家政务当作礼物送人。这是为什么？回答是：官职本来就不是可以拿来送人的东西，它是不会给所送的人带来好处的。"① 荀子深入浅出地讲清了用人必须公平公正的大道理，用人不公所损害的不仅是那些没有得到合理使用的优秀人才，而更重要的是严重损害了国家利益，以至于使国家走向衰弱、动荡甚至灭亡。

认识来源于实践。古人特别强调公正公平，说明当时用人实

---

① （先秦）《荀子·君道》："……然而求卿相辅佐则独不若是其公也，案唯便嬖亲比己者之用也，岂不过甚矣哉！故有社稷者，莫不欲强，俄则弱矣；莫不欲安，俄则危矣；莫不欲存，俄则亡矣。古有万国，今有十数焉，是无他故，莫不失之是也。故明主私人有金石珠玉，无私人之官职事业，是何也？曰：本不利于所私也。"

践中存在的不公正不公平问题比较严重，而且经久不衰。如今与古代相比，公平公正所面临的社会背景和环境条件已是迥然不同，特别是社会制度已发生根本变化，公开、民主的社会环境前所未有，任用公职人员的性质和形式也根本不同，但选人用人方面影响公正公平的问题仍然存在，而且有些表现形式也多有雷同。所以，重温一下古代政治家的有关经验和论述，对于在今天坚持公平公正原则，反对用人上的不正之风不无益处。

一、反对任人唯亲

任人唯亲的“亲”，既包括亲属，也包括亲近之人，如亲信、自己喜欢的人等。所谓任人唯亲，就是在考虑任用人选时，把自己的亲属和亲近之人放在第一位，而把德才条件放在第二位，甚至全然不顾德才条件。任人唯亲是造成用人不公的主要原因之一。

墨子曾用非常浅显的比喻说明用人唯亲的错误。他说：“现在的士君子（指有资格担任王公大臣的人士），平日里说起话来好像都懂得尊重贤才（“尚贤”），等到他们有权面对民众发布政令时，就忘了尊贤用贤了。我由此便知道天下的士君子，都是小事明白而大事糊涂。怎么知道是这样呢？现在的王公大臣，如果有一只牛或者羊不会杀，一定会去找好的屠夫；如果有一件衣服不会做，一定会去找好裁缝。此时的王公大臣，身边虽有自己的亲属，有自己信任重用却没有才能的人，有自己喜欢的面貌美丽的人，但由于知道他们没有宰杀、做衣服的能力，所以就不让他们去做。这是为什么呢？是怕他们糟蹋浪费了自己的财物。此时的王公大臣，可以说是不失为尚贤使能的人。”墨子将话题一转，继续说道：“但是，到了他们治理国家时就不这样了，王公大臣的亲属、无能而被信任重用者以及因漂亮面貌而受宠的人，都得到举用。可见，王公大臣爱他的国家，还不如爱一只牛羊、一件衣服等财物呢！我由此知道天下的士君子，都是小事明白而大事糊涂。”①

大家知道，唐太宗是少数在公平用人方面为人称道的帝王之一，这也正是他的英明之处。因为他懂得，要想国家长治久安，就要去努力招贤用贤；要想做到“野无遗贤，朝无幸进”，就要首先做到用人公平公正。有一次他对房玄龄等人说：“凡懂得如何做君主的人，必会以天下为公，对人不会有厚薄之分。当年的诸葛亮，只是一个小国的丞相，还说‘我的心像秤一样公平，不论亲疏，不分谁轻谁重’，更何况我如今是在治理一个大国呢?”②

贞观七年（633年），唐太宗欲提拔长孙无忌为司空（唐代司空即工部尚书）。长孙无忌是长孙皇后的哥哥，所以他再三推辞说：“我是外戚，让我担任这样重要的职务，恐怕大家说陛下偏心。”唐太宗不允许，说：“我是根据官职的要求选择人，一切以才能为标准。如果无才，即使是亲属也不会用，像襄邑王李神符，我就没用他；如果有才，即使过去是仇人我也不会舍弃，像魏征

① （先秦）《墨子·尚贤》：“而今天下之士君子，居处言语皆尚贤；逮至其临众发政而治民，莫知尚贤而使能。我以此知天下之士君子，明于小而不明于大也。何以知其然乎？今王公大人有一牛羊之财不能杀，必索良宰；有一衣裳之财不能制，必索良工。当王公大人之于此也，虽有骨肉之亲、无故富贵、面目美好者，实知其不能也，不使之也。是何故？恐其败财也。当王公大人之于此也，则不失尚贤而使能。”“逮至其国家则不然，王公大人骨肉之亲、无故富贵、面目美好者则举之。则王公大人之亲戚国家也，不若亲其一……衣裳、牛羊之财与？我以此知天下之士君子，皆明于小而不明于大也。”

② （唐）吴兢：《贞观政要·论公平第十六》：“故知君人者，以天下为心，无私于物。昔诸葛孔明，小国之相，犹曰‘吾心如称，不能为人作轻重’，况我今理大国乎?”

等人就是这样。今天任用你，是因为你合适，并不是偏向亲属。"① 唐太宗这段话，既是对自己用人以公的一个说明，也是借机对群臣的一个教育。他告诉大家，他是坚持公平公正原则的，而且过去一直是这么做的，不管亲疏近远，有才就用，无才则不用。

以有才无才为标准，归根到底是以对百姓有益无益为标准。贞观元年（627 年），唐太宗勉励刚刚提拔职务的杜正伦，说道："我选用贤才，不是为了自己，而是他们的才能有益百姓。在我的宗室亲属和故旧中，如果能力不行，我始终不会任用他们。你要好好干，不要辜负我选用人才的本意。"② 杜正伦是魏征推荐的，又受到唐太宗的这番鼓励，自然十分努力，不长时间就由兵部员外郎升为给事中，负责记录皇帝日常言行的起居工作。唐太宗之所以选人比较准，与他选人目的明确，坚持用人公平是分不开的。

当说到自觉地坚持任人唯贤，反对任人唯亲时，我们会首先想到那些头脑清醒的明君贤相。其实，在我们容易忽视的"后妃"队伍中也能看到这样的远见卓识者，她们在反对任人唯亲方面同样是自觉的，头脑清醒的。明太祖朱元璋的马皇后便是其中一位。朱元璋登上皇帝宝座的第一年，即洪武元年（1368 年），他想到自己成功了，也应该让亲戚们沾沾光。于是他派人找到了马皇后的亲族，打算授以官职。没想到这位在他微贱时就嫁给他，一直与他同甘共苦的结发妻子却表示反对，并讲出了一番大道理。她说："国家设置官职和爵位，应当授予贤能之士，而我娘家亲

---

①（宋）司马光：《资治通鉴》卷 194："（太宗曰）吾为官择人，惟才是与。苟或不才，虽亲不用，襄邑王神符是也；如其有才，虽仇不弃，魏征等是也。今日所举，非亲私也。"

②（宋）欧阳修等：《新唐书》卷 160，《杜正伦传》："帝劳曰：'朕举贤者，非朕独私，以能益百姓也。我于宗娅故人，苟无能，终不得任。卿宜思有以称吾举者。'"

属中未必有合格的可用之才。况且我听说以往朝代的外戚之家，大多骄纵奢侈，不守法度，有的甚至因此而招致全家败亡的。如果陛下要给我的家族加恩，那么多给他们一些赏赐，使他们能够保住自己的好日子也就够了。若他们中果然有贤才，自然应该任用；若是庸劣无才还让他们做了官，他们肯定会恃宠而骄，招致败家之祸，这正是我所不愿看到的。”朱元璋听后，便打消了让马皇后亲属做官的念头。①

不搞任人唯亲，那对亲属中的德才兼备者还能不能用？唐太宗重用了妻兄长孙无忌；马皇后也说如果亲属中果有贤才，自然应当用。但任用亲属，会不会招致别人的误解和议论？对此应当怎么看？应如何把握？古人亦有说法，其中司马光说得就比较全面。他说：“我听说正确的用人方法是，没有亲近疏远、新识故交的区别，只有是贤是不肖要弄清楚。如果一个人未必是贤才，却因为是亲属或故交而任用了，这当然是不公正的；如果一个人是贤才，却因为他是亲属或故交而不用他，这也是不公正的。”这段话把道理讲清楚了：坚持用人以公，反对任人唯亲，并不是说凡是当权者的亲属一律不能用，关键是要坚持用人唯贤。接着，司马光又从操作层面讲用人方法，他说：“天下的贤才，本来就不是哪一个人所能全部了解掌握的，如果一定要等到熟悉了解每个人才的才能品行后再去用他，那么所遗漏的贤才就太多了。古代做宰相的可不是这样做，他们的办法是‘举之以众，取之以公’（让众人推荐贤才，然后公正任用）。众人说某人是贤才，自己虽然不够了解，可

① 《明太祖实录》卷25：“访得皇后亲族，欲授以官。后曰：‘国有官爵，当与贤能之士，妾家亲属未必有可用之才。且闻前世外戚之家，多骄淫奢纵，不守法度，有致覆败者。陛下加恩妾族，厚其赐予，使得保守足矣。若其果贤，自当用之；若庸下非才而官之，必恃宠致败，非妾之所愿也。’上闻后言遂止。”

以先任用他，待他干不出什么成绩，然后再辞退他；如果他干出成绩来了，就提拔他。凡推荐了贤才的人，就给予奖赏；推荐错了的，就罚他。这样一来，进、退、赏、罚，都是众人共同认为应该如此的，自己在这中间没有掺杂丝毫私心。如果按照这一思想去施行，又怎么会出现一方面很多贤才被遗漏，而另一方面某些官职却找不到合格人才担任的弊病呢？"① 司马光认为，只要坚持"举之以众，取之以公"，在整个任用过程中不掺杂"毫发之私"，那就不管你用的是不是亲属故交，都是用人以公。

现在的各级领导者，有时也会在任用工作中碰到涉及亲属的情况，我们不妨借鉴古人的智慧而确定正确的处理方法：一是对所有选用对象都严格执行统一的选拔标准和程序，不能顾情面，打招呼，为领导者的亲属降低标准，简化程序；二是在决定任用的过程中，与选用对象有亲属关系的领导者应回避决定任用的所有活动，同时还要禁止自己身边的人去干扰影响任用决策，真正做到"举之以众，取之以公"。

二、破除门户之见

唐高祖李渊的原配窦皇后生有四子，长子李建成被封为太子，次子李世民为秦王，三子李元霸早死，四子李元吉为齐王。李世民对于唐朝的建立功劳最大，李建成感到自己的地位受到威胁，遂与李元吉密谋除掉李世民。在李建成、李元吉和李世民周围各

---

① （宋）司马光：《资治通鉴》卷225："臣闻用人者，无亲疏、新故之殊，唯贤、不肖之为察。其人未必贤也，以亲故而取之，固非公也；苟贤矣，以亲故而舍之，亦非公也。夫天下之贤，固非一人所能尽也，若必待素识熟其才行而用之，所遗亦多矣。古之为相者则不然，举之以众，取之以公。众曰贤矣，己虽不知其祥，姑用之，待其无功，然后退之，有功则进之；所举得其人则赏之，非其人则罚之。进退赏罚，皆众人所共然也，己不置毫发之私于其间。苟推是心以行之，又何遗贤旷官之足病哉！"

形成一个政治集团。这些政治集团的核心成员各为其主，跟自己的主子形成了一荣俱荣、一损俱损的利益关系和生死攸关的利害关系。武德九年（626年），李世民在自身受到威胁的情况下发动"玄武门之变"，杀死了李建成和李元吉，随后又逼李渊让位，自己登上了皇位。摆在唐太宗面前的首先就是如何用人的问题，即如何摆正秦王府旧人与原来太子东宫和齐王府旧人之间的关系。唐太宗在处理这些问题上堪称处置以公的楷模，他用人不看门户，不管他原来是"谁的人"，哪怕原来是政敌一方的，只要他优秀，又乐意为国服务，就加以合理任用；相反，即使原来是自己的旧人，不合格的也坚决不用。

史载，唐太宗初即位，中书令（中书省长官，相当于宰相）房玄龄上书说："原来秦王府的旧臣，现在还没有被封官的，都在抱怨原来太子和齐王手下的人反倒比自己先受到重用。"唐太宗毫不客气地对这种言论进行了批驳，在列举了古代用人以公的例子之后说："我与你们的衣食都来自百姓，百姓的贡献已奉送给朝廷，而朝廷还没有什么好处给予百姓。现在之所以要选拔贤才，就是为了报答百姓，使百姓过上安定的生活。用人时只看他能否称职，怎能以是新人、旧人来区分呢？凡是见过一面的人尚且觉得亲切，何况是旧人，我怎么会忘记他们呢？但若才能不合格，又怎么能因为是旧人而先用？现在不说他们有没有才能，而只说他们有怨言，这难道是公平公正的道理吗？"① 唐太宗这段话表达了两个重要观点：一是朝廷用人唯贤，以德才能否称职为准，

---

①（唐）吴兢：《贞观政要·论公平第十六》："（太宗曰）朕与公等，衣食出于百姓，百姓人力已奉于上，而上恩未被于下。今所以择贤才者，盖为求安百姓也。用人但问堪否，岂以新旧异情？凡一面尚自相亲，况旧人而顿忘也！才若不堪，亦岂以旧人而先用？今不问其能不能，而直言其怨嗟，岂是至公之道耶？"

不分新旧，不看门户；二是用人是为了百姓，百姓奉养国家统治者，统治者应任用贤才治国以报答百姓。

在人们习惯于用利益交换观点看待一切的世界里，用人以公的思想不会一下子就为众人所接受，这需要坚持，需要宣传。像前面所说，唐太宗刚刚当上皇帝，房玄龄就来反映秦府旧人要求优先任用的意见，被唐太宗批评教育了一番。没过多久，又有人上书请求将原来秦王府的旧兵一律授予武官职务，安排在皇宫值班警卫。唐太宗明确向上书人说："我以天下为家，不能对任何事情有私心，只能任用有才能和德行的人，怎能以新人旧人作为任用的不同标准？"并批评道："你的这个意见，对治理国家是不利的！"①

唐太宗破除门户之见，用人以公，对后世产生了很大影响。明成祖朱棣就对唐太宗的做法特别推崇。

洪武三十一年（1398 年），明太祖朱元璋去世，因太子朱标早死，由皇太孙朱允炆即位，这就是建文帝。朱元璋在世时，曾先后分封了二十四个藩王，本意是让儿子们镇守边远重镇，保卫大明江山，因此藩王们有地、有权、有兵，特别是北部藩王，因抵御北元的需要更是实力强大。建文帝上台后，深感藩王势力对皇权的威胁，便决议削藩，矛头直指燕王朱棣。朱棣以"清君侧"为名，发兵南下，经过四年大战攻下南京，建文帝下落不明。朱棣即位，改元永乐。所以，明成祖朱棣在用人时也有个如何对待建文帝旧臣的问题。永乐四年（1406 年），有一位武臣进言说不应该再让黄福担当重任了。朱棣问："黄福不如你吗？"这位武臣回答说："黄福是建文帝的旧臣，再说他近来也有过错。"

---

① （唐）吴兢：《贞观政要·论公平第十六》："贞观元年，有上封事者，请秦府旧兵并授以武职，追入宿卫。太宗谓曰：'朕以天下为家，不能私于一物，惟有才行是任，岂以新旧为差？……汝之此意，非益政理。'"

于是朱棣教育他说："君臣相处，贵在能够推心置腹，以诚相待，而不可存有疑心。唐太宗做君主，王珪、魏征最初都是太宗的仇敌，而太宗对他们一视同仁，用之不疑，他们两人也能尽心尽意地辅佐朝政，知无不言；尉迟敬德原来也是太宗的仇敌，后被太宗抓获并重用，便得到他的拼死效力。这都是因为太宗心胸开阔，有容人之量，用人以公，所以才能得到这样的结果。如今我用人同样不分新旧，只要是贤才就用，哪里还能存在一丝一毫的偏见呢？对于有过错的人，我们一定要体谅他的实际情况，能够容纳他；对于确有才干的人，我们一定要以诚相待，放手使用。君主如能以诚待人，则人人都乐意为国尽力；君主如时常怀疑别人，则人们就会苟且偷安，希图逃避责任，谁还肯尽心呢？你从今以后要慎重一些，不要再随意胡说了。"① 明成祖这段话有两个看点：一是为政就要像唐太宗那样胸怀宽广，用人不分新旧，不计仇怨，公平公正，用人唯贤；二是君主（推广到所有领导者也是对的）只有以诚待人，人们才会尽心尽力，即孟子所说"君之视臣如手足，则臣视君如腹心"。②

朱棣对建文帝的旧臣能够加以重用，并不是简单地模仿唐太宗的宽宏大量，而是他能历史地、客观地看待过去的人和事。他认为，建文帝的旧臣当年忠心耿耿地为建文帝做事，那是对的，"食其禄则思任其事"，吃着人家的俸禄就应当想着为人家办事；

---

① 《明成祖实录》卷44："武臣有言黄福不宜复授重任者。上曰：'福才不逮尔耶？'对曰：'此建文旧臣，且近有过。'上谕之曰：'君臣相与，在推诚，不可蓄疑。唐太宗为君，王珪、魏征初皆仇怨，一体委任之不疑，两人终能尽心辅政，知无不言；尉迟敬德亦仇敌也，即获而用之，便得其死力。皆太宗有至公之量，故能得此。今朕用人无间新旧，惟贤才是用，何尚存一毫私意。有过者必体情容之，有才者必推诚任之。上能诚，则人乐尽力，若或蓄疑，则人苟图免责，谁肯尽心？尔自今慎之，勿复妄言。'"

② （先秦）《孟子·离娄章句下》。

相反，那些当年不尽心做事的人倒不一定是好人。明成祖即位后，在宫中发现了建文帝时群臣所上的奏书，有一千多件。他亲自阅览了一两件有触犯自己文字的奏书，然后命令翰林院侍读解缙等人把全部奏书看完，将其中关系到军马钱粮数目的奏书保留下来，其他有冒犯他朱棣文字的奏书全部销毁。明成祖作了上述指示后，接着平心静气地问解缙等人："你们这些人的奏书里面也都有触犯我的话吧（要么是骂我，要么是献计如何剿灭我）？"解缙等人都跪下叩头，不敢回话，这时唯有修撰（翰林院官职）李贯上前回答说："我敢保证，我没有触犯您的奏书。"成祖严肃地说："你以为唯独你没有触犯我，你就是好人吗？'食其禄则思任其事'，当国家危机之际，作为建文帝身边的臣子，竟然没有一句为主分忧的话，这应该吗？我并非憎恨那些为建文帝尽心尽力的人，而是憎恨那些诱导建文帝破坏祖宗立下的规矩、扰乱朝政的人。你们过去侍奉他就应忠于他，今天侍奉我就应当忠于我，不用遮遮掩掩的。"① 一番话推心置腹，把为什么用人不分新旧的道理说得明明白白，说得大家放了心。同时也表达了另一个思想，那就是不分新旧也不是毫无原则，对那些原在敌对阵营尽心尽力工作的人，可以一视同仁；但对那些挖空心思专干坏事的人，还是不能原谅。

明成祖用人，不但不歧视原来属于敌对阵营的人，而且对其中的贤才，还能做到放手使用，大胆重用。明初有个夏原吉，好学有才能，建文帝时已提拔为户部右侍郎（户部的副长官）。明

① 《明成祖实录》卷11：（节录）"上于宫中得建文时群臣所上封事千余通，披览一二有干犯者……余有干犯者悉焚之……上曰：'……食其禄则思任其事，当国家危机之际，在近侍独无一言可乎？朕非恶夫尽心于建文者，但恶导诱建文坏祖法乱政经耳。尔等前日事彼则忠于彼，今日事朕当忠于朕，不必曲自遮蔽也。'"

成祖即位后，有人抓获夏原吉献给朝廷。明成祖释放了他，还提升他为户部左侍郎。有人说夏原吉是受建文帝重用的，不能信任他。明成祖不听，反而将他与蹇义一起升任尚书。夏原吉果然不负成祖所望，与蹇义等人一起制定了详细的赋役制度。他奏请的三十余件事，全都简便易行。他主持户部工作，使“国用不绌”。明成祖北征时，让他辅佐太孙留守北京。他代理主持全面工作期间，事务处理得井井有条。明成祖曾指着夏原吉和另一个大臣对群臣说：“这是高皇帝（朱元璋谥号）培养好的贤才，现在留给我用了。”① 满意得不得了！假如明成祖一开始就以我划线，凡是建文帝的旧臣一律不用，那就不可能得到像夏原吉这样的贤臣。

三、不计恩怨

人与人之间，常常有些恩恩怨怨的事。用人者如对恩怨之事耿耿于怀，用人时不能与恩怨脱钩，则势必会影响公正用人，就更不用说那些打击报复的事了。因此，那些不计恩怨、公正用人的人和事，就显得极为可贵，历朝历代都会受到人们的赞扬和推崇，并传之久远。

曹操没有称帝，但皇帝当不了他的家，而他能当皇帝的家。从实际掌握用人大权的角度看，他不是君主，却胜过君主。曹操的形象给人以专横残暴的感觉，但他在使用人才上却常有宽宏大量、不计恩怨的不俗表现。例如，陈琳是一个很有见识和才华的人才，他曾是东汉大将军何进的主簿，何进因不听他的劝阻和计谋而招致杀身之祸，他只好跑到冀州袁绍那里避难。袁绍让陈琳负责起草文件，其中写了一篇讨伐曹操的檄文。檄文写得才华横

① 见（清）张廷玉等：《明史》卷 149，《夏原吉传》。

溢，淋漓尽致，不但骂了曹操，还骂了曹操的父辈、祖辈。袁绍失败后，陈琳归附了曹操。曹操对他说："你过去为袁绍写檄文，只列我的罪状也就算了，要骂也应该限于我自身，为什么连我父祖都要骂呢？"陈琳急忙谢罪，曹操爱惜他才华，对他既往不咎，并任命他和阮瑀担任司空军谋祭酒（官名，是司空府的属官。祭酒相当于参谋秘书类的职务）。军队和国家的文书檄文，大多由他们二人起草。①

以上关于曹操用人的例子，说的是原敌对阵营的人得罪过自己，他们当时是各为其主，得罪自己似乎还可以理解。下面这个关于赵匡胤的例子，情况则又有所不同。赵匡胤还是个平民百姓时，曾到汉东投奔过北汉的随州刺史董宗本。董宗本的儿子董遵海依仗老子的权威，时常对赵匡胤无礼，赵匡胤只好设法躲着他。赵匡胤即位后，有一天召见董遵海。董遵海以为宋太祖肯定要报复他，一再叩头请罪，连呼万岁。不久，他的部下又告发他十几条违法的事，他觉得这下肯定完了，"惶愧待罪"。没想到宋太祖把他召去对他说："我正在大赦天下，赏赐功臣，哪能老惦记着你那点旧怨。"照旧重用他。董遵海回到他镇守的地方后，一方面安抚各部落酋长；另一方面率兵击溃侵犯边界的敌人，保证了边界的安定。② 宋太祖不计旧怨，换来了边界的安宁。

不计恩怨、公正用人的道理，不仅像曹操、宋太祖等这样一些有较深文化教养的汉族统治者懂得，一些心怀大志的少数民族君主同样懂得，因为他们有着一个共同的梦想：做一个"治国平天下"的有为君主。清代的《满洲实录》中，记述了一个生动

---

① 见（晋）陈寿：《三国志》卷21，《魏书·王粲传》。

② 见（元）脱脱等：《宋史》卷273，《董遵海传》。

的真实故事：从1583年起，努尔哈赤开始了统一女真各部的艰苦而漫长（三十多年）的斗争。第二年，他率兵攻打翁鄂洛城。他亲自登上一所房子，跨在屋脊上向城里边的人射箭。城内的鄂尔果尼射箭还击，一箭射中了努尔哈赤的头，箭头穿过头盔，扎入肉中一指来深。努尔哈赤拔出箭，鲜血一直流到脚，但他奋不顾身，仍坚持射箭。这时，城内有一名叫洛克的人，乘着火烟的掩护，射出一支暗箭，正中努尔哈赤的颈部。不料箭镞卷曲如钩，拔出来时竟带了两块肉，努尔哈赤脖子上顿时鲜血直涌，他一只手捂住箭眼，另一只手拄着弓下了房屋，昏倒在地。包扎伤口时，发现箭痕深达数寸。过了一昼夜，伤口仍出血不止，努尔哈赤昏迷了好几次，直到第二天下午，血才止住。于是，努尔哈赤的军队放弃了即将得手的城池而回。努尔哈赤养好伤后，又率兵第二次攻打翁鄂洛城，最终将它攻克了。众将都要杀死抓获的鄂尔果尼和洛克两人，努尔哈赤说："他两个人射我，是两军阵前各为其主，谁不想取得胜利呢？我今天放了他们，并加以任用，今后如果遇上敌人，他们难道不会为我效命吗？这样的人才，如果死在弓箭之下，都让人觉得可惜，又怎么忍心为报我的两箭之仇而杀掉他们呢？"努尔哈赤不但没杀他们，还授予他们牛录额真的爵位，厚待他们。①

再举几个大臣的例子。大臣有荐人权，朝廷决策层的一些重要职位（如宰相）在用人上往往起着关键作用，因为皇帝对他们的推荐意见一般比较尊重，所以大臣们在举荐人才方面做得如何、举荐一些什么人，历来备受关注，他们关于用人不计恩怨的言行

① （清）《满洲实录》卷1："……太祖曰：'二人射我，乃锋镝之下各为其主，谁不欲胜？吾今释而用之，后或遇敌，彼岂不为我用命哉。此等之人，死于锋镝者，尤当惜之，何忍因伤我而杀之也。'以牛录之爵厚养之。"

也会受到社会好评，并传为美谈。

三国时吴国的大将蒋钦，年轻时就跟着孙策转战南北，孙权建立东吴政权后，因功被封为荡寇将军，担任右护军等重要职务。另一员大将徐盛曾向孙权告发过不利于蒋钦的事，孙权没有采纳。为这事，徐盛还与蒋钦结怨，并担心蒋钦会害自己；而蒋钦反而经常说徐盛的好话，并在孙权面前推荐他。孙权对蒋钦说："徐盛以前控告过你，而你现在却举荐他，是不是想仿效古代举贤不避仇的祁奚啊?"蒋钦回答说："我听说'公举不挟私怨'。徐盛忠于国家而勤奋尽力，有胆略和才干，适合做万人的统帅。现在天下还未平定，我做臣子的应当帮助国家求才，哪敢心怀私怨而埋没贤才呢?"孙权对蒋钦深表赞许。①

唐朝武则天当政时，狄仁杰与娄师德同在朝中担任宰相。狄仁杰常常排斥娄师德。武则天问狄仁杰："我这样重用你，你知道是什么缘故吗?"狄仁杰回答说："我是凭文章和道德进身仕途，并非靠他人提携帮助的碌碌庸人。"武则天沉吟半晌说："我当初对你并不了解，你之所以得到重用，实在是由于娄师德的大力举荐。"于是叫左右的人拿来文件箱，从中找出十多份娄师德举荐他的奏表，交给他。狄仁杰看后十分不安，直说自己错了。武则天没有责备他。狄仁杰走出皇宫后，感慨不已地说："我没想到娄公这样宽容我，而娄公从未表现出因施恩于人而自鸣得意的样子。"②

---

①（晋）陈寿：《三国志》卷55，《蒋钦传》内注解："权谓钦曰：'盛前白卿，卿今举盛，欲慕祁奚邪?'钦对曰：'臣闻公举不挟私怨。盛忠而勤强，有胆略器用，好万人督也。今大事未定，臣当助国求才，岂敢挟私恨以蔽贤乎!'权嘉之。"

②（宋）王谠：《唐语林》卷3："……狄公排斥师德非一日。则天问狄公曰：'朕大用卿，卿知所自乎?'对曰：'臣以文章直道进身，非碌碌因人成事。'则天久之曰：'朕比不知卿，卿之遭遇，实师德之力。'"（余略）。

北宋仁宗景祐三年（1036年），范仲淹因上书批评宰相吕夷简的短处，惹得皇帝不高兴而被降职，贬为饶州知府。宋仁宗康定元年（1040年），范仲淹复职为天章阁待制，主持永兴军的工作，不久又调任陕西都转运使。正好赶上吕夷简由大名府知府恢复宰相职务（吕夷简在范仲淹降职的第二年也因事被贬出京），他对宋仁宗说："范仲淹是一位贤才，朝廷应重用他，哪能只是官复原职呢？"宋仁宗因而就把范仲淹提升为龙图阁直学士、陕西经略安抚使。通过这件事，皇帝认为吕夷简厚道，有长者之风，天下人也都认为吕夷简不念旧恶，对人宽容。范仲淹当面向吕夷简谢罪道："我过去因为公事冒犯过您，没想到您还这样奖励提拔我！"吕夷简说："我怎能为过去的事而耿耿于怀呢？"①

元代的赛典赤，在元世祖时任云南行省平章政事，即云南的最高长官。当时云南地处偏远，文化落后，"山路险远，盗贼出没"，行人常遭遇不测。于是赛典赤规定，每隔一段距离设立一镇，每镇找一个当地人担任"土吏"（相当于镇长），哪一个地段上出了问题，就治该地土吏的罪。有数名土吏对赛典赤产生怨恨，一同跑到京师告状，诬告他好几件擅权越职、目无王法的事。元世祖对身边的大臣说："赛典赤忧国爱民，我对他非常了解，这伙人竟胆敢诬告！"于是命人给他们戴上刑具，押送给赛典赤加以处治。赛典赤见到后却让人摘掉他们的刑具，并

---

①（宋）司马光：《涑水记闻》卷8："范文正公于景佑三年言吕相之短，坐落职，知饶州。康定元年复天章阁待制，知永兴军。寻改陕西都转运使。会吕公自大名复入相，言于仁宗曰：'范仲淹，贤者，朝廷将用之，岂可但除旧职耶？'除龙图阁直学士、陕西经略安抚使。上以许公为长者，天下皆以许公为不念旧恶。文正面谢曰：'向以公事忤犯相公，不意相公乃尔奖拔！'许公曰：'夷简岂敢复以旧事为念耶？'"（吕夷简曾封为许国公。）

告诉他们说："你们这些人不知道皇上允许我有些事不必奏报，可以根据情况自行处置，所以告我越权擅自处理事情。我现在不给你们治罪，而且还让你们做官。你们能以尽心尽力忠于职守来赎罪吗？"这几个人一起叩头拜谢说："我们有罪该死，平章既免掉我们的死罪，还让我们做官，我们誓死也要回报您的恩典。"①

四、杜绝走后门

在选拔任用人才的过程中，降低规定的任用标准，违反规定的选拔任用程序，而通过某种关系，达到被任用的目的，这种现象，今之谓"走后门"，古代称"夤缘请托"，历来是影响用人公平的一大弊政。能够走后门的，主要是两种背景：一是有权有势或有钱，有能力对选人者施加重大影响，甚至能影响选人者的前途命运；二是与选人者有特殊关系，例如是选人者的亲属、恩人、朋友、老乡等。历史上，反对走后门，并以实际行动抵制走后门的，也是代不乏人。

反对走后门，需要有尽忠报国的凛然正气。东汉灵帝时，京兆人高望任小黄门之职（东汉时由宦官担任的一种职务，在皇宫内承担联络传达、侍从服务等工作，有的受到皇帝宠信，权势很重），他的具体职位是尚药监（宫内管药的），很受皇太子宠幸。皇太子嘱托大宦官蹇硕，让把高望的儿子选为孝廉（孝廉是一种选拔科目，选为孝廉后就可以安排职务）。按规定，举孝廉要由

① （明）宋濂等：《元史》卷125，《赛典赤传》："有土吏数辈，怨赛典赤不已，用至京师诬其专僭数事。帝……即命械送赛典赤处治之。即至，脱其械，且谕之曰：'若曹不知上以便宜命我，故诉我专僭。我今不汝罪，且命汝以官，能竭忠自赎乎？'皆叩头拜谢曰：'某有死罪，平章既生之而又官之，誓以死报。'"

地方察举报到中央，高望是京兆人，他儿子要做孝廉，必须先经过京兆尹盖勋批准，然而盖勋不肯办理。有人对盖勋说："皇太子等于二号君主，高望是他宠爱的人，蹇硕又是皇帝的宠臣，而你却拒绝了他们，这就是三股怨恨集中在一起了，那还了得！"盖勋毫不畏惧，坚决反对皇太子一伙走后门，他原话是这样说的："选贤所以报国也。非贤不举，死亦何悔！"① 看来，盖勋并不是不知道抵制走后门的风险，但他认定"选贤所以报国"的大原则，决心坚持到底，死而无憾！

反对走后门，需要忠于职守，坚持原则。三国时有个叫毛玠的人，年轻时在县里当吏员，以清廉公正闻名，后辗转到了曹操手下做事。曹操任司空和丞相时，毛玠曾担任东曹掾，与崔琰一起主管选拔人才的事。他所选拔的人，都是清廉正直的人。有些虽在当时负有盛名但行为与实际不符的人，始终没有机会被选拔。当时曹丕是五官中郎将，曾亲自拜访毛玠，嘱托毛玠提拔他的一个亲信。毛玠回答说："老臣我以能够忠于职守，才侥幸没有犯错误。您今天所说的这个人不在提升之列，所以我不敢照您的意思办。"曹丕是曹操的大儿子，即后来的魏文帝，是谁都得罪不起的人。毛玠并没有直言说他走后门不对，而是强调自己是忠于职守的，违反规定的事不能办。② 曹丕从毛玠听似柔软的话音里，能感觉出他有不能碰撞的底线，只好作罢。

---

① （南朝·宋）范晔：《后汉书》卷58，《盖勋传》："时小黄门京兆高望为尚药监，幸于皇太子。太子因蹇硕属望子进为孝廉，勋不肯用。或曰：'皇太子副主，望其所爱，硕帝之宠臣，而子违之，所谓三怨成府者也。'勋曰：'选贤所以报国也。非贤不举，死亦何悔！'"

② （晋）陈寿：《三国志》卷12，《魏书·毛玠传》："太祖为司空丞相，玠尝为东曹掾，与崔琰并典选举。其所举用，皆清正之士，虽于时有盛名而行不由本者，终莫得进……文帝为五官将，亲自诣玠，属所亲眷。玠答曰：'老臣以能守职，幸得免戾。今所说人非迁次，是以不敢奉命。'"

反对走后门，需要破除情面，坚持标准。元朝有个叫盖苗的大臣被提升为御史台都事后，他的顶头上司，也就是御史台长官御史大夫，有一天特意跑来，推荐自己的朋友担任言官。盖苗一口回绝说："你这个朋友不具备做言官的才能。"御史大夫很不高兴地站起来就走了。盖苗也做好了被打击报复的思想准备。当天晚上，御史大夫把盖苗邀请到自己家里，称赞盖苗坚持原则做得对，为自己的行为表示道歉。人们认为他们两个都是好样的。① 按说，盖苗刚到御史台任职，对自己的新领导应客气点儿，留个情面，以便将来好共事，但他在原则问题上不让步，不合乎标准就不能用。御史大夫也有值得肯定的地方，他开始不对，企图走后门，遭到拒绝后也很生气，但经过思想斗争，能认识错误，并主动向自己的下属道歉，诚属不易，犯了错误不要紧，改了就是"好同志"。

反对走后门，需要从自身做起，对亲属从严要求。古代有关以身作则，不给亲属开后门的例子不胜枚举，在此举一个比较典型的事例。明朝的吏部尚书（明朝不设丞相，六部直属皇帝，吏部为六部之首，尚书是部门长官）王翱有一个女儿嫁给畿辅（京城附近地区）的一个官员。王翱的夫人很爱女儿，但每次派人去接女儿时，女婿却总是不轻易放她走，而且还恼怒地说："你父亲掌管官吏选拔任免大权，调我担任京职，你就可以朝夕陪伴母亲了。况且调我入京就像秋后摇晃树枝振落黄叶一样容易，又何必这么不痛快呢？"女儿让人把这话传给了母亲。有一天晚上，夫人特意置备了酒菜，然后跪下请求王翱调女婿进京。王翱听了

① （明）宋濂等：《元史》卷185，《盖苗传》："至正二年，（盖苗）起为户部郎中，俄擢御史台都事。御史大夫欲以故人居言路，苗曰：'非其才也。'大夫不悦而起，其晚，邀至私第以谢，人两贤之。"

怒不可遏，抓起桌上的器皿朝夫人扔去，把夫人击伤了，仍怒气未消，竟离家驾车到朝房去住，十天后才回家。女婿始终没有调入京城。① 王老头看来有点倔，为此事竟然击伤夫人，但可看出他对走后门深恶痛绝，尤其是家人竟把要求自己开后门看作理所当然，更让他难以容忍。像王翱这样的官员，手握大权，而绝不以权谋私，严于律己，公心可鉴，值得后人学习！

① （明）崔铣：《洹词·记王忠肃公翱事》：“（婿）恚而语女曰：‘而翁长铨……迁我如振落叶耳，而固吝者何？’女寄言于母。夫人一夕置酒，跪白公。公大怒，取案上器击伤夫人，出，驾而宿于朝房，旬乃还第。婿竟不调。”

第九章 护才

人才的成长需要一定的环境，环境可以成就人才，也可以毁坏人才。优秀人才有很大能量，同时也很脆弱，许多优秀人才长于做事，却拙于自保。因此，要想使人才得以健康发展，使优秀人才能够充分发挥作用，建功立业，而无后顾之忧，用人者必须懂得爱护人才，特别是爱护优秀人才。

第一节 用人不疑

知贤而不用，等于不知贤；用贤而不信任，等于不用贤。所以，古语常说“用人不疑，疑人不用”。所谓“用人不疑”，就是既然知道了某人是贤才，就要大胆使用，充分信任，而不能无端怀疑人才。有的领导者，在识才方面并不笨，可当他找到了优秀人才之后，在使用时却疑虑重重，担心优秀人才不是自己人，对自己不忠心、不尽力；担心优秀人才做出成绩，声望超过自己，功高盖主，等等。领导者如持有这种心态，那就极容易听信谗言，从而抛弃甚至毁掉优秀人才。

唐贞观十年（636年），魏征在给唐太宗的上书中，讲了国君与臣下要“上下相信”的道理，指出了对贤才“任而不能信”的危害，其中说：“国君如不信任臣下，就无法使用臣下；臣下如不信任国君，就不能为国君效力。信任作为一条原则，真是太重要了！”①

对用人不疑这条原则的重要性，北宋的欧阳修讲得更是言简意赅，原话是这么说的：“任人之道，要在不疑。宁可艰于择人，不可轻任而不信。”② 南宋的大臣陈亮也讲过与欧阳修类似的话，他曾对宋高宗说：“臣子我衷心希望陛下虚怀若谷，消除疑虑，开诚布公，对人疑则勿用，用则勿疑。给人职位后，就不要轻易再夺去他的职务；赋予他一定职责后，就不要随意听信离间之言。”③

用人不疑的意思，并不是说可以随便用人，并且用了就不能怀疑，而是说，用人是一件严肃认真的事情，如果还没考虑清楚，还有怀疑，那就先不要任用，特别是一些重要岗位，不能“带病上岗”。但一经任用，就要放手使用，使其有职有权有责，而不要无端怀疑，听信谗言，将其随意调职、降职、免职，或者虽未去职，却多方掣肘，让他干不成事。当然，若在使用中发现被任用者确实有问题，有证据证明当初任用不当，或者被任用之后产生了新问题，那该怎么处理就怎么处理，这与用人不疑是两码事。

那么，为什么要用人不疑呢？我们看看古人是怎么认识这个问题的。

从充分调动人才积极性的角度看，用人不疑，才能使人才没有后顾之忧，不用担心将来功成名就后会给自己带来祸患，从而

① （唐）吴兢：《贞观政要·论诚信第十七》：“上不信则无以使下，下不信则无以事上，信之为道大矣！”

② （宋）欧阳修：《欧阳文忠公集·论任人之体不可疑札子》。

③ （宋）陈亮：《陈亮集》卷2，《论开诚之道》：“臣愿陛下虚怀易虑，开心见诚，疑则勿用，用则勿疑。与其位，勿夺其职；任以事，勿间以言。”

能尽心尽力，尽职尽责。苏东坡是这样说的：“得到了贤才而不用，同虽然用了又不采纳其主张，或者虽然采纳了其主张但又不让他尽心尽力地干成，其失误是一样的。古代真正有作为的君主只有两个：一个是商汤王对伊尹，一个是周武王对姜太公，都是放手把整个天下交给他们去治理。而后伊尹、吕尚才贡献出他们的全部身心来治理天下。君主只有信任而不怀疑他的臣子，保证他们功成名就而不会由此带来后患，他们才能做到知无不言、说到做到。”总之，“让臣子们心里没有什么顾虑和忌讳，才能使他们人尽其才，并以高度的责任心保障事业的成功”。①

从充分发挥人才作用的角度看，如果对优秀人才用而不信，不放手使用，甚至处处掣肘，优秀人才就会感到怀才不遇，心怀苟且，不愿尽力，也不敢尽力，不求有功，但求无过，作用得不到发挥。唐贞观十四年（640年），魏征在给唐太宗的一道奏章里说：在朝的群臣，很多都是一时选拔出来的贤能之士，他们担负的任务很重，“委任给他们的职责虽然重，对他们的信任却不深；信任不深，就会使人有时候产生疑虑；人有了疑虑，就会苟且偷安，得过且过”。② 宋仁宗时，罢免了夏竦的枢密使职务，由韩琦、范仲淹执政。蔡襄对宋仁宗说：“陛下罢免夏竦而用韩琦和范仲淹，官员们在朝中都互相庆贺，老百姓在路上边走边歌，有的甚至高兴得饮酒狂欢。”报告了群众反应和大好形势之后，蔡襄把话题一转，继续说道：“虽然如此，我还是深切感到忧虑。

---

① （宋）苏轼：《苏轼文集·策略三》：“夫有人而不用与用而不行其言，行其言而不尽其心，其失一也。古之兴王二人而已。汤以伊尹，武王以太公，皆捐天下以与之。而后伊、吕得捐其一身以经营天下。君不疑其臣，功成而无后患，是以知无不言，言无不行……使其心无所顾忌，故能尽其才而责其成功。”

② （唐）吴兢：《贞观政要·君臣鉴戒第六》：“任之虽重，信之未笃。信之未笃，则人或自疑。人或自疑，则心怀苟且。”

当今形势，就如同一个病人，陛下已经得到良医了，如果对良医信任不疑，那么良医不仅能治好病，而且还能使人健康长寿。如果医生虽有精明的医术，可是因为得不到信任而不能充分发挥，那么病还会一天比一天加重，即使有扁鹊那样的医术，也难以实现所要求的效果了。”①

从吸引和集聚人才的角度看，优秀人才最重视的是自己的作用能够得到充分发挥。如果得不到信任，“英雄无用武之地”，便会产生“良禽相木而栖，贤臣择主而事”的心思，用人者最终留不住人才。唐代的陈子昂在给唐睿宗的上书中，曾明确地提出信任与吸引和集聚人才的关系。他说：“如果陛下喜欢贤才而不加重用，或者虽然任用了却不信任，或者一时信任了却不能善始善终，或者能够始终信任却从未给予奖赏，那么虽有贤才也不会主动前来，即使有来的也不会尽心努力。反之，则天下的贤才就会云集而至。”② 明洪武十二年（1379 年）十二月的一天，朱元璋亲自到奉天门对左都督丁玉教导了一番，他说：“你最近征战威、茂等州，已经幸运地获得了成功。但是我听说你军中的谋士很少，偶尔有了，你对待人家的态度又不能令人满意，难以换取人家对你的真心拥护。作为一个合格的将领，首要的不是看他的勇力，而是看他有没有智谋，而有没有智谋的关键在于会不会使用优秀人才。所以，推心置腹地以诚待人，人才就会为我所用；若对人

① （元）脱脱等：《宋史》卷 320，《蔡襄传》：“陛下罢竦而用琦、仲淹，士大夫贺于朝，庶民歌于路，至饮酒叫号以为欢……虽然，臣切忧之。天下之势，譬犹病者，陛下既遇良医矣，信任不疑，非徒愈病，而又寿民。医虽良术，不得尽用，则病且日深，虽有和扁，难责效矣。”

② （唐）陈子昂：《答制事问 · 重任刑科》：“若陛下好贤而不任，任而不能信，信而不能终，终而不赏，虽有贤人，终不肯至，又不肯劝。反是，则天下之贤集矣。”

不信任、不诚恳，那么谁愿意尽心为我们效力呢？”① 朱元璋讲得很深刻：一个不懂得吸引和使用人才的领导者，即使取得某些成功也不值得表扬，因为他的成功是侥幸的。只有懂得吸引和使用人才的领导者，才是合格的领导者，而吸引和合理使用人才的关键，就是要做到信任和待之以诚。

在实践中能不能做到用人不疑，反映了领导者的识人和用人水平，同时也必然产生两种截然不同的效果，其中既包含着成功的经验，也包含着惨痛的教训。

汉代刘向讲过宋殇公、鲁庄公两人能够识别贤人却不能大胆信任并及时重用贤人的悲剧。他说：“如果是国君的智慧不足以识别发现贤人，那当然就无可奈何了。但是，如果国君的智慧能够发现贤人，却就是犹豫不决，疑虑重重，不能任用，其结果是严重的造成自己的死亡，轻的造成国家混乱衰败，这真是太可悲了！宋殇公难道不知道孔父的贤能吗？如果不知道，那他怎么知道孔父一死自己也必定会死，而赶去救他呢？赶去救孔父，这说明他知道孔父是贤人。鲁庄公难道不知道季友的贤能吗？如果不知道，那他为什么在病重将死时召见季友并授给他国政呢？授给国政，就说明他知道季友的贤能。这两个国君的智慧能够发现贤人，但都不能及时地重用贤人，所以结果宋殇公被臣下杀死，鲁庄公让贼子当了继承人。假使宋殇公早就任用孔父，鲁庄公平时就重用季友，别说保全自己不成问题，就连邻国的安定都会得到保障的。”② 刘向讲的道理是很深刻的，那就是：发现了贤才，就

---

① 《明太祖实录》卷128：“（太祖曰）尔近征威、茂诸州，幸已成功。然闻尔在军中谋士甚少，间有之，又待之不得其心。夫为将必先智谋，智谋必在用士。故推诚待人则人为我所用，若待之不诚亦孰肯尽心效用哉？”

② （汉）刘向：《说苑·尊贤》：“夫智不足以见贤，无可奈何矣！若智而见之，而强不能决，犹豫不用，而大者死亡，小者乱倾，此甚可悲哀也。”（余略）。

要大胆地及时地加以重用；“犹豫不用”，贻害无穷。

刘向还讲了一段故事，同样发人深省。春秋时期卫国人蘧伯玉出使到楚国，见到了楚王，出使的公事谈完后，又与楚王坐着闲谈，慢慢聊到了人才问题。楚王问：“哪个国家人才最多？”蘧伯玉说：“楚国的人才最多。”楚王听了十分高兴。蘧伯玉又说：“楚国人才最多，而楚国却不能用。”楚王脸色大变，说：“这是什么话？”蘧伯玉说：“伍子胥出生在楚国，逃亡到吴国，吴国接受他并让他当国相，然后让他率兵攻打楚国，直到掘了楚平王的坟墓才罢休。所以说，伍子胥生于楚国，而善于任用他的却是吴国。苗贲皇（蚡黄）生在楚国，跑到了晋国，他治理的七十二个县，道不拾遗，百姓不乱拿东西，城门不用关闭，内无盗贼。所以说，贲皇生于楚国，而善于任用他的却是晋国。”① 楚王听后顿有所悟，急忙派人驾上豪车追回了正打算出走的公子皙，总算挽回了一次人才流失。楚国的人才流失，主要是因为几代楚王生性多疑，不辨忠奸，听信小人谗言，对贤能之人先是怀疑，继而打击迫害。有的贤才为了避祸，千方百计逃离楚国，如伍子胥等；有的贤才来不及逃跑，或不愿逃跑，则被杀或被流放，如屈原等。这就是楚国由一个大国强国，而逐渐变小变弱的主要原因。

历史上另有一类胸怀宽广、善辨是非的明智之君，见到贤才，如获至宝，放手使用，充分信任。他们对贤才可以做到：有前嫌者不计，有过节者释然，曾为敌者看现在，曾有过者重今后。

刘邦重用韩信和陈平的故事为人们所熟知。韩信和陈平原来都是项羽的人，他们背叛项羽的原因，只是项羽对他们不信任、不重用。他们跑到刘邦那里，也只是对自己为什么背叛项羽、为

① 见（汉）刘向：《说苑·善说》“蘧伯玉使至楚”一段。

什么投奔刘邦稍作解释，就顺利过关了，而且很快就被重用。可以说，如果不是收留并重用韩信和陈平这两个来自敌对阵营的优秀人才，刘邦能不能战胜项羽而一统天下还很难说。项羽虽有“万夫不当之勇”，但作为一个领导者，既缺乏识才的眼光，又没有用人不疑的魄力，“有一范增而不能用”，所以失败是必然的。刘邦当初的军事实力，以及他个人的军事指挥才能都远不如项羽，但他的明显优势在于善于用人，他收拢了一批优秀人才，并能做到用人不疑，充分发挥他们的作用，所以他取得了最后胜利。

唐太宗更是一位善于识才、爱才并能做到用人不疑的英明君主。在帮助他夺取政权、巩固政权作出巨大贡献的文臣武将中，大多数都是从其他阵营里转过来的，其中最有名的如魏征、王珪、李靖、李勣（徐懋功）、尉迟敬德等，有的原是忠心耿耿为太子李建成出谋划策的东宫旧人，有的原是告发李渊父子造反的隋朝官员，有的是隋末各路造反首领的得力干将等。唐太宗将他们与自己的秦府旧人房玄龄、杜如晦等一视同仁、重用不疑。正是由于唐太宗这种反对以我划线，坚持五湖四海的用人方针，加上他对下仁厚、用人不疑的处事风格，才使一大批优秀人才聚集在他的周围。正如唐太宗自己讲的：“林深树茂，鸟儿就会飞来筑巢栖息；水面宽阔，鱼儿就会自由自在地游动；做君主的积德仁厚，天下自然人心归顺。”① 这也正是唐王朝能够一统天下，并换来“贞观之治”的主要原因。

要说唐太宗用人不疑，人们一般都会相信；但如果说清朝皇帝也能做到用人不疑，人们就不那么容易相信了。的确，清政府的高层人士一直对汉族人士持有戒心，不管是不是优秀人才，在

---

① （唐）吴兢：《贞观政要·论仁义第十三》：“贞观十三年，太宗谓侍臣曰：‘林深则鸟栖，水广则鱼游，仁义积则物自归之。’”

使用上总有歧视，但情况也不尽然，尤其是清前期的几位君主在用人不疑方面亦有不俗的表现。例如，范文程出身于明朝生员，凭自己的才能逐渐成为清朝重臣，深受皇太极、顺治帝两代君主器重。史载："每当讨论政事，皇上必问：'这件事范章京知道吗？'如果出现不妥当或拿不准的事，皇上就会说：'为何不与范章京商议？'如果大家说：'范章京也这么说。'皇上就会马上签署同意。范文程曾经因病告假，各种事务堆积了不少，皇上命令等范章京病好之后再行裁决。凡是发往各国的书信文件，都由范文程研究起草。一开始，皇上还简略地看一下，后来便不再审阅评论，说：'你写的不会有什么错误。'"①

再如康熙帝用施琅。施琅是福建人，原是明朝总兵郑芝龙的部将，降清后任水师提督。康熙二十二年（1683 年），施琅奉命率师消灭了台湾郑氏政权，将台湾正式纳入清朝统治之下。康熙二十七年（1688 年），施琅入朝觐见皇帝。康熙帝对他热情慰劳，赏赐优厚。康熙帝对施琅说："以前你在朝中任职十三年，当时还有一些人瞧不起你，只有我真正了解你，待你甚厚。后来吴三桂等三个逆臣贼子都被平定了，只有海寇占据台湾（指郑氏政权）给福建一带造成危害，要铲除他们，非你不可。我特意提拔重用你，而你也能够不辜负我对你的任用，将六十年来最难剿灭的海寇一举消灭了。这时有人说你居功自傲，我便令你来京。现在又有人说应当把你留在京城，不要派出去。我想，在贼寇作乱的时候，尚能做到'用尔（你）勿疑'，何况现在天下已经安定，

① （民国）赵尔巽等：《清史稿·范文程传》："上重文程，每议政，必曰：'范章京知否？'脱有未当，曰：'何不与范章京议之？'众曰：'范亦云尔。'上辄署可。文程尝以疾在告，庶务填委，命待范章京病已裁决。抚谕各国书敕，皆文程视草。初，上犹省览，后乃不复评审，曰：'汝当无谬也。'"

怎么反而怀疑你而不派你出去呢？现在命令你再次赴任，你应更加忠诚谨慎，以保住你的功名。”施琅推辞说：“我已年老力衰，担心不能胜任封疆大吏的重任。”皇帝说：“作为大将，贵智慧不贵气力。我用的是你的智慧，哪里是用你的手足之力呢？”① 从上述康熙帝对施琅的谈话中，我们可以看到，贯穿整个谈话的主线就是“用尔勿疑”。正因如此，康熙帝才能一次又一次地排除别人的怀疑言论，大胆放手地任用施琅去建立不世之功，因为他看准了施琅是一个有智慧的杰出将帅。

第二节 不信谗言

“木秀于林，风必摧之；才高于众，人必毁之。”历史上毁于谗言的优秀人才不计其数。世界上总有那么一些小人，专爱在领导面前诋毁优秀人才，他们或出于嫉贤妒能的本性，容不得别人的才能超过自己；或出于争权夺势的需要，不允许别人受到领导的信任和重用；或出于结党营私、排除异己的政治野心，对不肯依附、合流的贤人英才，极尽诽谤诋毁、污蔑陷害之能事，必欲去之而后快。作为一种社会现象，这类小人进谗的事情不可能完全杜绝，古今中外概莫能外。而卑鄙小人的伎俩能否得逞，关键就看领导者能不能明辨是非，会不会相信谗言。

《吕氏春秋》说：“君主最要命的毛病，就在于对贤人形式上

---

① （民国）赵尔巽等：《清史稿·施琅传》：“上谕琅曰：‘尔前为内大臣十有三年，当时尚有轻尔者。惟朕深知尔，待尔甚厚。后三逆平定，惟海寇潜据台湾为福建害。欲除此寇，非尔不可。朕特加擢用，尔能不负任使，举六十年难靖之寇，殄灭无余。或有言尔恃功骄傲，朕令尔来京。又有言当留勿遣者，朕思寇乱之际，尚用尔勿疑，况天下已平，反疑而勿遣耶？今命尔赴任，宜益加敬慎，以保功名。’琅奏谢，言：‘臣年力已衰，慎勿胜封疆之重。’上曰：‘将尚智不尚力。朕用尔亦智耳，岂在手足之力哉？’”

是任命了，却没有真正使用他；或者虽然使用他，却又与那些无知者非议他。”① 这无形中就对贤人形成了一种巨大的压力，构成了一种潜在的威胁。

唐代诗人陆龟蒙有一首《离骚》诗，是这样写的：“天问复招魂，无因彻帝阍。岂知千丽句，不敌一谗言。”意思是说：屈原写了《天问》又写了《招魂》，却没办法送到帝王的门前。他哪里知道，这么多优美的诗句，根本抵不上小人的一句谗言。这首唐诗道出了谗言的厉害。

小人有那么可怕吗？不信谗言就那么难以做到吗？小人的可怕，在于小人站在领导者面前，领导者却看不出来；不信谗言的难处，在于谗言顺耳，忠言逆耳，领导者易以谗言为忠言。轻信谗言，既与领导者的是非不明有关，也与谗人有一套高明的伎俩有关。

宋人杨万里曾经比较全面地揭示了小人进谗的伎俩：一是谗人善于标榜自己。“爱说别人坏话的谗人，难道会说自己是谗人吗？不会的，他们都会说自己是忠臣。”“进谗者必然都有一定名目，如果没有名目，进谗者自己也觉得理不直、气不壮，而听的人也不坚信。自古以来，谗人都有大言不惭的说辞而使君主深信不疑，他们都会说：‘我这样说，不是为了我自己，而是为了国家。’他们的君主怎能不受感动，从而毅然决然地听从他们呢！”② 二是善搞两面派。谗人都是小人，他们口是心非，人前一套，人后一套，见人说人话，见鬼说鬼话。“现在小人对于君子，并不在观点见解上表现有什么不同，而是以观点相同去迎合君主，以

---

① （先秦）吕不韦：《吕氏春秋·审分览》：“人主之患，必在任人而不能用之，用之而与不知者议之矣。”

② （宋）杨万里：《诚斋集》卷 87：“谗人之谗也，亦岂曰吾谗人也，盖曰吾忠也。”“谗必有名，谗而无名，则言之者怍而听之者不坚。古之谗者，必有以不怍其言而坚其君，盖曰：‘非有利于我也，而不利于国。’其君安得不瞿然动、决然从乎！”

观点相同去欺骗同僚。他们退朝以后观点与同僚一致，而在君主面前观点就不与同僚一致，而与君主一致。”① 在下面表现与同僚观点相同，才能使自己的进谗行为不会暴露，而且还能更深地发现谁是最不赞成君主意见的人；到了君主面前又赞成君主的意见，而极力反对同僚中的正确意见，这样才能达到陷害别人的目的。三是善搞阴谋诡计。谗人总是把真相掩盖起来，给人以假象。“小人要陷害好人时，并不说这人是可以驱逐的，而必然是先处处对他示好，表面上好像与他交往甚厚。这样既不会让君主怀疑他们素日关系不好，又能让好人毫无戒备。只有这样君主毫不怀疑，好人毫不戒备，因而一旦将好人罢官，赶出朝廷，人们也难以发觉这是一场阴谋。”② 四是善于等待时机。谗人排挤陷害他人，并不是直截了当，贸然行事，而是察言观色，等待时机成熟，这一手对提高成功率无疑至关重要。“他们驱逐君子，也不是立刻就进行驱逐，而是循序渐进，不让人觉察。他们一方面标榜自己是忠臣；另一方面在排除异己时又能注意渐进而不急躁，使君主不易觉察，这样谗人就会得逞。”“像这样，谗人费尽心机，处处设置陷阱，正人君子一举一动都会触到他们的陷阱，中他们的诡计。”③

林子大了，什么鸟都有；世界大了，什么人都有。既然不可能要求谗佞小人从世界上绝迹，那就只能寄希望于领导者提高识别人才的能力和明辨是非的能力，并克服喜欢阿谀奉承的毛病。

---

①（宋）杨万里：《诚斋集》卷87：“今夫小人之与君子，不为异也，将以同而迎其主，必以同而欺其僚。退而与僚同，进则不与僚同而与主同。”

②（宋）杨万里：《诚斋集》卷87：“小人之陷君子也，不曰斯人可逐也，必先阳为之地，而外若与之厚，既以释其君，又以安其人。释则不疑，安则不戒。夫惟君不疑，而人不戒，是故一旦逐之，而莫之觉。”

③（宋）杨万里：《诚斋集》卷87：“其逐君子，亦岂顿逐也，盖有渐也。自以为忠，而逐人有渐，人主不察，则谗者昌矣。”“谗人之千机百阱如此，君子者举而触焉，动而中焉。”

能做到这些的领导者，就是明智的领导者，这样的君主就是英明的君主。历史上，能够不为谗佞小人所迷惑，对优秀人才信任不疑的君主（领导者）亦不乏例证。

《容斋随笔》是毛泽东同志喜欢读的一部书，其第十一卷有一则叫“燕昭汉光武之明”，先讲了两则故事，继而又作了一点评论，都很经典。故事一讲的是，春秋战国时，大将乐毅奉燕王之命率兵攻破齐国，这时却有人向燕昭王进谗言说：“乐毅已攻破齐国七十余城，还没拔掉的只有两城了。这两城不是乐毅没有力量拔掉，而是他想仗着兵威等待齐国人对他彻底服气，以便他南面称王呢!”燕昭王对进谗言的人非常憎恶，立刻把他杀了，同时派使者到齐国前线去，要立乐毅为齐王。乐毅诚惶诚恐不肯接受，发誓死也不当齐王。故事二讲的是，刘秀做东汉光武帝时，大将军冯异平定关中，感到自己功高，又长久驻守外地，怕人疑忌，内心不安。正值此时，有人向光武帝上奏章说冯异威权太重，为当地百姓所拥护，号为“咸阳王”。光武帝把告状的奏章给冯异看，冯异急忙上书谢罪。光武帝下诏对他说：“将军与国家的关系，就像父子一样的深厚。难道还会有什么嫌疑，值得你害怕吗?”一番话让冯异吃了定心丸，以后又立了大功。作者在列举了这两则实例后，作了一个简单评论，其中一句可谓点睛之笔：“现在人都知道乐毅、冯异是一代名将，然而如果不是燕昭王、光武帝两位君主英明，他们两个必然难逃被谗言所困的厄运。”①

---

①（宋）洪迈：《容斋随笔》卷11，“燕昭汉光武之明”：“乐毅为燕破齐，或谗之昭王曰：‘齐不下者两城耳，非其力不能拔，欲久仗兵威以服齐人，南面而王耳。’昭王斩言者，遣使立毅为齐王。毅惶恐不受，以死自誓。冯异定关中，自以久在外，不自安。人有章言异威权至重，百姓归心，号为‘咸阳王’，光武以章示异。异上书谢，诏报曰：‘将军之与国家，恩犹父子，何嫌何疑，而有惧意?’……今人咸知毅、异之为名将，然非二君之明，必困谗口矣。”

稍加注意即可看出，针对乐毅、冯异的谗言，不是仅说他们有什么毛病，而是说他们要自立为王，是谋反的大罪。有人谋反，这是君主最不放心的事，因而也是最容易轻信的事。从这一角度看，用人不疑的领导者确实英明！

汉献帝建安四年（199 年），曹操与袁绍决战于官渡。决战前夕，曹操仍在担心自己的实力不如袁绍，胜负没有把握。曹操最信任的谋士郭嘉，给他一一列举了能够战胜袁绍的优势，指出"（袁）绍有十败，（曹）公有十胜"。这十条优势中，有两条直接与用人不疑有关：一是第四条说，"袁绍外表宽和而内心嫉贤妒能，用人多疑，实际重用的都是自己的亲戚子弟；而主公（曹操）外表平易简朴，内心机智明辨，用人不疑，只要才能适合，不问亲疏远近，这是用人气度方面的优势"。二是第八条说，"袁绍那里，大臣之间互相争权，谗言盛行，是非混乱；而主公管理有方，按原则办事，公正公平，不受谗言所惑，这是明于知人方面的优势"。① 郭嘉看问题能透过表面现象看本质，无怪乎曹操特别器重他。我们仅从郭嘉分析的这两条优势就可断定，袁绍军队虽表面强大，但凝聚力、战斗力不如曹操的军队。

孙权十九岁接班成为江东之主，别看年轻，在举贤任能、用人不疑方面，却表现得非常成熟。诸葛瑾是诸葛亮的胞兄，在东吴做官。有人秘密地在孙权面前进谗，说诸葛瑾对东吴不忠。后来这类流言蜚语传播很广，孙权根本不相信，他对身边的大臣说："诸葛瑾与我共事多年，恩深义重，情同骨肉，彼此都很了解。他的为人是，不合道义的事不做，不合道义的话不说。刘备过去

---

① （晋）陈寿：《三国志》卷 14，《魏书·郭嘉传》内注："（袁）绍外宽内忌，用人而疑之，所任唯亲戚子弟；公外易简而内机明，用人无疑，唯才所宜，不间远近，此度胜四也。""（袁）绍大臣争权，谗言惑乱；公御下以道，浸润不行，此明胜八也。"

派诸葛亮来东吴时，我曾经对诸葛瑾说：‘你与孔明是同胞兄弟，而且弟弟应该追随兄长，这是名正言顺的，你为什么不留住孔明呢？孔明如果留下来跟你在一起，我会写信给刘备加以解释，尊重个人意愿嘛！’诸葛瑾回答我说：‘我弟弟诸葛亮已随刘备，名分已定，他遵守道义不会有二心的。弟弟不会留吴，如同我不会去蜀一样。’他的这番话足以说明他的光明正大！今天怎么又有这类流言蜚语呢？我前些时候收到这种胡说八道的奏书，就马上封起来转给诸葛瑾看，并亲笔给他写了一封信，很快就收到了他的复信，讲的仍然是君臣大义、纲常名分。我与诸葛瑾，可谓神交，绝不是流言蜚语所能挑拨离间的。"① 从孙权这番话里可以看出，孙权对诸葛瑾的信任不是盲目信任，而是基于对他的深刻了解。同时，孙权自己有一双识人慧眼，并具有明辨是非的思维判断能力。

十六国时期前秦皇帝苻坚是少数民族出身，他重用汉人王猛的故事广为流传。苻坚在未登帝位之前即注意拊揽贤才，他听说王猛的贤名后就派人去请，经过一番交谈之后愈加喜欢，就好像刘备遇上了诸葛亮一样（"若玄德之遇孔明也"）。苻坚派王猛去治理世族豪强势力猖獗的始平地区，王猛到任后，不畏豪强，明法峻刑，扬善惩恶，遭到了豪强势力的嫉恨和诬告，被中央有关部门弹劾下狱。如果任凭刑狱折腾，王猛肯定难逃冤狱下场。但是苻坚要亲自审问，他问王猛为什么实行"酷政"而"杀戮无数"？王猛回答说："'国家安宁时，管理以礼；国家动乱时，治乱以法。'自己并没有实行酷政，惩治奸徒才刚刚开始，还有大

① （晋）陈寿：《三国志》卷52，《吴书·诸葛瑾传》内注："（孙权曰）子瑜与孤从事积年，恩如骨肉，深相明究，其为人非道不行，非义不言……其言足贯神明……孤与子瑜，可谓神交，非外言所间也。"（余略）。

批犯法暴徒尚待肃清。”苻坚听了他的回答后对群臣说：“王猛就是春秋战国时期的管仲、子产一类人物。”于是将王猛释放并委以重任。当时王猛三十六岁，一年中五次升迁，成为朝廷重臣，“权倾内外”。皇帝宗室亲属和旧臣都非常嫉妒王猛受到的宠幸，尚书仇滕和丞相长史席宝几次在苻坚面前诋毁王猛。苻坚大怒，将仇滕和席宝降职赶出朝廷。从此以后，朝廷上下都服了气，没有人再敢攻击诋毁王猛了。①

宋仁宗时，王尧臣任三司使，主持国家财政共三年。前任三司使曾借皇家内库钱数百万，一直还不上，王尧臣全都如数偿还，而军国之费仍充足有余，也没有向百姓加赋。这时益、梓、夔三路转运使都请朝廷批准增加盐税，说这样每年可增加收入十几万，王尧臣坚决不同意。宋仁宗问其中原因，王尧臣说：“蜀地僻远，朝廷给的好处很难得到，而赋税常比别的地方多一倍，民力因此穷困。朝廷既没有抚恤他们，却反而想从他们身上牟利，这是加重他们的穷困啊，表面上给朝廷增加了点好处，将来势必带来严重损害。”仁宗认为他说得很对。但是那些原打算从加盐税中获利的权贵们没有达到目的，于是京师多次流传王尧臣的流言蜚语，连仁宗的左右也常常有进谗说他坏话的。仁宗对此一概不信，也不向王尧臣查问有无他们说的那些事，王尧臣因此泰然自若。当仁宗对他的工作给予高度评价时，王尧臣叩头说：“这些成绩的取得，并不是臣下我有什么特殊才能，只是由于陛下特别信任我呀!”② 王尧臣主持国家财政，之所以成绩巨大，一是因为他有政

---

① 见（唐）房玄龄：《晋书》卷114，《苻坚下》。

② （清）毕沅：《续资治通鉴》卷48：“……京师数为蜚语，及帝之左右往往有谗其（王尧臣）短者，帝一切不问，而尧臣为之自若……帝慰劳之，尧臣顿首曰：‘非臣之能，惟陛下信用臣耳。’”

治头脑，而且廉洁奉公，懂得百姓已经很苦，不能竭泽而渔的道理；同时他不怕得罪那些想从加税中牟利的权贵。二是因为他有才能，能补上前任留下的巨大亏空，还能保证军国之费的充足有余，而且也没有向百姓加赋加税。毫无疑问，王尧臣的德才兼备是他取得辉煌成绩的根本原因。但王尧臣却说，这不是因为他有能力，而只是皇帝信任的结果。这是谦虚吗？不是！这是王尧臣的切身体会和肺腑之言。如果没有宋仁宗的信任和支持，王尧臣不但做不出成绩，而且很可能被谗言蜚语所害，自身难保。可见，不信谗言、保护人才，在用人工作中是多么重要啊！

清代的雍正皇帝，给人们的印象是严酷残忍，疑心重，将他的亲兄弟一个个迫害致死，对当初拥立他即位的年羹尧大将军也是赶尽杀绝。但雍正帝并不糊涂，也懂得用人不疑的道理。雍正五年（1727 年），成都出现关于川陕总督岳钟琪谋反的谣传，岳钟琪为了表明心迹，将谣传报告朝廷。雍正帝下谕旨说："几年来，在我面前进谗诬陷岳钟琪的非常多，不止是仅仅一小箱诽谤信而已。甚至有人说岳钟琪是岳飞后代，他打算替宋向金复仇（意指满人是金人后代）。这些言论的荒唐怪谬，竟然达到了极点！岳钟琪功勋卓著，所以我任命他到西陲要地，把川陕重兵交给他，而阴险邪恶之徒制造流言蜚语，煽动蛊惑人心，谗毁大臣，这样的罪行仅是杀头就够了吗？"①

总而言之，出于个人私心野心，专爱在领导面前进谗诬陷他人的小人不绝于史；轻信谗言，亲手毁掉杰出人才，给国家、事

① （清）《清史列传》卷 17，《岳钟琪传》："谕曰：'数年以来，在朕前谗谮岳钟琪者甚多，不但谤书一箧而已。甚至有谓岳钟琪系岳飞后裔，意欲修宋、金之报复者。其荒唐悖谬，至于此极！岳钟琪懋著功勋，朕故任以西陲要地，付以川陕重兵；而佞险奸邪之徒，造作蜚言，煽惑人心，谗毁大臣，其罪可胜诛乎？'"

业造成重大损失的领导者并不鲜见；不信谗言，明辨是非，爱才护才的领导者也是不胜枚举。其中经验教训耐人寻味，给后人至少留下两点启示：第一，领导者要懂得“成才难，毁才易”的道理，树立爱才护才的强烈意识。古人说：“盖天下之才，莫难于成，而莫易于坏。”① 一个人成才，要经过长期刻苦勤奋的努力，具备百折不挠的毅力，还要得到一定环境条件的助力，但如遭遇谗人和昏庸领导，则很可能毁于一旦。所以当领导的，对背后说人坏话者一定要有戒心；涉及对人才的评价，要询之众人，莫轻信一人。第二，谗言害人能否得逞，最终还是看领导。作为一个领导者，一要善于学习，不断提高自己的学识水平和明辨是非的能力。正如朱元璋所说，“君主如果能够认识到遭诋毁的人是贤人，而不是坏人，那么污蔑诽谤的言论自然就会平息，人才也就不会受到压制和迫害了”。② 二要加强个人修养，提高个人素质。荀子曾说有些君主“谄谀者亲，谏争者疏”，③ 与那些善于溜须拍马的人很亲近，而与那些经常提建议，甚至有时还跟自己争论的人疏远。如果领导者能够克服荀子所指出的这一弱点，那么小人进谗的机会就大大减少了。

第三节　宽和待士　坦诚互信

爱护人才，所希望达到的效果就是充分调动人才的积极性，让人才干得舒心，干得放心，能在没有任何顾虑的情况下，将自

---

① （宋）杨万里：《诚斋集》卷87。

②《明太祖实录》卷232：“人主能知其毁者果然为贤，则诬谤之言可息，而人才亦不至于受抑矣。”

③（先秦）《荀子·修身》。

己的所知所能毫无保留地贡献出来。而要达到这一效果，创造一种能够使人才贡献才智的宽松环境就自然成为现实的需要。明智的领导者在给优秀人才营造宽松工作环境方面都是尽全力而为，有的还考虑得比较细致。

一、宽和待下，建立领导者与人才之间的和谐融洽关系

如果说封建社会的君臣关系是主子和奴才的关系，这也并没有错。但同样是这样一种关系，历来有不同的理解和主张：一种认为不管君主做什么、怎么做，君主总是圣明的，总是应该的，臣子要绝对服从和拥护，即使君主有纣王之暴，也要助纣为虐。而另一种观点则认为，君臣之间要确立一种正确的、理性的、合乎道义的关系。孔子说："君使臣以礼，臣事君以忠。"① 孟子进一步发挥说："君之视臣如手足，则臣视君如腹心；君之视臣如犬马，则臣视君如国人；君之视臣如土芥，则臣视君如寇仇。"②

礼贤下士，对下属待之以礼，这是中国传统文化中的美德。有些做领导的，文化修养不高，历史知识缺失，认为当领导就应该有一种与众不同的样子，因而拿腔作势，傲慢无礼，故作威严，其实这样反而显得俗气。有学问的人，干大事的人，都追求一个和谐。上下和谐，左右和谐，则无事不成，无往不胜。春秋时，晏子经常与齐景公讨论治国之道，有一次，晏子又问齐景公说："您坐朝听政的时候很威严吗？"齐景公反问道："坐朝威严对治理国家又有什么坏处呢？"晏子回答说："如果君主坐朝听政过于威严，那么下面的臣子就不敢说话；如果臣子不敢说话，那么君

① （先秦）《论语·八佾篇第三》。
② （先秦）《孟子·离娄章句下》。

主就听不到下情了。臣下不敢说话叫作哑，君主听不到下情叫作聋。上聋下哑不是有害于治理国家，又是什么呢？”① 读至此，不由得我们不击节叹赏，这话说得是何等深刻啊！

历史上一些明君，都很注意礼贤下士，宽和待下，尽量让臣下在自己面前别太拘束。唐太宗应当是其中做得比较好的之一。《资治通鉴》讲了这样一件事：有一次唐太宗问魏征：“大臣们呈上的奏书都写得比较好，有很多可供采纳的意见，但当面回答我的问题时却表现不怎么样，不是回答不上来，就是语无伦次，这是为什么啊？”魏征回答说：“据我观察，各部门大臣报告事情，一般都是考虑好几天，但到了您跟前说的时候，能够表达出来的不到三分之一。何况那些提不同意见的，更是违背了您的本来意思甚至触犯了忌讳，如果陛下不表现得和颜悦色，他们哪里敢尽情表达呢！”唐太宗深以为然，在以后接待群臣时更加注意，无论是语言还是表情都非常温和。他还说：“隋炀帝对大臣们多猜忌，在朝堂上对群臣总是板着脸不说话。我却不是这样，我和群臣亲如一体。”② 毛泽东同志当年阅览到《资治通鉴》这一段，在魏征回答的“常数日思之，及至上前，三分不能道一，况谏者拂意触忌”两句旁，用粗笔画道以作标识，说明他认可魏征这一说法并认为值得注意。

与唐太宗这种比较明智的做法形成鲜明对照的是，以隋炀帝

---

① （汉）刘向：《说苑·正谏》：“晏子复于景公曰：‘朝居严乎？’公曰：‘朝居严则曷害于治国家哉？’晏子对曰：‘朝居严，则下无言，下无言则上无闻矣。下无言则谓之喑，上无闻则谓之聋。聋、喑则非害治国家如何也？’”

② （宋）司马光：《资治通鉴》卷194，“太宗贞观七年”：“上问魏征曰：‘群臣上书可采，及召对多失次，何也？’对曰：‘臣观百司奏事，常数日思之，及至上前，三分不能道一。况谏者拂意触忌，非陛下借之辞色，岂敢尽其情哉！’上由是接群臣辞色愈温，尝曰：‘炀帝多猜忌，临朝对群臣多不语。朕则不然，与群臣相亲如一体耳。’”

为代表的另一类愚蠢而粗鄙的表现。隋炀帝不懂装懂，不能装能，在群臣面前总是端着架子板着脸，而且自以为是，说一不二，不管事情的是非曲直，只看对自己的意见是赞成还是反对，赞成的就是忠，反对的就是不忠。在这种气氛下，君子贤人不敢说话，谄邪小人只管奉迎。魏征曾谈到他在隋朝时的一段亲耳所闻：当时发生了一桩盗窃案，隋炀帝下令叫於士澄搜捕。於士澄凡觉可疑的，就严加拷打，结果含冤承认自己是贼的达两千多人。隋炀帝就下令将这两千多人同日斩决。大理丞（法院官员）张元济认为这个案子有些奇怪，就试探着调查其实际情况，发现其中有六七人，在盗发之日还被关在别的狱中，才被释放出狱，也遭到审问，由于经受不住拷打折磨，诬称自己参加了盗窃。张元济因此更加认真地追究审问，结果两千人中只有九人在案发当天行踪不明，而且官吏中有对他们熟悉的，这九人中有四人根本不是贼。但是这样一桩特大冤案，有关部门却因为隋炀帝已经下令处决，就不再据实上奏，便把两千人一起杀掉了。① 这样的国君怎能不成为亡国之君？

二、坦诚相待，增进领导者和人才之间的相互理解和信任

有些领导者驭下严厉，但同为严厉，情况又有不同。其中有的领导者严厉而讲原则，按制度、规定办事。制度、规定在古代又称“格”，现在常用的“破格”“格外”中的“格”就是这个意思。认真按制度规定管理下属，按说这不叫“严厉”，而应叫

① （唐）吴兢：《贞观政要·君臣鉴戒第六》：“（贞观四年）魏征对曰：‘……但有疑似，苦加拷掠，枉承贼者二千余人，并令同日斩决……有司以炀帝已令斩决，遂不执奏，并杀之。’”

“严格”。严格管理，处治以公，下属一般是服气的。严厉者，往往对自己要求不严，而对别人要求过严，不管别人怎么做都很难令自己满意，于是动辄训人，有的甚至喜欢整人，搞得气氛很紧张。南宋时做过秘书监的杨万里曾批评说，有些君主一方面下诏求贤，可另一方面却对人才百般挑剔，“天下的人才，发表一则见解就被说是狂妄自大，表现出优秀的品行就被说是装腔作势，干一件成功的事情就被说是没事找事，他们感到无所适从，而君主却在那里说‘天下真无才啊’。像这样，就是一顿饭的工夫叹息九次，一天内下求贤诏一百次，天下那些敢说敢为的、忠诚贤良的优秀杰出人才，也还是不敢相信而前来报效朝廷的”。① 人才如果在这种氛围中工作，自然没有积极性可言，只能是穷于应付，虚于应对，作用很难发挥，人才自身也难以成长。

关于应该如何对人对己，韩愈在其著名文章《原毁》里有一段著名的话，原文朗朗上口，是这样说的：“古之君子，其责己也重以周，其待人也轻以约。重以周，故不怠；轻以约，故人乐为善。”意思是说，古代的君子，他们要求自己严格而全面，他们要求别人宽松而简单。要求自己严格、全面，所以自己就不会懈怠；要求别人宽松、简单，只要别人有一点长处，做出一点成绩，就加以鼓励，别人就乐意继续努力做好事，继续进步。总之，君子要严律己，宽待人。凡有君子之风的领导者，一般都是礼贤下士，对人才宽厚宽和。

北魏世祖太武帝在历史上不算有名，但他与大臣崔浩看似闲聊的一次谈话却值得一读。他对崔浩说：“你才智渊博，曾侍奉

① （宋）杨万里：《诚斋集》卷 87：“使天下之士，出一语言则曰猖狂，励一节行则曰矫激，作一事功则曰生事，而曰天下真无才也。此虽一饭九叹息，一日百下诏，天下之忠贤奇杰，勇于言而敢于为者，谁敢信而来哉！”

过我死去的祖父和父亲，忠于我们三代，我因此把你留在我的身边。你只管想着尽力规劝我走正路，匡正我、辅佐我，不要有什么话藏在心里。我虽然有时会向你发火，或者不采用你的建议，但过后我总是认真考虑你说过的话。”① 太武帝一共讲了三句话，说了三层意思，言简意赅。第一句讲两人的特殊关系，一下子拉近了距离；第二句提要求，要崔浩敢于直言，尽到匡正辅佐的责任；第三句作自我批评，并表明自己的态度，请崔浩理解。君主对臣下，把话说到这种程度，可谓坦诚！在这样的君主面前，作臣子的能不受感动，从而竭心尽力吗?

理解是相互的，领导者要求下属理解自己，领导者也要注意理解下属。有时，领导者主动理解下属，会收到意想不到的效果。三国时期的孙策，在创业的时候得到了张昭，他非常高兴，任命张昭为长史、抚军中郎将，带着张昭去拜见自己的老母，就好像是从小的朋友一样亲切信任，不论是文是武的事，都交给张昭去办理。张昭每次收到的后方官吏和士绅的报告文书，都是称赞张昭如何正确、能干，将一切功劳归于张昭（应主要赞美孙策才好），张昭想秘而不宣，不让外人知道这些报告的内容，又怕有秘密活动之嫌；若将这些报告文书内容公开，又怕别人误解是突出自己等，反正是进退不安。孙策听说了这件事，欢笑着说道："从前春秋时管仲担任齐国的国相，被齐桓公尊称为'仲父'，人们谈起齐国富强的原因，一是归功于'仲父'，二还是归功于'仲父'。但不管如何赞美他，他辅佐的齐桓公却成了春秋的第一霸主。现在子布（张昭字）你贤德有才，我能用你，你的功劳和

① （北齐）魏收：《魏书》卷35，《崔浩传》："世祖从容谓浩曰：'卿才智渊博，事朕祖考，忠著三世，朕故延卿自近。其思尽规谏，匡予弼予，勿有隐怀。朕虽当时迁怒，若或不用，久久可不深思卿言也。'"

名誉难道就没有我的份吗？”① 当群众把功劳和荣誉归于自己的下属，而不是归于自己的时候，很多领导者是受不了的，轻者也要找理由敲打敲打下属，让他“端正”认识，“不要翘尾巴”，重者甚至对下属打击排斥，不一而足。孙策则是大将风度，为自己能有闻名于外的下属而欢欣鼓舞。在这样的领导者下面干事，人才就不会一直像张昭开始那样“进退不安”，自然就可以疑虑全消，全身心地投入到事业中去。

三、导人使言，让人才敢于讲真话，敢于提不同意见

导人使言，就是引导人们知无不言，言无不尽，创造让人敢于讲真话的环境。毛泽东同志当年多次说过：让人讲话，天不会塌下来；不让人讲话，总有一天要唱霸王别姬。毛泽东同志这句话是专门讲给各级领导干部听的，讲得充满哲理。

大到一个国家，小到一个团体，有没有让人敢于讲话的政治气氛，并不是小事一桩，而是关系事业兴衰成败的大事情。《贞观政要·政体》所附的“吕氏”注释说：“周武王的朝堂上，讨论争辩之风盛行，而国家得以昌盛；商纣王的朝堂上，唯唯诺诺之风盛行，而国家走向灭亡。朝廷之上，君臣之间以及群臣之间团结和谐而又能各抒己见，畅所欲言，相互争论，务求得出正确合理的结论，这是‘谔谔之风’。如果朝廷坚持这种‘谔谔之风’，那些贤良正直的人就会被提拔重用，而奸佞小人就会被渐

① （晋）陈寿：《三国志》卷52，《张昭传》：“孙策创业，命昭为长史、抚军中郎将，升堂拜母，如比肩之旧，文武之事，一以委昭。昭每得北方士大夫书疏，专归美于昭，昭欲嘿而不宣则惧有私，宣之则恐非宜，进退不安。策闻之，欢笑曰：‘昔管仲相齐，一则仲父，二则仲父，而桓公为霸者宗。今子布贤，我能用之，其功名独不在我乎！’”

渐淘汰，这样一来国家怎能不昌盛呢？如果君臣上下有错误也不劝谏、不争论，下面总是顺着上面的意思说，说出来的话全部雷同而毫无特点，这就是‘唯唯之风’。如果朝廷坚持这种‘唯唯之风’，那么奸佞之人就会被提拔重用，而君子贤人就会被排挤，这样的国家怎么能不灭亡呢？”① 这段话好就好在，它在讲述政治风气与国家命运密切相关的同时，把政治风气与人才使用之间的关系也讲明白了：在一个人们敢讲真话、坚持真理的政治环境里，贤良正直的优秀人才就会得到提拔重用，健康成长；相反，在一个只能讲顺话、讲假话的环境里，正人君子就会受压抑、受排挤。

一个励精图治、希望国家强盛的君主，必定会关心人才使用问题，也必定会关心政治风气问题。唐太宗有一次问魏征：“什么样的君主叫‘明君’，什么样的君主叫‘暗君’？”魏征回答得非常精辟：“君之所以明者，兼听也；其所以暗者，偏信也。”② 这就是成语“兼听则明，偏信则暗”的来历，其意的确深刻。魏征以尧和舜两位古代圣君为例，说由于他们广招天下贤士，广泛听取各方面意见，因而心明眼亮，对天下的事情无不知晓；又以秦二世、梁武帝和隋炀帝为例，说他们因为偏听偏信，本来天下已乱，他们还被蒙在鼓里认为太平无事，结果只能是惨遭败亡。

唐太宗对于魏征的精辟见解是“甚嘉其言”，深以为然。魏

---

① （唐）吴兢：《贞观政要·政体第二》：“吕氏曰：‘武王谔谔而昌，商纣唯唯而亡。盖朝廷之上，和而不同，论难往来，务求至当，此谔谔之风也。朝廷以谔谔为风，则正人进，而佞人退，安得而不昌乎？其或君臣上下有非不谏，务相顺从，以为雷同，此唯唯之风也。朝廷以唯唯为风，则佞人进，而君子退，安得而不亡乎？’”转引自《资政史鉴·用人卷》，人民出版社 1998 年版，第 305 页。

② （唐）吴兢：《贞观政要·论君道第一》：“贞观二年，太宗问魏征曰：‘何谓为明君暗君？’征曰：‘君之所以明者，兼听也；其所以暗者，偏信也。’”（此事亦载于《新唐书》卷 97《魏征传》。）

征经常对朝政提出批评，对唐太宗提出劝谏，所涉及的事项前后达二百多件。唐太宗大都当场表态予以采纳，并多次在大臣面前对魏征称赞不已，表扬他忠直敢谏，见解深刻，有时还赐钱赐物，予以奖励。对此，魏征是这样回答唐太宗的："由于陛下您'导臣使言'，所以我才敢直谏；倘若陛下不能接受我的意见，我又怎么敢冒犯龙鳞（传说龙喉下有逆鳞，如碰到它，龙会杀人），触犯忌讳呢？"① 魏征这几句话不完全是歌颂唐太宗的，也是实话实说。从一个角度看，魏征忠贞可嘉，敢于直谏；从另一角度看，是唐太宗虚心纳谏，臣下才敢于直谏。在唐太宗导人使言的政治环境里，逐渐形成了一批敢于提意见、讲真话的人才队伍，他们直言不隐，为唐朝的繁荣昌盛作出了巨大的贡献。

第四节　关心生活　体恤健康

无论是君主，还是其他领导者，凡是爱才惜才者，大都对优秀人才关爱有加。优秀人才往往勤勉，勤于读书，勤于政务，勤于思考，其中废寝忘食、积劳成疾者并不鲜见。他们的身体状况直接影响到他们的服务效率和服务时间的长短，因而不能不引起领导者的关注。

唐太宗在关心爱护人才方面有不少记载。马周被提拔为中书令后，按说正是为朝廷出力的好时候，但他却不幸"病消渴"，按现在说法就是得了糖尿病。史载："当时唐太宗住在翠微宫，他命令找一块适宜病人居住的好地，为马周兴建住宅。根据太宗的指示，名医和宫内使者来往探望，络绎不绝。日常饮食太宗也

---

①（唐）吴兢：《贞观政要·论任贤第三》："陛下导臣使言，臣所以敢言；若陛下不受臣言，臣亦何敢犯龙鳞，触忌讳也。"

经常叫人送御膳给马周。太宗还亲自为马周调药，派皇太子前去慰问。"①

对直接因公受伤的有功人才，唐太宗的表现更是动人。贞观十九年（645 年）三月，右卫大将军李思摩在战斗中中箭受伤，唐太宗亲自为他用嘴吮吸疮血。将士们听说这件事后，无不为之感动。②

武则天也是一位爱才惜才的君主。她对狄仁杰常称"国老"，而不直呼其名。狄仁杰经常在朝堂上与武则天当面辩论是非，直言进谏，武则天经常是屈意听从。有一次，狄仁杰跟从武则天出游，遇上一阵大风，把狄仁杰的头巾吹落到地上，马也受惊狂奔起来。武则天命令太子追上去，抓住缰绳把马控制住。狄仁杰因年老多病屡次请求退休养老，武则天不答应。狄仁杰每次进见，武则天常常不让他叩拜，说："每次见到您叩拜，我也觉得身上疼痛。"狄仁杰去世时，武则天哭着说："国老不在了，我的朝堂就像空了一样。"③ 对于武则天，历来褒贬不一，但这段关于关心狄仁杰的描述，恐怕谁读了也会为之感动。可以想见，在场的大臣们听了会是什么感觉！

唐玄宗开元年间，宰相姚崇没有自己的住宅，寓居在罔极寺，因身患疟疾而请病假，玄宗派人前去询问饮食起居情况，一天竟

---

① （宋）李昉：《太平广记》卷 164："周病消渴，弥年不瘳。时驾幸翠微宫，敕求胜地，为周起宅；名医内使，相望不绝；每令常食以御膳供之；太宗躬为调药，皇太子临问。"

② （宋）司马光：《资治通鉴》卷 198，"贞观十九年"："右卫大将军李思摩中弩矢，上亲为之吮血。将士闻之，莫不感动。"

③ （宋）孔平仲：《续世说·宠礼》："武后信重狄仁杰，群臣莫及，常谓之'国老'而不名。仁杰好面折廷诤，太后每屈意从之。尝从太后游幸，遇风吹，仁杰巾坠而马受惊不能止。太后命太子追执其鞚而系之。仁杰屡以老病乞骸骨，太后不许。入见，常止其拜，曰：'每见公拜朕亦身痛。'仁杰薨，太后泣曰：'朝堂空矣！'"

达数十次。每次朝中有重要事项，玄宗就让大臣源乾曜去罔极寺问姚崇应如何处理。源乾曜觉得姚崇住的条件太差，就请求让姚崇到四方馆居住，并允许他的家属入馆照料他的疾病，玄宗当即批准了这个请求。可姚崇认为四方馆内存放国家簿记文书，不是病人应该居住的地方，一再表示不搬过去。玄宗对他说："设四方馆是方便官员查阅文书档案的。让你住，是为了有利于江山社稷啊。要不是制度不允许，我恨不得让你住进宫里来。现在让你住四方馆，这点事还值得推辞吗?"①

大家都知道朱元璋驭下严厉，但对手下的优秀人才也是关心有加。宋濂以文章学问著称于世，曾任元朝的翰林院编修，后见元朝败局已定，就隐居在龙门山中著书立说。朱元璋请他出山后加以重用，不久即负责"起居注"的工作。乙巳年（1365 年）三月，宋濂卧病在京城的官舍里，六天没有上朝。朱元璋问近臣："'老宋起居'为何好几天没见了呢（'起居'代表宋濂的职务，姓氏后面加职务，前面加个'老'字，显得对宋濂很亲切）?"近臣说宋濂病了，并详细地报告了病情。朱元璋听后即一脸忧愁，说："宋起居是纯真之人，从没有分毫作假，侍奉我五年如一日，不知他怎么就得了这病呢?"过了一天，又问："宋起居的病是否稍好点?"近臣回答说和开始差不多。过了两天又问，回答还是说和原来一样。朱元璋伤心地说："你去传达我的命令，让他回金华山养病，父子祖孙欢聚一堂，病必然好得快；病好了赶快回

---

① （宋）司马光：《资治通鉴》卷 211："姚崇无居第，寓居罔极寺，以病痁谒告，上遣使问饮食起居状，日数十辈。""每有大事，上常令乾曜就寺问崇。癸卯，乾曜请迁崇于四方馆，仍听家人入侍疾；上许之。崇以四方馆有簿书，非病者所宜处，固辞。上曰：'设四方馆，为官吏也；使卿居之，为社稷也。恨不可使卿居禁中耳，此何足辞！'"

来，国家的文化事业才有指望!”[①] 朱元璋对宋濂的病一天一问，不可谓不关心；后又让他回老家养病，关心不可谓不细。一国之主能做到这样，的确不容易了!

读史书，看古戏，感觉皇帝威严，大臣恭敬，规规矩矩，上下肃然。其实这是朝堂上的表现，其他场合则是另外一个样子了。下面这段记载就很有趣。明洪武三年（1370 年)，朝廷设置弘文馆，任命罗复仁为学士，与刘基（刘伯温）同等地位。罗复仁说话操南方口音，在皇帝面前非常直率地谈论朝政得失。朱元璋非常喜欢他的质朴直率，喊他为“老实罗”，而不叫他的名字。罗家在城墙旁边的一个偏僻小巷里，有一天，朱元璋突然来到了罗复仁的家。罗复仁正在粉刷墙壁，见到皇帝来了吃了一惊，赶忙喊妻子拿来一个小凳子给皇帝坐。朱元璋感慨地说：“贤士怎么能住在这么一个地方!”于是在城中赐给他一座像样的住宅。[②] 罗复仁当时与刘基地位相等，自己刷墙，拿小板凳给皇帝坐，确实反映了明代官员待遇之低（在拙著《中国古代文官制度》中，对明代官员俸禄有专门论述)。不管怎么说，从这则故事里还是可以看出，朱元璋对贤士是很关心的。

于谦是明朝的大功臣，本书前面曾经提到过，他在明英宗遭遇“土木堡之变”之后，力挽狂澜，带领军民取得了“北京保卫

---

① （明）宋濂:《宋文宪公全集·恭题御赐书后》:“（宋濂）卧病京师之官舍，不入侍者六日。上顾近臣黼曰：‘老宋起居何久不见耶?’黼以病对，且言其致疚之祥。上忧形于色，曰：‘宋起居纯饬之士，不参以分毫人伪，侍予五年，犹一日也；不知何以而有斯疾乎?’越一日，又问曰：‘病势稍损否?’黼对如初。越二日，又问，黼复对如初。上恻然曰：‘尔往传命，俾归养金华山中，父子祖孙欢然司聚，疾必易愈；愈且速告朝，国家文翰庶有赖哉!’”

② （清）张廷玉等:《明史》卷 137,《罗复仁传》:“帝（明太祖）顾喜其质直，呼为‘老实罗’而不名。间幸其舍，负郭穷巷，复仁方垩壁，急呼其妻抱杌以坐帝。帝曰：‘贤士岂宜居此!’遂赐第城中。”

战”的胜利，挽救了明王朝。在保卫战期间，于谦晚上就住在值班室，不回家。他素有痰病，因劳累过度又发作起来，明景帝派兴安、舒良两人轮流去探视。听说于谦吃得很少，景帝就命令御膳房特制食品赐给他，从主食到小咸菜，样样具备。景帝还亲自到万岁山，砍伐竹子取沥汁给于谦服用，以治痰症。有人说景帝宠爱于谦太过分了，兴安等人则说：“于谦日夜操劳，为国分忧，不顾自己的家庭和财产。如果他没了，朝廷到哪里再能找到这样的人啊？”①

清代的雍正皇帝口碑不算好，给人的感觉是严酷无情，但他在关心优秀人才方面并非乏善可陈。清代史料笔记《啸亭杂录》里有一则叫“宠待大臣”（由题目可推想内容），其中说：张廷玉在雍正朝任保和殿大学士、军机大臣，兼管吏、户两部和翰林院。雍正四年（1726 年），张廷玉曾患小病，病愈后，雍正皇帝对近臣们说：“我的腿和臂膀不舒服，好几天才好。”近臣们便争着上前问安。雍正皇帝笑着说：“张廷玉有病，难道不是我的股肱不舒服吗？”雍正十年（1732 年），鄂尔泰由云贵、广西总督任上召为保和殿大学士、军机大臣时，雍正皇帝特命工部尚书海望为他在大市街北建造了一座官邸，而且家具用物一应俱全。内阁学士陈时夏在滇南做官时，雍正皇帝考虑到其母年迈，特地命令云南、贵州的有关机构安排驿马车辆，送他母亲到他的任所。② 从这些

① （清）张廷玉等：《明史》卷 170，《于谦传》：“（于谦）尝留宿直庐，不还私第。素病痰，疾作，景帝遣兴安、舒良更番往视。闻其服用过薄，诏令上方制赐，至醯菜毕备。又帝幸万岁山，伐竹取沥以赐。或言宠谦太过，兴安等曰：‘彼日夜分国忧，不问家产，即彼去，令朝廷何处更得此人？’”

② （清）昭梿：《啸亭杂录》卷 1，“宠待大臣”：“张文和（廷玉）尝小疾，及病痊后，上告近侍曰：‘朕股肱不快，数日始愈。’众争来问安，上笑曰：‘张廷玉有疾，岂非朕股肱耶？’”（余略）。

故事里可以看出，雍正皇帝对他倚重的大臣是非常关心爱护的。历史资料称“世宗驭下严肃”，① 但雍正皇帝对大臣们不是仅有严格的一面，而是还有关心的一面。对下属既严格管理，又关心爱护，这就是所谓“恩威并施”的用人之道。

第五节　不以一眚掩大德

人非圣贤，孰能无过。即便是优秀人才，也难免有时会犯错误。爱护人才，就要允许人才犯错误，不能一犯错误就一棍子打死，要分析错误的产生原因、性质、大小，并作出恰当的处理。对于大多数犯错误者而言，应该是“犯错误不要紧，改了就是好同志”。这些都是现代人们很熟悉的对待犯错误者的正确态度。古代一些明智的用人者，在对待下属犯错误的态度上，同样有着不俗的表现，他们不以一眚掩大德，不以小过废人才，体现了对人才特别是优秀人才的关心和爱护。

对于官员所犯错误，要进行具体分析。首先要区分错误的性质和轻重。这一点，古今同理。但如何区分，古今就各有不同特点了。在古代，官员有违法违纪行为，无论属于刑事责任，还是属于行政责任，统称之为“犯罪”，然后再区分“公罪”和“私罪”。一般来说，凡是在工作中的过失性犯罪（错误），都属于公罪；属于因私、故意，特别是与政事及官员形象有密切关系的违法违纪行为，如贪污受贿，则属于私罪。处理原则是公罪从宽、私罪从严。所以古人在强调“不以一眚掩大德”时，大多是指公罪性质的错误，并不是宽大无边。

① （清）昭梿：《啸亭杂录》卷1，“赏花钓鱼”。

“不以一眚掩大德”是个成语。“眚”在这里是过错的意思，“德”在这里是功绩的意思。“不以一眚掩大德”，就是不能因为一个人犯了个别错误而抹杀他的重大功绩。为什么要“不以一眚掩大德”？唐太宗讲：“不因为一点不好而忘掉了他的所有好处，不因为小的过失而掩盖了他的全部功劳。设官分职，要做到人尽其才。”① 宋太祖赵匡胤则说，对于堪当大任的人才，“如果用其长，也应该护其短”。② 唐太宗是从用人大道理上讲的，意思是国家事务繁杂，需要大量人才；要想得到大量人才，就不能求全责备，而要全面看待人的优缺点及功过，注重主要方面。宋太祖是从用人的政策和策略角度讲的，意思是如果要重用一个有特殊才能的人才，那对他的缺点就应采取谅解和容忍的态度。当然，无论是唐太宗讲的，还是宋太祖讲的，都是建立在对人才进行正确分析的基础之上的，即这些人才必须是优点和功绩是主要的，而缺点和过失是次要的；如果是长处不多、毛病不少，或者功劳不大、过错不小，那就另当别论了。

下面，我们就看看古人实际中是怎样对待人才的缺点和过错的。

一、分清主次，不因小失大

楚庄王曾设宴招待群臣，大家吃到日暮时分已经喝得醉醺醺的，庄王命人点上灯烛继续喝，并让爱妃许姬给百官敬酒。忽然一阵风把灯烛吹灭了，有人趁机拉扯许姬的衣袖，许姬顺手拽下

① （唐）李世民：《帝范·审官篇》：“不以一恶忘其善，勿以小瑕掩其功，割政分机，尽其所有。”

② （宋）沈伦：《宋太祖实录》：“太祖尝与赵中令普议事……太祖曰：‘苟用其长，亦当护其短。’”

了那人的帽缨，回到庄王跟前说："刚才灯烛熄灭时，有人拉扯我的衣袖，我已拽掉了他的帽缨拿在手中了，快点上灯烛，看看谁没有帽缨。"楚庄王说："我赏赐百官饮酒，致使有人酒醉失礼，怎么可以为了显示妇人的节操而去羞辱我的官员呢?"于是命令左右说："今天你们与我饮酒，都要把帽缨拽掉，不然喝不痛快。"出席宴会的官员有百余人，大家都拽去帽缨，然后才点上灯火，终于尽欢而散。[①] 在这里，楚庄王是有意掩盖醉酒失礼者冒犯自己爱妃的错误。

北宋英宗时，有一年皇帝率领百官在南郊祭天，尚书省特意设宴招待百官。有一名郎官叫王易知，不够检点，饮酒过度呕吐。御史到英宗面前弹劾他有失礼仪，英宗却宽恕免罪。宰相韩琦又来奏闻，英宗说："我已说过免他的罪了。"韩琦援引前朝旧例，提出对失仪官员不能赦免。英宗说："当然，失仪属于受轻罚的错误，也不会重罚。然而让一位士大夫因酒食而受惩罚，使他太没有面子了!"最后还是赦免了王易知。[②] 看起来，御史和宰相坚持原则也没什么不对，在重大场合喝酒呕吐，确实有失礼仪。但宋英宗的处理方法却更人性化，尤其是在朝堂礼仪被看得高于一切的封建社会里，就更显得难能可贵！对人才多给予一些人性化的关爱，正是领导者所应有的品质。

二、就事论事，不无限上纲

暮年回首，总感到人生是短暂的；但要一天一天地算起来，人生又是漫长的。在漫长的岁月里，人很难保证自己的情绪没有

① 见（汉）刘向：《说苑·复恩》（原文略）。

② （宋）李攸：《宋朝事实》卷5："……郎官王易知醉饱呕吐……帝曰：'失仪，薄罚也。然使士大夫以酒食得过，难施面目矣！'卒赦之。"

失控的时候。在情绪失控的状态下，由于有些问题尚未理清和排解，郁积在心，可能会说出产生一定不良影响的话，或有其他不当举动。有时甚至在莫名其妙的一念之差状态下，比如要显示自己的胆大、幽默等，冲口而出，而没有考虑后果。如此种种，古今都会发生。对待这些问题，历来有两种处理办法：一种是不管发生的具体情况，一律视之为政治问题，无限上纲，彻底打倒；另一种是具体问题具体分析，不但看犯错误者的一时一事，还要看他的全部历史和一贯表现，弄清犯错误的原因、性质、情节轻重、是偶尔还是一贯等，实事求是地处理。我们不妨看几则被当作佳话而记载下来的例子。

宋太祖赵匡胤有一次设宴招待群臣，翰林学士王著喝醉了酒，乘着酒兴进行喧哗。宋太祖因为他是前朝后周留任的学士，特意宽容他，令人扶他出去。没想到王著不肯出，随即走到屏风跟前，用袖子掩着脸放声大哭起来，宴席上的工作人员硬把他拉了出去。第二天上朝的时候，有人向太祖奏道："王著立在宫门跟前大哭，显然是怀念（后周的）世宗。"上奏者说的是对的，赵匡胤本是周世宗的大将，担任殿前都点检，兼任宋州归德军节度使，掌握兵权。周世宗柴荣死后，他七岁的儿子即位。赵匡胤见时机成熟，发动"陈桥兵变"，自己做了皇帝。对于这件事，一些后周旧臣虽被留用，但心中肯定不满。王著借酒大哭，即是表达这种不满，这肯定是一起严重的政治事件。宋太祖却很平淡地说："王著就是一个酒徒而已，原来在世宗幕府里做事时，我就对他很了解。再说，一个书生哭世宗，又能有什么作为呢？"① 宋太祖就事论

① （近代）丁传靖：《宋人轶事汇编》卷1："太祖尝曲宴，翰林学士王著乘醉喧哗……掩袂痛哭……明日或奏曰：'王著逼宫门大恸，思念世宗。'太祖曰：'此酒徒也。在世宗幕府，吾所素谙。况一书生哭世宗，何能为也。'"

事，大事化小，就这样把问题处理了。相信王著事后也会认真反思，为赵匡胤的宽容所感动的。假如赵匡胤不是采取宽容态度，而是当作一起严重的政治事件，那就要来一个彻底清查，把对后周仍有感情的、认为我赵匡胤做皇帝是不义之举的臣子们统统抓起来杀掉，那就会引起不小的政治动荡。所以，宋太祖不仅仅是保护了王著一个人，而是保护了一批人。很显然，赵匡胤此举是有利于巩固新生政权的明智之举。

宋神宗时候，枢密院直学士蒋堂担任成都府知府。有一个名叫何宗韩的士人，性格狂放，写了一首诗送给蒋堂，诗中有两句是："截断剑门烧栈阁，此中别是一乾坤。"蒋堂看后认为此诗分明是劝自己谋反的，因而非常害怕，立即将何宗韩下狱，将他的诗上报朝廷等候定罪。有一天，宋神宗问有关大臣："何宗韩那件事如何处理？"大臣们说："正要呈报。这是一个狂妄之徒，准备请州里开除他的士人资格，去做平民。"宋神宗说："不能这样处理。穷书生为饥寒所迫才发这样的牢骚。可以给他一个不管事的官。"于是授他为邓州司士参军，也赐给他与其他官员一样的袍服和笏板。① 何宗韩两句诗的字面意思是，只要截断四川与中央的唯一通道，四川便是一个独立王国。此事如放在清代雍正乾隆的文字狱时代，这两句诗足以置其于死地，但宋神宗反对上纲上线，认为就是一个还没得到官职的穷书生发发牢骚而已，不但不治罪，还在一定程度上满足了这个书生的要求。

① （宋）吕东莱：《紫微杂记》卷31："有狂士何宗韩上（蒋）堂诗，有'截断剑门烧栈阁，此中别是一乾坤'。堂惧，遽下宗韩吏，缴其诗待罪。一日，上问政府：'何宗韩事如何？'诸公对：'方欲进呈。此本狂生，欲请诸州编置可也。'上曰：'不可如此。穷措大为饥寒迫所致，与一不管事官。'"

三、惩前毖后，给人以出路

对犯错误者的处理，历来有两种不同的做法：一种是“一棍子打死”，使其一辈子不得翻身，“一失足成千古恨”；另一种是实事求是，处理恰当，惩前毖后，治病救人，给人以出路，对于改过自新者量才使用，不加歧视。

明朝初年朝廷上曾发生过两种不同意见的争论。朱元璋当了皇帝以后，曾下诏颁布荐举令，其中规定：凡官员因犯错误而受到罢免或斥责的，不能重新被选拔任用。洪武二十五年（1392年）十二月，安庆知府周昌上书建议说：“我见许多士人，有的原来为官时因犯有小的过错而被罢免，然而他们确有才能可资任用，但按照现在的规定却不能被起用了。陛下应该对他们施以宽恕恩惠，令有关官府推荐起用他们。”吏部官员坚决反对说：“犯了错误再被重新任用，就难以体现惩戒的意义。周昌的话不可听！”明太祖认真听了双方的意见，说：“任何优秀的工匠琢磨玉石，都不会因为玉石有小的瑕疵而弃之不用。国家任用人才，也一定要宽免那些犯过小错的人。所以，改正错误，重新向善，是圣人赞成的；弃人之短，用人所长，是国君应该做到的。如果因为一件事的过失就舍弃一个人，那么天下就找不出一个全面的人才了。周昌的话确实是对的。现在命令各级官府，凡是因小的过错而被罢免或者被贬到边远地方的，如果了解到他们确实德才兼备，都可以举荐任用。”① 朱元璋在这里表现了一种坚持真理的大

① 《明太祖实录》卷223：“吏部奏言：‘有罪复用，无以示惩。昌言不可听。’太祖曰：‘良工琢玉，不弃小玭。朝廷用人，必赦小过。故改过迁善，圣人与之；录长弃短，人君务焉。苟因一事之失而弃一人，则天下无全人矣。昌之言诚是。其令有司，凡士人因小过罢黜及迁谪远方者，知其才德果优，并听举用。’”

度，自己过去曾发布过官员犯错误不能重新起用的诏令，而一个知府却敢于提出不同意见，知府在朝堂上是一个不大的官，而且遭到了权威部门吏部的严厉驳斥，在这样一种情况下，朱元璋明确表态，充分肯定知府的意见，并在理论上将这一意见提到相当高度，很值得后人思考与借鉴。

在用人实践中，很多领导者对知错能改的人才都是注意使用的，他们根据具体情况，对应该继续使用或重新起用的人才大胆任用，收到了较好的用人效果。

鲁宣公十二年（前 597 年）秋，晋、楚两国交战，晋国军队大败而归，统帅军队的桓子自认有罪，请求晋景公赐死，景公也认为吃了败仗，给国家造成那么大的损失，主帅应该受死，所以准备同意桓子的请求。关键时刻，大臣士贞子站了出来，对景公劝谏说，千万不能杀掉桓子，杀掉桓子等于壮大了楚国的力量。“桓子侍奉国君，在朝时想着如何尽忠，回到家里便想着如何弥补自己的过失，他是保卫社稷的中流砥柱啊！这样的人为什么要杀掉他？他这次打了败仗，就好比太阳、月亮也有蚀的时候，对日月的光辉又有什么损害呢？”晋景公便赦免了桓子，让他官复原职。① 俗话说胜败乃兵家常事，如果一个将帅打了败仗就被罢免，甚至被杀头，那世上就没有可用的将帅了。由此可见，士贞子在用人方面的见识远胜于晋景公。不过，晋景公还是听了士贞子的正确意见，也还不算太糊涂。

曾担任过隋朝河池郡守的萧瑀，在拥戴李唐王朝建立和拥戴李世民当皇帝上都是有功之臣，对李唐王朝忠心耿耿，因而受到唐太宗的重用。但萧瑀性格过于较真，不能容人之过。贞观初年，

---

① （先秦）《左传·宣公十二年》：“（士贞子谏曰）林父（桓子）之事君也，进思尽忠，退思补过，社稷之卫也。若之何杀之？夫其败也，如日月之食焉，何损于明？”

房玄龄、杜如晦二人后来居上，成为唐太宗的得力宰相，而萧瑀屡次因为一些微不足道的小错对他们加以弹劾，唐太宗为此很生气，罢免了萧瑀的职务（保留官阶），不再让他参与朝政。但唐太宗并没有彻底废弃萧瑀，仍然念及他昔日的功劳，过了一段时间，又将萧瑀的官阶从“光禄大夫”（从二品）晋升为“特进”（正二品），重新让他参与朝政。唐太宗认为，萧瑀虽然有缺点有错误，但他是一个“忠直”之臣。唐太宗评价萧瑀说：“这个人，利益诱惑不了他，死亡威胁不了他，是真正的社稷之臣啊！”并赐给萧瑀两句诗：“疾风知劲草，板荡识诚臣。”这评价可是够高的！在高度评价的同时，也直接指出了萧瑀的缺点和错误。唐太宗对萧瑀说：“要论你的忠诚正直，古人也不过如此。然而善恶是非分得太清楚了，难免有时也会犯一些错误。”萧瑀心服口服，连连拜谢。①

一提起范仲淹，人们马上就会想起“先天下之忧而忧，后天下之乐而乐”的名句。这位北宋的文学家、政治家，不但在诗词散文上出类拔萃，而且在用人上也有不同流俗的见解和表现。史称，“范文正公用人，多取气节，而略细故”。用现在话说，就是看大节、略小节。由此可以看出范仲淹的用人思想。他在担任河东宣抚使时，按规定可以自行招聘人才到自己的幕府里工作，而他所招聘的人才大多是曾被罢免官职而尚未起复的人员。有人不明白他为什么这样做，他说：“如果一个人有才能，又没有过错，那朝廷自然会用他；如果有人确实是可用之才，却不幸受到了免职处分，我们若是在有机会的时候也不起用他们，他们就成为废

---

① （宋）司马光：《资治通鉴》卷194：“上曰：‘……斯人也，不可以利诱，不可以死胁，真社稷臣也！’因赐瑀诗曰：‘疾风知劲草，板荡识诚臣。’又谓瑀曰：‘卿之忠直，古人不过，然善恶太明，亦有时而失。’瑀再拜谢。”

人了。”正因如此，范仲淹所选拔上来的大多都是称职合格的人才。[①] 从这段短短的记载中，可以看出范仲淹非常重视犯错误或受挫折人才的重新使用问题。他认为这部分人才的使用问题容易被忽略，甚至举荐他们的人会沾上庇护之嫌，但他们如果得不到重新使用，则“遂为废人”，造成极大的人才浪费。

林则徐同样敢于起用和举荐犯过错误的人才。在林则徐的奏稿里记录了这样一件事：有一个人叫马辰，安徽怀宁县人，在担任湖南省扶标游击的官职时，因为失察家人私自接受了替班兵丁的钱财，经当时担任湖广总督的林则徐查明，奏请交给吏部处理，马辰被革职回家。后来林则徐作为钦差大臣被派往广东禁烟，路过安徽时想到了马辰。林则徐素知马辰一向熟悉武备，曾多次出师四川、台湾、湖南等地，因战功而得到皇帝赏戴花翎的奖赏。林则徐认为马辰正是到广东禁烟用得着的人，于是果断起用。马辰到广东后，“侦探夷情，查访汉奸，皆能周到慎密”；在收缴焚化两万余箱鸦片的过程中，“昼夜稽查，不辞劳瘁”；又善于带兵，在回击洋人的挑衅时，“奋力剿防，屡经获胜”。邓廷桢、关天培等当地官员也都认为马辰可用，是难得的人才。根据这些情况，林则徐正式向皇帝写出报告，请求将马辰“开复原官”。[②]

上述事例，对我们有两点启示：

一是要重视对曾经犯过错误人员的合理使用问题。人非圣贤，孰能无过。即使是德才兼备的人才，也难免会犯错误。对犯过错

---

① （明）李贽：《初潭集·君臣六·铨选诸臣》：“范文正公用人，多取气节，而略细故……其为帅日，辟置幕客，多取谪籍未牵复人。或疑之，公曰：‘人有才能而无过失，朝廷自用之。若其实有可用之才，不幸陷于吏议，不因事起之，遂为废人矣。’故公所举多得人。”

② 见（清）林则徐：《林文忠公奏稿》（2）。

误、愿意改过自新的人员，适时解除处分，及时合理使用，是对他们最大的爱护，将会极大地调动他们的积极性，促其向善。二是要坚持实事求是的原则。重视合理使用犯过错误的人员，并不是朝廷讲了这样的话，就要“跟风”起用犯过错误的人，也不是以此表现自己能够“大胆用人”，而是要实事求是。

第十章　管才

管才，即对人才的管理。若从广义上说，人才管理应当包括人才的录用、任免、晋升、考核、奖惩、培训、交流、薪酬、退休等各个人事管理环节；但从狭义上说，考核与奖惩无疑是最直接的管理。

古代所指人才范围比现在窄得多，主要是指国家官员以及作为官员后备队伍的士人。古代考核与奖惩所针对的人才范围，比求才、识才、用才、护才等环节所指范围还要窄一些，主要是指对国家公职人员，即对官员的考核与奖惩。古代论述考核、奖惩所涉范围虽然较小，但其道理仍旧博大。

第一节　严格考核

考核是一项不可或缺的人事制度。在十年“文化大革命”期间，干部人事制度遭到严重破坏，干部考核工作被废止。“文化大革命”一过，“在整顿过程中”，邓小平同志就及时提出：“要严格考核干部，并且把它作为一项制度坚持下去。"① 考核工作之所以受到如此重视，就是因为不搞考核，整个人事管理工作就无法正常运行。

古人在长期的用人实践中，根据用人的实际需要创造了若干不同的考核形式：有结合任期的定期全面考核，称为"考课""考绩""上计""考满"等；有以廉政、整顿官员队伍为目的的考核，称为"考察"、"刺察"、"访察"、"京察"（清代京官的定期考核也叫"京察"）、"外察"等；有以选拔任用为目的的考核，一般称为"考察"等。这些考核形式相辅相成，构成了一个完整的考核体系。

中国古代考核制度源远流长。据古籍记载，在很早的时候就有了定期考核制度，舜的时候就实行过"三载考绩，三考黜陟"（黜，罢免；陟，升迁）的办法，以后逐步完善，一直到清末。

考核在人事管理中具有重要的作用。《旧唐书·职官二》里说，考核能够"比较人员之优劣，而决定去留。以此来正确识别鉴定人物，明确赏罚，抑制贪冒，选拔贤能"②。古人认为，考核作用主要有二：一是"察贤否"（否，音 pǐ，是坏或恶的意思）。考核是识别人员行为善恶、能力大小的重要手段，考核结果可以作为对人员实施升降去留的直接依据。二是"明功过"。通过考核明确人员有哪些成绩和过错，赏功罚过，对人员直接起到激励进取、督促工作、监督行为的作用。东汉人王符将考核的这两项作用说得比较清楚，他说："治国理政最重要的工作，没有比了解贤人更为迫切的了；了解贤人最直接的办法，没有比考核更有

① 《邓小平文选》第 2 卷，人民出版社 1993 年版，第 124 页。

② （后晋）刘昫等：《旧唐书》卷 43，《职官二》："较之优劣，而定其留放。所以正权衡，明予夺，抑贪冒，进贤能。"

效的了。如果把一个官员的事功考核清楚，那么他的政务的好与坏就明显暴露出来了，他的人品善恶也会实实在在地反映出来了。这样，贤人就不会被埋没，奸佞投机分子就无处藏身了。”又说：“现在如果不对群臣进行考核策试，其祸患不仅仅是对人的好坏弄不清楚，甚至还会导致官场的怠惰腐败风气盛行。”①

正因为考核有如上作用，所以古代政治家对考核历来重视。唐太宗曾经说：“考核官员业绩的优劣，并以此决定对他们的罢免或升迁，这是古往今来国家普遍实行的制度。”② 贞观六年(632 年)，有一次唐太宗与魏征讨论用人问题，唐太宗说：“如果用了正人君子，那么行为端正的好人都会受到鼓励；如果误用了坏人，那些不善之人就会争相钻营进来。”由此可知，“用人特别需要慎重选择”。魏征回答说：“知人善任，自古以来就是一件难事，所以要通过考绩来决定官员的升降，了解他们的善恶。”③ 魏征在这里讲的考绩，指的就是定期考核制度，唐朝一年一考，四年（地方高级官员是三年）决定升降。魏征认为，只有通过定期考核来决定官员的升降，才能减少用人上的失误。

定期的年度考核固然重要，其他的考核也同样重要，如廉政考察、任用考察、不定期的随时考察等。古人有时称之为“察吏”，以泛指各类考核。清乾隆二年（1737 年）一月，皇帝对内阁有一大段谕旨，特别强调了“察吏”的重要性，对各地长官不注

---

① （东汉）王符：《潜夫论・考绩》：“凡南面之大务，莫急于知贤。知贤之近途，莫急于考功。功诚考，则治乱暴而明，善恶信则真。贤不得见障蔽，而佞巧不得窜其奸矣。”“今群臣之不试也，其祸非直止于诬暗疑惑而已，又必致于怠慢之节焉。”

② （后晋）刘昫等：《旧唐书》卷61，《窦诞传》：“（太宗手诏曰）考绩黜陟，古今常典。”

③ （唐）吴兢：《贞观政要・论择官第七》：“太宗谓魏征曰‘用得正人，为善者皆劝；误用恶人，不善者竞进……用人弥须慎择。’征对曰：‘知人之事，自古为难，故考绩黜陟，察其善恶。’”

意考核下属大为不满，切切实实地发了一顿脾气。其中说道：“从来为政之道，安民必先察吏。所以，作为督抚这一级担负封疆重任的高级官员，应该懂得除了做好察吏这一工作外，别无其他根本办法能使百姓安居乐业。自到任之初，就应当认真考察，广泛征求意见，详细鉴定识别，核查是否名实相符，听其言观其行，务求找到能够提出治国良策、教化百姓的人才，从而不辜负我广求人才的心意。”说到此，乾隆皇帝很生气地批评有的督抚大员：“不留心于察吏，我真不知道他究竟把什么看作是首要任务？”①

从乾隆皇帝这段话可以看出：把“察吏”视为治理国家的首要任务，不光是乾隆皇帝这样认为，它实际上已成为当时政界的共识。这一点，我们可从一些有识之士所说的话里得到佐证。嘉庆时候有个学者叫张士元，他在《名实论》一文中讲：“用人之道，在于考核名声（指做人）和事功（指做事）而已。名声和事功得到核实，那么是忠诚还是奸佞，是优秀还是庸劣，就都看出来了，从而国家就可以收到使用人才的实际效果。”② 这就是说，要想卓有成效地治理国家，就要做到正确用人；要做到正确用人，就要重视考核。林则徐则说得更简洁“立政之道，察吏为先”③。

既然考核工作作用重大，应该重视，那么如何才能做好考核工作呢？换句话说，做好考核工作要遵循一些什么基本原则呢？

---

① 《清高宗实录》卷35：“从来为政之道，安民必先察吏，是以督抚膺封疆之重寄者，舍察吏无以为安民之本，则自莅任之始，便当细察广询，详加甄别，循名核实，听言观行，务求分猷布化之才，以副朕博采旁求之意。”“既不留心于察吏，朕不知其视为先务者安在也？”

② （清）张士元：《名实论》：“用人之道，在核名实而已。名实既核，则忠佞与优劣俱见，而朝廷可以收人才之实效矣。”

③ （清）林则徐：《林则徐集·奏稿》。

一、务求严格，防止流于形式

再好的制度，如果不严格执行也是枉然。各个朝代都不同程度地存在考核不认真，甚至流于形式的问题。往往是每个朝代的前期做得比较认真；中期如果有的皇帝振作一下，出现“中兴”局面，考核也会严格一些；其他时期不认真的情况比比皆是，特别是每个朝代的末期，吏治败坏，朝典废弛，考核仅有其名，而无其实。《唐会要》载：“自至德（唐肃宗年号）以后，考绩部门所搞的考绩结果大多失实，能经常上朝的京官及各州刺史，从来不分好坏，都给予‘中上’考。”① 考核如果不分等次，彼此一样，那考核也就无法成为升降赏罚的依据了。这种状况自然会引起一些有责任心官员的忧虑和反对，唐德宗贞元七年（791 年）考功郎中上奏说：“自三十年以来，各部门都一律给本机关人员申报‘中上’考。按照考课的本义，考课结果是不应雷同的。如果这样下去，事久因循，朝廷制度恐怕就要废掉了。”② 这无疑是在皇帝面前对考核不认真的积弊敲了一次警钟。

大致说来，唐朝的考核工作还算比较好的，其他朝代考核不认真的问题则是有过之而无不及。直到清末，考核不认真的问题一直不同程度地存在，朝廷对考核不认真的严厉批评和对考核工作的严格要求也从未间断。以清代为例，康熙三十六年（1697年）上谕指出：“近几年来，督抚等官将考课‘视为具文’，每次都是将低级官员的细小毛病写在报告里加以塞责，而那些真正贪

① （北宋）王溥：《唐会要》卷 81：“自至德以来，考绩之司，事多失实，常参官及诸州刺史，未尝分其善恶，悉以‘中上’考褒之。”

② （北宋）王溥：《唐会要》卷 81：“自三十年以来，诸司并一例申中上考。且考绩之义，不合雷同。事久因循，恐废朝典。”

酷、有害地方的官员，反倒受到庇护，不被纠参。”① 康熙皇帝在这里说了一个词叫“视为具文”，“具文”就是空文，指空有形式而无实际意义。这又引出了一个典故，《汉书·宣帝纪》中说：“上计簿，具文而已。”说的也是考核的事，“上计”是指全国定期举行的地方官员考核，意思是说各地定期考核的报告只是一纸空文而已。看来将考核视为具文的弊病由来已久了。据记载，清代给官员写的“考语”（考核鉴定），经常出现“拘泥对偶，组织浮词，抄誊旧案，虚应故事”② 的问题，考核鉴定全由对偶的华丽词句组成，而且是从往年的考核鉴定里抄录过来的。这样的鉴定自然是毫无用处，只是应付而已。

乾隆二年（1737 年）一月，皇帝在给内阁谕旨中说：“我即位之初，曾有旨要求各省督抚将下属官员优劣的考核情况，写成奏折上报。当时各省督抚也都报过一次，而现在却再无一人奏报了……难道一定要我屡次颁发谕旨，你们才能遵旨陈述一下敷衍了事吗？”③ 读到这段话，不难想象乾隆皇帝当时生气的样子。乾隆七年（1742 年）的谕旨又批评说：“近来各省计典（指地方三年一次的‘大计’考课），颇有视为具文、苟且塞责者。”④ 乾隆十年（1745 年）十月，乾隆皇帝又在给内阁的谕旨中，对一个叫图尔炳阿的巡抚提出了严厉批评，原因是“他对全省属员的考核鉴定，都是只有优点而没有缺点”。乾隆皇帝指出“人才本来各

① 张友渔、高潮：《中华律令集成》（清卷）：“（康熙三十六年）比年以来，督抚等官视为具文，每将微员细故填注塞责，至确实贪酷官员有害地方者，反瞻徇庇护，不行纠参。”吉林人民出版社 1991 年版，第 515 页。

② （清）《续文献通考》卷 46。

③ 《清高宗实录》卷 251：“朕御极之初，曾有旨著各省督抚将属员贤否具折奏闻，彼时各省督抚皆陈奏一次，乃今并无一人陈奏者……岂必待朕谕旨屡颁，而始为遵旨敷衍了事已耶？”

④ 《钦定大清会典事例》卷 80。

有不同"，有的有这样的优点和缺点，有的有那样的优点和缺点，"都应当予以详细而准确的鉴别，核实上报，这才不辜负我委任你们为封疆大吏的厚望。而现在图尔炳阿关于属员情况的奏折，笼统开列名单，千人一面漫无区别，竟好像通省官员中并无一人存在可以批评的缺点。巡抚肩负考察全省官吏的职责，注意发现和合理使用人才的事情最关紧要，若是考核鉴定人才的事做不好，那担任这样的重任怎么能够称职呢?"① 乾隆皇帝讲得非常到位，既对不重视考核工作的敷衍态度进行了严厉批评，又从高级官员是否称职的高度对考核鉴定人才的工作提出了要求。

众所周知，清末的光绪皇帝是一个受制于人（慈禧），但想在政治上有所作为的皇帝，所以他也关心官员考核工作，对考核不认真的问题同样非常生气，在光绪七年（1881 年）谕旨中批评道："近来每到三年一次的京官考核，各衙门长官'往往视为故事'，只知道要求增加考核一等的比例，而他们衙门中属于衰老、平庸、怠惰的人员都被列入二、三等中，不肯据实纠参。"②

我们很容易注意到，上面三个皇帝的批评中都使用了"视为具文"、"视为故事"之类的词语，说明考核敷衍的问题已成痼疾。这些最高统治者的批评和要求，虽然不一定完全收到实效，但却能在一定程度上反映历代朝廷主张考核从严的用人思想。考核制度也正是在这种从严要求中得以维持和发展下去的。

---

① 《清高宗实录》卷 251："（图尔炳阿）所注属员考语，亦俱有优无劣。夫人才原属不一……俱当鉴别精详，核实入告，方不负朕封疆委任之寄。今伊所奏属员一折，笼统开载，漫无区别，竟似通省官员并无一人可訾议者。巡抚有察吏之责，留心人才最关紧要，若衡鉴不精，何以克称重任?"

② （清）《钦定总管内务府现行则例》卷 2："近来每属京察，各衙门堂官往往视为故事，只求一等加额，其衰庸怠惰之员概列二三等中，不肯据实纠劾。"

二、客观公正，防止弄虚作假

考核制度的生命力，在于能对被考核者作出客观公正的考核评价，即考核结果要客观公正。这里讲的“客观公正”是相对的，它是一种原则。考核结果能否客观地反映事物的本来面目，受很多因素影响。抛开在当时难以实现的条件、手段外，最能影响“客观”的因素，就是能否做到“公正”。考核不公正，就不可能得出客观的考核评价。所以，保证考核效果，公正是关键。而各个时期的考核是否公正，与当时的吏治好坏和官场风气密切相关。维护考核的客观公正，一直是明君贤相与正直官员的强烈主张。

考核不公的问题有各种各样的表现。

（一）宽上严下，欺软怕硬，双重标准

唐肃宗时，裴充担任太常寺太祝（低级官员）。当时在京各衙门给官员写评语，职位显要品级高的官员按惯例都得上考，裴充的同辈按惯例都只得中考。裴充就去找太常寺长官太常卿，问这是怎么回事，卿长回答说：“这是惯例。”裴充道：“本来设立考课制度，是为了奖励勤劳，考语怎能决定于职务级别呢?”① 裴充的抗争代表了大多数官员的不满。既然说是“惯例”，说明此种陋习已相沿已久。明代隆庆年间担任过首辅的高拱，在《论考察》中深刻指出，考核时对一般人吹毛求疵，“苛求隐细”，而对于“大奸大恶者，则有的不敢问，有的不能识别（指考察者缺乏

① （唐）赵璘：《因话录》卷3：“时京司书考，官之清高者例得上考，充之同侪以例皆止中考。诉于卿长，曰：此旧例也。充曰：……本设考课，为奖勤劳，则书岂系于官秩……”

识别能力）”，“这正是人心不服的原因”。[①] 明万历年间，左副都御史丘橓上书谈考课的弊端时也指出，考课中往往是“严小吏而宽大吏，详去任而略现任”。[②] 对职务低的官员严格，而对职务高的官员宽松；对已离任的官员详加考核，而对现任的官员却粗略而过。清代也有“罢免官员，是漏掉大的而罢免小的；惩治官员，是惩治已离职的而宽容在职的”[③] 等记载。可见，双重标准的问题在当时普遍存在。

（二）以恩怨好恶为转移，考核结果严重失实

历代统治者对考核都有要求，比如说对地方官要看户口和垦田是增是减，治安情况如何，有无冤案，有无摊派，有无钱粮亏空等，对官员的操守要“悉心廉访”，多听听下属官员的意见，还要“问之于民”。但是为数不少的考核者习惯于凭自己好恶和印象主观臆断，甚至“以皂隶（包括书吏、衙役）为耳目”，偏听偏信。[④] 一些被考核者，平日表现有亏，考课时又想得个好结果，于是就溜须拍马。清嘉庆皇帝曾专门发了一道上谕，痛批京察（清代京官定期考核）中表现出来的谄谀之风，他说：“近年以来，六部首长所赏识提拔的司员，大都以迎合自己意见者为懂得事理之人，以按文件办事、坚持原则的人为不懂事，以每日躬腰曲背地拜见，低三下四地说话，乖巧敏捷地逢迎之人为勤勉谨慎，而以坚持岗位按章办事、口齿木讷之人为迂腐笨拙，以至于

① （明）陈子龙等：《明经世文编》卷302，《高文襄公集·论考察》：“其称为不肖者，又多苛求隐细；而所谓大奸大恶者，或有所不敢问，或有所不能识……此人心所为不服也。”

② （清）张廷玉等：《明史》卷226，《丘橓传》。

③ （民国）赵尔巽等：《清史稿》卷111：“遗大吏而摘微员，惩去位而宽现在。”

④ 见《四有斋丛说摘录》，转引自杨树藩：《中国文官制度史》（下），台湾黎明文化事业公司1986年版，第363页。

官场上趋炎附势，卑鄙无行，暗地里讨好上司，平日里却傲慢待人。官场这种歪风邪气，简直不值得一问，官员们的气节差不多已消磨得没有了，此种政风成何体统？”①

（三）以考核为交易，贿赂请托，营私舞弊

越是吏治败坏的时期，这类问题越普遍和严重。明万历年间，丘橓说考课中请托之风严重，“国家的考察甄别制度，成了官员们进行市场交换的工具”，“御史巡视地方，还未离京城城门，而写有姓名要求关照的条子已装满行李箱”。② 御史巡视地方，一般都是以廉政为内容的考察，这类考察结果也作为定期考核和任职考察的依据之一，其中有重大问题者将及时奏报予以惩罚。有问题者当然害怕，必想方设法贿赂请托。这样得出的考核结果，当然无客观公正可言。

（四）借考核之机打击报复，党同伐异，颠倒黑白

吏治败坏时期，不良分子十分活跃，或借机挟嫌报复，或颠倒是非，以图蒙混过关。考课制度往往规定，各单位上、中、下考各有一定比例。如果下考无人，说明长官不够认真；如果列下考者凑足一定比例，长官便乐得能够交差，其余都列为中上考。这样，不良分子便“造作言语，鼓弄风波，倾陷善人”，③ 让好人去顶下考之数。明朝时，考课中征求意见的“访单”不必署名，奸邪者便利用这一机会“中所恶者”，④ 中伤自己所讨厌的人，有

---

① （清）《钦定六部处分则例》卷5：“近年以来，六部堂官所拔识之司员，大率以迎合己意者为晓事之人，以执稿剖辩者为不晓事之辈，以每日伛谒、卑词巧捷者为勤慎，以在司坐办、口齿木讷者为迂拙，遂至趋承卑鄙，乞怜昏夜，白昼骄人，仕途颓风，几不可问，气节消磨殆尽，成何政体耶？”

② （清）张廷玉等：《明史》卷226，《丘橓传》：“以朝廷甄别之典，为人臣市交之资”，“御史巡方，未离国门而密嘱之姓名已盈私牍”。

③ （明）陈子龙等：《明经世文编》卷302，《高文襄公集·论考察》。

④ （清）张廷玉等：《明史》卷229，《沈思孝传》。

的甚至“开列秽状满纸”,① 坏话连篇。吏治黑暗时期，“权奸”（掌握重权的奸臣）们更是利用考课党同伐异，陷害忠良。例如，明嘉靖三十五年（1556 年）本来不是考察年份，严嵩的儿子严世蕃为了排除异己，请求皇帝降旨考察京官，借机罢免了大臣三十五人、科道官（监察官）三十八人。

以上几种情况，直接影响了考核结果的客观真实性。考核失真，自然就难以作为升降赏罚的真正依据，当然也就起不到整顿吏治的实际作用。所以，历代明君贤相无不强调公正考核的重要性。

北宋司马光在《严考课之法》一文里讲道：“治国理政最要紧的，莫过于用人。而要做到知人，这是圣人都感到很难的事。因为你如果以品行好坏为标准，他们就会根据你的爱憎好恶争相表现自己的品行优秀，以至于善恶混淆；你如果要考核他们的业绩表现，就会出现很多伪装和欺诈，以至于真假难分。因此，考课最根本的就是要做到‘至公至明’，仅此而已。君主先要广泛征询众人意见，然后自己经过认真思考得出结论，具体做法就是让各长官负责考核自己的下属官员，而由宰相对整个考核情况加以审核汇总，最后由君主审定等次，决定赏罚。按照这样的程序各负其责，又有什么麻烦的呢?”② 司马光在这里提出，考课的“本”就在于“至公至明”。“本”即根本，是核心，是生命线，违背了“至公至明”，考课就变得毫无生命力。“至明”就是要客观，要反映事物本质。所以，司马光的这一思想，用现在话表达出来就是：考核的根本原则就是要做到客观公正。

---

① （明）沈德符：《万历野获编》卷 11。

② （宋）司马光：《大学衍义补》卷 11，《严考课之法》：“为治之要，莫先用人。而知人，圣人之难也。故求之毁誉，则爱憎竞进，而善恶混淆；考之功状，则巧诈横生，而真伪相冒。要其本在至公至明而已。人主询诸人而决诸己 使各长官自考其属，而宰相总之，天子定其赏罚，则何劳烦之有?”

明太祖朱元璋曾对考核用人与公正考核的重要性作过一番论述，讲得非常深刻。明代的定期考核分考满和考察两种，“考满、考察，二者相辅而行”，①考满是结合任期进行的以考核工作实绩为主的全面考核，考察则以发现有无应予罢免的问题为目的。明代考满周期较长，一般是三年一考，三考为满，决定升降。洪武十七年（1384年），吏部奏报，有两名官员经过考满，政绩最优，应当晋升。朱元璋借机作了一番指示，他说：“任用官员的办法里，考课在其中占有最重要的位置。尧舜和周成王的时候之所以野无遗贤，各项政绩显著，都是因为采取了这一办法。若是百官好坏不分，赏罚不明，那国家如何能治理得好呢？所以人们照看容貌一定要借助明镜，了解人一定要通过考核加以比较认定。你们进行考核务必要坚持公正，区别好坏务必做到名实相符。其中政绩优异者，及时提拔重用。这样才能使贤者在位，而众人受到激励。”②这段话最核心的意思有两点：一是说考核在整个用人制度中占有重要地位；二是说考核务必要坚持公正。

乾隆皇帝亦有一段关于考核要“秉公去私”的论述，讲得同样精彩。乾隆七年（1742年）的一道谕旨中说：“国家举行‘大计’（地方官员的定期考核），这是每三年举行一次考绩并决定升降赏罚的重要制度。各地总督巡抚按照职责应管好这件事，一定要秉公去私，杜绝请托，精心认真地进行鉴别，不得借机拉同伙、搞偏向，要做到提拔一人而众人都受到激励，罢免一人而众人都

① （清）张廷玉等：《明史》卷71，《选举三》。

② 《明太祖实录》卷163：“洪武十七年七月壬子，吏部奏考满官二员，绩最当迁。上曰：‘任官之法考课为重。唐虞成周之时所以野无遗贤，庶绩咸熙者，用此道也。若百司之职贤否混淆，无所惩劝，则何以为治？故鉴物必资于明镜，考人当定以铨衡。尔等考核，务存至公，分别臧否，必循名责实。其政绩有异者，即超擢之，庶几贤者在位而人有所劝矣。’”

受到教育。这样一来，官场便得以整肃，吏治便得以清明，各个管理部门的工作就会得到健康发展，从而百姓生活就会因此受益。”① 谕旨强调了三点：一是官员考核制度的重要性，二是对考核工作的要求，三是考核所要实现的目标。其中第二点是强调的重点，而其核心是要求考核做到“秉公去私”。

三、考核务实，与任用、奖惩相结合

考核不是摆样子，不是为考核而考核。考核之所以重要，在于它有用。考核的用处，就体现在考核结果要与任用、奖惩相结合。考核结果如与任用、奖惩不挂钩，考核的作用就会变得苍白无力，长此以往，考核便无人重视，形同虚设。

北宋的李觏，创办过书院，在太学任过职，有很多著述，是当时的知名学者。他对当时“考绩”中存在的升降赏罚不与考核结果挂钩的弊病，进行了不留情面的批评。他说：“有功者晋升，有过者贬退，无功无过者职务不动，这样就可以激励有功者而惩罚有过者。然而现在的考绩却不是这样，而是无功无过者晋升，这就意味着晋升不必有功；有过者仍然担任原来的职位，这就意味着有过也不用贬退。像这样有功劳无益处，有过错也无损失，那激励和惩戒的作用又体现在哪里呢？”②

李觏的批评无疑是对的，但宋朝的考核也不全是不与升降赏

---

① 《清朝文献通考》卷61，《选举考十五·考课》：“（乾隆）七年奉谕旨：‘国家举行大计，乃三载考绩、黜陟幽明之要典，督抚大臣职司其事，必当秉公去私，杜绝请托，精明鉴别，无党无偏，举一人而众皆知劝，劾一人而众皆知儆，则官方以肃，吏治以清，百司修举，而民生共受其福矣。’”

② （宋）李觏：《庆历民言·精课》：“有功者升，有过者黜，无功无过者职其旧，如是可以劝功而惩过。世之考绩则异于此，无功无过者升，是升不必功也；有过者职其旧，是过不至黜也。功无益而过无损，惩劝安在哉？”

罚挂钩。考核与任用奖惩的结合程度，与每个时期的有关负责官员有很大关系。范仲淹担任参知政事（相当于副宰相）时，史称“仲淹以天下为己任，裁削幸滥，考核官吏，日夜谋虑兴致太平”①。“裁削幸滥”就是裁汰不称职的人员，它与下文的“考核官吏”是紧密相连的。范仲淹曾主持选拔各“路”（相当于现在的省）的长官“监司”，有记载（因有不同解释，所以特意用原文）说，“仲淹之选监司也，取班簿，视不才者，一笔勾之”。这里的“班簿”，人们一般解释为各路监司的名册。也就是说，范仲淹翻阅的是各省在职首长的名册，认为谁不称职，便一笔勾掉，将其罢免。这样解释显然不对，对于监司这一级别的高官，副宰相是无权罢免的，不是他可以“一笔勾之”那么简单；要罢免的话，须先有大臣出来弹劾，再由皇帝决定是否罢免。原文是讲范仲淹“选监司”，即从有任职资格的人员中选拔担任监司的人，所以他“一笔勾之”的人是这一次不能得到选拔提名了，并不是免官。“班簿”是什么呢？原来古代的选拔任用制度叫“铨选”，即将有任职资格的人员，按照一定的标准进行分类、排序，然后按照规定的程序和方法加以任用。通常做法是按出身分类，同一类的再按资历排序，同一出身即为一类，也称为“班”，例如进士出身的叫“进士班”，捐纳出身的就叫“捐班”。班内的先后顺序则看资历，资历计算一般要结合任满考核进行，任满考核合格的都有资格晋升，其中考核优秀的优先；晋升官品官阶容易做到，但晋升职务还要看职位空缺如何、人员的德才条件如何等。所以，范仲淹翻阅的“班簿”不是现任监司的人员名册，而是经过任满考核、确认有资格晋升监司、按班分类的候选人员名册。尽管范

---

① （元）脱脱等：《宋史》卷314，《范仲淹传》。

仲淹抹掉的是一些庸才希望升任地方长官的一次机会，并不是罢免他们，但对这些人来说也是一次沉重的打击。所以当时担任枢密副使的富弼就对范仲淹说："一笔勾之易，焉知一家哭矣？"说你一笔勾之很容易，怎么没想到人家一家人都在哭呢？于是引出了范仲淹一句著名的话："一家哭何如一路哭？"① 不是没想到，而是应该有个对比，一家哭怎么能抵得上一"路"哭？如果同情不称职的官员，让他们留在候选名册里，他们一旦担任了一"路"的长官，那么他们所辖地区的老百姓可就要遭殃了。从考核的角度看，富弼所主张的就是考核不与升降赏罚挂钩，不管德才是否优秀，只要熬到一定年头，任期考核过关就予以提拔；而范仲淹所主张的就是考核要与升降赏罚挂钩，没有才能的不能提拔，这是不能犹豫的。"一笔勾之"看起来容易，真正做到就不容易了，这需要勇气，更需要他那种"以天下为己任"，"日夜谋虑兴致太平"的精神。

尽管在实际考核中，一些地方和部门长官将考核视为具文，敷衍塞责，破不开情面，不愿认真鉴别分等，当然也不愿按照考核结果认真实施升降赏罚，但历代关于定期考核（考课、考绩）的规定里，都明确要求考核结果要分出等次，并按等次进行升降赏罚。两汉时，考核好的称为"最"，差的称为"殿"，"最"者或升或赏，"殿"者或降或罚，即所谓"岁尽（年末）则奏其殿最而行赏罚"。② 北魏孝文帝下诏规定，"实行三年一考，考了就升降"，并规定"考其优劣为三等"，"上等的升迁，下等的贬降，

① （宋）朱熹：《五朝名臣言行录》卷7，《参政范文正公》。

② （宋）徐天麟：《东汉会要》卷21，《考课》。

中等的保留原职务”。① 唐代考课结果分为九等，一年一小考，根据考核结果实行加禄或减禄的赏罚，四年一大考，决定官阶的升降。宋代一年一考，三考为一任，“定为三等，中等的不赏不罚；上等的或者升转官职，或者缩短任期，提前进行任满考核；下等的或者降官，或者延长任期考核的年限”。② 明代三年一小考，九年一大考，结果分称职、平常、不称职三等，根据考课结果，还要参考原任职务的繁简程度，决定奖罚。奖赏一般是晋升官阶等次，有时还采用升职、荫子（给孩子安排工作）、封赠（给家人封号）、加禄等激励办法；处罚一般是降官阶等次、罚俸，太差的要降三四等，甚至不安排官职而在“杂职内用”，直至罢免回家。清代的考课，既包括对“才、守、政、年”的全面考核，也包括对“贪、酷、疲软、不谨、年老、有疾、才力不及、浮躁”等八类问题的考察，称为“八法”（“八法”考察始自明代，但当时未列入定期考核之中）。全面考核合格的升级，被列为“一等”（京官）或“卓异”（地方官）的列入候选升职名册；“贪、酷”者革职提问，“疲软、不谨”者革职，“年老、有疾”者退休，“才力不及、浮躁”者酌量降调。

除了上述制度上的赏罚措施外，有的帝王还有一些非制度性的赏罚做法。例如，明代规定，各级长官接受考核时要赴京朝觐，洪武十一年（1378 年）三月，有一批担任知府的官员进京考绩，朱元璋命令吏部将朝觐官认真考核，分为三等，并摆上宴席，“称职而无过者为上，赐坐而宴”，坐着吃；“有过而称职者为中，

① （北齐）魏收：《魏书》卷 7 下，《高祖纪下》：“今朕三载考绩，考即黜陟”，“上上者迁之，下下者黜之，中中者守其本任”。

② （元）脱脱等：《宋史》卷 160，《选举六》：“定为三等，中者无所赏罚，上者或转官或减磨勘，下者降官、展磨勘。”

宴而不坐”，站着吃；“有过而不称职者为下，不预宴，序立于门，宴者出，然后退”，不但不能吃饭，还要站在门口看着别人吃，等着吃饭的人都走了才能离开。① 这样安排，在别人看来可能有些过分，但朱元璋有他自己的理由，他一开始就对吏部说：“考绩这一办法，就是用来甄别优劣，并明确示以奖赏和惩戒的。”② 如果考核仅是分出等次，并没有据此表示奖励和惩戒，那么这样的考核是不完整的。具体做法，因时代而异，因人而异，朱元璋做事有其鲜明的时代特点，但我们应当承认朱元璋对考核的理解是完整的。

关于考核与赏罚的关系，宋代学者苏洵有一段精辟的论述。但在说这段论述之前，我们应首先弄清有关的概念问题。古代所说的“赏罚”与我们现在公务员制度里所讲的“奖励”和“惩戒”，在内涵上不尽相同，古代讲“赏罚”时一般包含官衔和职务的升降，而现在公务员无官衔，奖惩里也不包括职务升降，但考核结果与职务升降是挂钩的。明白了这些概念以后，我们就会明白下面苏洵所讲的“赏罚”既有现在意义上的奖惩涵义，也包括职务的升降。苏洵是这样说的：“有官员就要有考核，有考核就要有赏罚。有官员而无考核，就等于无官员；有考核而无赏罚，就等于无考核。”③ 如果没有考核，那就等于对官员队伍无管理，只是虚置官位而已；如果考核不与赏罚挂钩，那考核就没用了，考核制度便形同虚设。这两句话言简意赅，概括了考核的作用以及考核必与赏罚挂钩的重要性。

---

① 此一情节在《明太祖实录》卷117、《明史》卷71、郑晓《今言类编》中均有记载。

② 《明太祖实录》卷117：“上命吏部曰：‘考绩之法，所以旌别贤否，以示劝惩。’”

③ （宋）苏洵：《嘉佑集》卷9：“夫有官必有课，有课必有赏罚。有官而无课，是无官也；有课而无赏罚，是无课也。”

第二节　赏罚严明

赏罚即奖赏和惩罚，古代经常说奖善惩恶、赏功罚过。古人非常看重赏罚，认为赏罚是治国理政不可缺少、不可替代的重要手段，舍此不能正确用人，整顿吏治；舍此也不能引导社会风气，管理百姓。

古代政治家、思想家对赏罚的重视，历史上多有记载，其中有些论述可谓高屋建瓴。唐太宗就讲过："国家大事，惟赏与罚。"① 其他贤臣、智士的论述就更多了。例如，西汉宣帝时曾先后担任过御史大夫、丞相的魏相说过："赏罚所以劝善禁恶，政之本也。"② 晋代傅玄说："治国有二柄（古代曰'柄'，现在则喜欢说'抓手'），一曰赏，二曰罚。赏者，政之大德也；罚者，政之大威也。"③ 南齐高帝萧道成的重要谋士崔祖思说："天下治者，赏罚而已矣。"④ 清代顺治、康熙时的魏象枢是一位学者型官员，官至刑部尚书，在理学上又很有研究，他在给皇帝上书时说："君主掌控国家的权力，莫大于赏善罚恶；国家考察管理官吏的制度，离不开对贤者提拔，对恶人黜退。"⑤ 上面几个人所讲的，话不同而义同，都是强调赏罚的重要性，称之为国家大事、为政之本、治国权柄、君主权力体现等。现在爱较真的人可能说这些提法把赏罚的作用说得过头了，但从一定意义上理解，又应该承

---

① （唐）吴兢：《贞观政要·论封建第八》。

② （汉）班固：《汉书》卷76，《韩延寿传》。

③ （晋）傅玄：《傅子·治体篇》。

④ （梁）萧子显：《南齐书》卷28，《崔祖思传》。

⑤ （清）魏象枢：《请复人谨考察疏》："人君御世之权，莫大于赏善罚恶；国家察吏之典，不外乎黜幽陟明。"

认这些说法都是正确的。反过来讲，如果一个国家没有赏罚，治理国家就失去了抓手，推行政令就难以畅通，执政者发号施令就不会有人听。

一、重视赏罚的作用，信赏必罚

信赏必罚，《辞海》的解释是“有功必赏，有罪必罚”。对于信赏必罚，姜太公阐述得更加明白一些。周文王曾就赏罚问题进行咨询，姜太公回答说：“凡用赏者贵信，用罚者贵必。”就是说，使用奖赏者贵在讲信用，该赏的一定赏，这叫“信赏”；使用处罚者贵在必定做到，该罚的绝不姑息，这叫“必罚”。姜太公进一步说：“有功必赏、有过必罚的做法，虽然只是用在了我们眼见耳闻的人和事上，但其影响却极深远，那些我们看不到听不到地方，也都在无形中受到了教化。”① 姜太公的这两句话，既讲出了赏罚的原则——信赏必罚，也阐明了赏罚的功用——赏罚一人，教育众人。

对于赏罚的功效，历史上很多人都有类似姜太公的认识，或者说赞成姜太公的认识。例如，隋代人王通，曾担任蜀郡司户书佐、蜀王侍读等官，后辞去官职，以著书讲学为业，门徒甚广，当时有“王孔子”之称。王通死后，他的儿子和门人将其生前言论，仿照《论语》以问答形式整理成《中说》（即《文中子》）一书。他在该书中说赏罚具有“赏一劝百，罚一惩众”② 之功效。从心理学的角度看，奖赏具有引导作用，奖赏一个好人，就会鼓

① 转引自萧天石：《世界伟人成功秘诀之分析·赏罚运用之准绳》：“（太公曰）凡用赏者贵信，用罚者贵必，赏信罚必于耳目之所见闻，则所不见闻者，莫不阴化矣。”台湾自由出版社 1979 年版，第 251 页。

② （隋）王通：《中说·立命篇》。

励成百上千的人去做好人好事；责罚具有惩戒作用，惩治一人，可使众人受到惊惧，引以为戒。

赏罚的功效能不能得到正常发挥，关键看能不能做到信赏必罚。如果做不到有功必赏、有过必罚，那么就谈不到“赏一劝百，罚一惩众”的作用；如果赏罚随意，不高兴时该赏也不赏，高兴时该罚也不罚，那就不但得不到赏罚的正作用，还会带来副作用。所以，古人常常把能不能做到信赏必罚，作为判断事情能不能成功的根据。《韩非子·外储说右上》说：“信赏必罚，其足以战。”意思是，只要做到有功一定赏，有罪必然罚，那就有打胜仗的把握。韩非子在这里讲的是作战，其实治国治军的各项大事要想获得成功，都必须做到信赏必罚。

对于赏罚的功效和信赏必罚的作用，历代比较精明的君主和有识之士大都有所认识，有的还能自觉地将赏罚用于用人治国的实践中，并不断地总结经验。唐太宗李世民经常以隋朝为鉴，思考治国方法的得失。贞观四年（630年）七月的一天，他与房玄龄等人谈论隋文帝的治国方法。房玄龄等感觉隋文帝勤于朝政，不辞辛苦，应该算是一个励精图治的君主。唐太宗却说不对，指出隋文帝事无大小，都由自己决定的做法，并不是好办法，而是败亡之道。唐太宗说自己正确的办法是：首先用好人才，“选拔天下贤才，各安排一定官职，让他们考虑如何治理国家，各司其职”；然后是管好人才，“有功则赏，有罪则罚。这样一来谁敢不尽心竭力做好自己的工作呢？又何愁天下治理不好呢？”① 唐太宗

---

①（唐）吴兢：《贞观政要·论政体第二》：“择天下贤才，置之百官，使思天下之事……有功则赏，有罪则刑，谁敢不竭心力以修职业，何忧天下之不治乎！”（该段文字，不同版本有所不同。此处转引自人民出版社1989年版《资政史鉴·用人卷》第475页）

认为，选好人才之后，只要做到信赏必罚，国家没有治理不好的；有些朝代之所以短命，就是因为君主都不懂得厈好奖善惩恶、赏功罚罪这一治国利器。

唐太宗的认识深刻，一方面源于他自己的阅历和智慧，另一方面也得益于周围一批贤才的不断劝谏和提醒。贞观十年（636年），魏征上疏言事若干条，其中一条说道："如果喜欢好人好事却不能进用好人，憎恶坏人坏事却不能除去坏人，有罪的不受惩罚，有功的不得奖赏，那么国家危亡的日子，或许就不远了，在这种情况下要想将江山世代相传，还有什么希望呢？"唐太宗看了奏章，感叹说："要不是遇到你，我哪里能听得到这样高水平的言论。"① 如此感叹，说明唐太宗对魏征的话已是心领神会；如遇一个冥顽不化的昏君，水平再高的话也只能是对牛弹琴。

从以上论述可知，赏罚的功效，主要的不在于受赏者本人受到鼓励，受罚者本人受到惩治，而在于教育众人，使相关群体和队伍中的每个人都受到激励或者警戒。既然如此，对于信赏必罚的作用，就不应仅仅是让决定和实施赏罚的君主和大臣懂得，还要让官吏队伍中的所有成员都知晓、都懂得。明洪武五年（1372年），明太祖朱元璋专门晓谕群臣，讲了他信赏必罚，特别是严法惩贪的决心，让群臣好好体会。他说："我如今任命官员，一定是根据他们的才能加以任用的，官员的工作也一定要尽职尽责。这是为什么呢？因为国家的俸禄是不能白白浪费的。"他接着说："凡遇到官吏贪污祸害百姓的，必加以治罪而决不宽恕。你们要好好体会我说的话，若是廉洁自守、奉公守法，就会像人行走在

---

① （唐）吴兢：《贞观政要·论诚信第十七》："（魏征上疏曰）'善善而不能进，恶恶而不能去，罚不及于有罪，赏不加于有功，则危亡之期，或未可保，永锡祚胤，将何望哉！'太宗览疏叹曰：'若不遇公，何由得闻此说？'"

平坦的大道上，从容自在；若是贪污受贿、触犯法律，就好比行走在荆棘丛中，寸步难移，即使侥幸走出来，也必然是体无完肤了，这难道不足以引以为戒吗?”① 可以相信，凡当时直接听到或间接听到朱元璋这一训诫的官吏，起码在一段时间内都会引以为戒，因为谁都不愿体无完肤的。

以上关于信赏必罚的论述，主要是针对官员而讲的。其实，信赏必罚的原则对于所有从事公务的人员都适用，包括“吏役”(含“吏员”及各类“差役”）这类低级人员。这里最好先弄清一个概念问题，“吏”在古代若作为一种通称，主要是指大小官员，如“吏部”就是主管官员的部门；但如说“吏员”，就不是指官员了，而是指在各级机关从事文书等辅助工作的人员，如州县衙门的各房“书吏”（俗称“师爷”）便都是名副其实的“吏”了。官员占国家编制，由国家任命；吏员不占编制，由主官自行聘任。现在有的人不了解这些，老爱拿古代官员数与现在全体公务员数进行“官民比”的比较，其实毫无意义，因为两者的范围大不一样，所承担的社会职能也差别很大。我们再回过头来说，尽管“吏役”（吏员和差役）不是官员，但他们也是从事公务的，进行赏罚管理同样必不可少。清代有个叫汪辉祖的，乾隆年间做过县官、州官，做官不到四年便告休回家，先后著书十几本，其中《学治臆说》《佐治药言》为临民做官者所称道。他认为：管理吏役，要做到“有功必录，不许将过抵功；有过必罚，不准将功抵过。惩罚之后要及时任用，使之能有机会改正自己的错误，

① 《明太祖实录》卷77：“洪武五年甲午，谕群臣曰：‘……朕今命官，必因其才，官之所治必尽其事。所以然者，天禄不可虚费也……但遇官吏贪污蠹害吾民者，罪之不恕。卿等当体朕言，若守己廉而奉法公，犹人行坦途，从容自适；苟贪贿罹法，犹行荆棘中，寸步不可移。纵得出，体无完肤矣。可不戒哉！’”

懂得受罚受赏都是取决于自身，并不是主官对他有成见。这样一来，人人都会遵守法律而争取立功，事情就没有办不成的。姑息养奸的做法，管理吏役的官员应当是切实避免的”。①

与信赏必罚这一原则直接相关联的，古人还提出了其他一些重要观点，如赏罚及时、明赏明罚、慎赏慎罚等观点。其实，这些观点在一定情况下（如针对当时需要解决的突出问题）也都可以说是些原则。当然，我们也可以将这些原则与信赏必罚原则联系在一起加以认识，因为只有做到赏罚及时、赏罚公开、杜绝滥赏乱罚等，才能真正做到信赏必罚。

（一）关于赏罚及时

柳宗元非常鲜明地强调赏罚及时的原则，他说：“英明君主施行赏罚不是为了别的，主要是用来警戒和劝勉群众的。奖赏务必从快，然后才有鼓励劝勉的作用，惩罚也是务必从快，然后才有惩一儆百的作用。那种一定要说春夏奖赏、秋冬刑罚才是最正确的说法，完全是骗人的鬼话。”他又进一步提出“日劝月惩”的观点，认为“做好事的人当日就受到鼓励，做坏事的人不出一个月就受到惩罚，这就会驱使人们积极向善而远离罪恶”。他还特别强调了及时惩罚的作用，说：“做坏事的人不出一个月就受到应得的惩罚，人们就会知道害怕而有所警戒。”② 从人事心理学的角度看，柳宗元的话是非常正确的。有了善举或功劳，如能得

---

① （清）汪辉祖：《用吏经》：“有功必录，不须抵过；有过必罚，不准议功。随罚随用，使之有以自效，知刑赏皆所自取，无官之成心，则人人畏法急功，事无不办。姑息养奸，驭吏役者所当切戒。”

② （唐）柳宗元：《断刑论》：“圣人之为赏罚者非他，所以惩劝者也。赏务速而后有功，罚务速而后有惩。必曰赏以春夏而刑以秋冬，而谓之至理者，伪也。”“为善者日以有劝，为不善者月以有惩，是驱天下之人而从善远罪也。”“为不善者不越月逾时而得其罚，则人惧而有惩焉。”

到及时鼓励，就会使当事人最大限度地受到正面激励，好人好事会在群众中迅速传播，激发众人积极向善的热情；如长久得不到鼓励，则当事人心灰，众人意冷，即使再予奖赏，也是事倍功半了。处罚更是如此，有过错者初始惊惧，继而平静，渐生侥幸，若久拖再惩，反有怨言。群众若长久看不到坏人坏事受到应有的惩罚，也是初则观望，继则怀疑，然后就是议论纷纷，即使最后惩罚得当，教育效果已经是大打折扣了。

（二）关于明赏明罚

唐太宗李世民在《帝范·赏罚篇》里，既论述了赏罚的重要作用，又提出了实施赏罚应该遵循的原则，其中说道："用大张旗鼓的惩罚使人感到敬畏害怕，用公开的奖赏使人受到感化和教育。有了使人敬畏的力量，做坏事的就会惧怕，好的风气流行，做好事的就会受到鼓励。"① 就是说，无论是赏还是罚，都要做到明处，公开进行，这样才能收到"奖罚一人，教育一片"的效果，同时还可以让群众监督赏罚是否公正。改革开放以来，有些单位学习西方国家"送红包"的所谓"经验"，把奖赏搞得神神秘秘、偷偷摸摸的，不但起不到"赏一劝十"的作用，还给实施者从中作弊留下充分空间。

（三）关于慎赏慎罚

古人认为，赏和罚都是非常严肃的事情，必须审慎对待，做到赏不虚施，罚不妄加。其中道理，古人也讲得很好。西晋傅玄曾担任过御史中丞、司隶校尉等职，博学多才，著有《傅子》数十万言，他讲："治国有两个工具，一是赏，二是罚。奖赏所表示的是政权的恩德，惩罚所表示的是政权的威严。人们之所以敬

① （唐）李世民：《帝范·赏罚篇》："显罚以威之，明赏以化之。威立则恶者惧，化行则善者劝。"

畏天地，是因为天地可以使人生，也可以使人死。要想治理好国家就要审慎地掌握赏和罚这两个工具，如果能使二者合理合法，不随意妄为，那么政权的威严和恩德就跟天地一样了。”① 治理国家必须恩威并施，国家的赏罚之权就是对所辖官民的生杀予夺之权，如果使用不慎重，就会引起混乱。南北朝时期的宋朝有个颜延之，位列高官，极有文采，与当时的谢灵运齐名。他针对梁朝滥用刑罚、乱施恩惠的情况，提出了自己的意见，他说：“惩罚贵在慎重，不能滥施；奖赏贵在公正，不能偏私。惩罚滥施等于没有惩罚，奖赏不公还不如没有奖赏。”② 说得可谓精辟。

二、坚持公平公正的原则，赏罚得当

赏罚得当是奖励惩戒制度应该遵循的基本原则。所谓奖励得当，是说对一个人是否给予奖励，以及给予何种奖励，要根据其事迹的突出程度或贡献的大小，做到大功大奖，小功小奖，无功不奖。所谓惩处得当，就是对一个人的惩处要与其所犯的错误相适应，做到以事实为依据，以有关处分规定为准绳，定性准确，处理恰当。要做到赏罚得当，关键是要坚持公平公正的原则，坚持法律（包括各项有效法规规章）面前人人平等，防止加入主观偏见和人情成分。如能做到赏罚得当，则国家便能立德立威，政令通畅。

荀子认为，做君王的政策应该是：“无德不贵，无能不官，无功不赏，无罪不罚。”③ 无德无能的人不能给他地位和权力，同

① （西晋）傅玄：《傅子·治体篇》：“治国有二柄，一曰赏，二曰罚。赏者政之大德也；罚者政之大威也。人所以畏天地者，以其能生而杀之也。为治审持二柄，能使生杀不妄，则威德与天地并矣。”

② （梁）沈约；《宋书》卷73，《颜延之传》：“罚慎其滥，惠戒其偏。罚滥则无以为罚，惠偏则不如无惠。”

③ （先秦）《荀子·王制》。

时做到没有功绩的人绝对不能赏，没有罪过的人绝对不能罚，这确实是治国之道。曹操也讲过类似的话，他在一道命令中说：“英明的君主不会给无功之臣升官，不会赏赐作战不勇敢的人。”① 他们讲的都是一个意思，就是赏罚要有条件，一定是赏功罚过，不能赏罚无名。

唐太宗讲得则比上面两人讲的又进了一步：不但要做到无功不赏、无过不罚，还要做到“赏当其劳”“罚当其罪”，即赏赐的轻重应与其功劳大小相当，惩罚的轻重应与其罪过大小相符。唐太宗还讲了这样做的效果，他说：“赏当其劳，无功的人就会自然退下，不来争赏；罚当其罪，干坏事的人就都会感到害怕，有所戒惧。”②

南北朝时期，北齐的大臣杜弼深受世宗高澄的信赖。有一次杜弼要领军出征，临行之时，世宗赐给他一匹好马，并一定要他讲一两条“政务之要”之后再走。杜弼用很通俗的语言说道：“天下大务，莫过赏罚二论。赏一人使天下人喜，罚一人使天下人服。但能（只要）二事得中（用得得当），自然尽美。”世宗高兴地说：“言虽不多，于理甚要。”③ 杜弼把治国理政的要点总结为要赏罚得当，可以说是没有辜负世宗的信任，不负所望；世宗听了能非常高兴，并作出“于理甚要”的评价，说明世宗对赏罚的作用也已心领神会。

要做到赏罚得当，当然需要多种因素的结合，但关键是要坚持公正公平的原则。公正公平是赏罚得当的前提。赏罚不当，问题大多出在没有做到公正公平上，或为亲疏贵贱（其中包括贿赂

---

① （晋）陈寿：《三国志》卷1，《魏书·武帝纪》：“故明君不官无功之臣，不赏不战之士。”

② （唐）吴兢：《贞观政要·论择官第七》：“若赏当其劳，无功者自退；罚当其罪，为恶者咸惧。”

③ （唐）李百药：《北齐书》卷24，《杜弼传》。

请托）所牵累，或为喜怒好恶所左右。魏征对比最为反对，他在贞观十一年（637 年）给唐太宗的上疏中说道："惩罚和奖赏的根本，在于勉励做好事惩罚做坏事。做帝王的之所以要求赏罚标准全国统一，目的就是防止因为亲疏贵贱而出现轻重不一的问题。今天的惩罚赏赐，却不都是这样，有的凭自己的好恶决定是严是宽，有的以自己的喜怒决定是轻是重。碰到高兴时，即使依法该惩也认为情有可原，遇到生气时，即使证据不够也要在案情之外搜罗罪行，一定要给予治罪。"其结果是，"不该惩的乱惩，小人之道反而有了市场；不该赏的谬赏，君子之道则没了市场"。① 魏征还向唐太宗谏言，君主要做到"十思"，包括见到喜欢的东西要思"知足"，役使百姓时要思"知止"等，都是至理。最后"两思"是："进行赏赐时要思不能因一时高兴而谬赏，进行处罚时要思不能因一时生气而滥罚。"②

唐太宗是一个明白事理、能听得进不同意见的人，他的身边又有魏征这样一些敢讲真话的人，大家在一块互相提醒、互相批评，形成了良好的政治氛围，这对坚持公平公正的原则很有好处。唐太宗在赏罚时基本上做到了公正无私，不包庇功臣之罪，不曲护故人之过。有两个故事可以说明问题。第一个故事，濮州刺史庞相寿因犯贪污罪被罢免官职，自己陈说曾经在秦王（李世民做皇帝前为秦王）幕府工作过，是李世民的老部下。太宗可怜他，打算让他官复原职。魏征谏止说："秦王的老部下，现在中央、

① （唐）吴兢：《贞观政要·论刑法第三十一》："夫刑赏之本，在乎劝善而惩恶，帝王之所以与天下为画一，不以亲疏贵贱而轻重者也。今之刑赏，未必尽然，或屈伸在乎好恶，或轻重由乎喜怒。遇喜则矜其情于法中，逢怒则求其罪于事外……刑滥则小人道长，赏谬则君子道消。"

② （唐）吴兢：《贞观政要·论君道第一》："恩所加则思无因喜以谬赏，罚所及则思无以怒而滥刑。"

在地方的有很多，这样做，恐怕人人都会仗着自己是老部下，有恃无恐，这足以使那些正直善良的人担心害怕。”唐太宗欣然接受魏征的批评，对庞相寿说：“我过去是秦王，是一府之主；我如今在皇帝大位上，是一国之主，不能单单偏私故旧。大臣（指魏征）这样坚持原则，我哪里敢违背呢！”于是赐给布匹送他走，庞相寿流着眼泪离去了。① 另一个故事，盐泽道行军总管、岷州都督高甑生犯罪，被判流放边疆。有人上书讲情说：“高甑生是过去秦王府的功臣，请宽容他的过失。”唐太宗说：“他过去在我王府的功劳，实在不能忘记。然而治理国家执行法律，标准必须统一；现在如果赦免他，就开启了侥幸之路。再说国家自太原起兵以来，从一开始就响应的以及在战争中立有功劳的人很多，若高甑生获得赦免，谁会不产生非分的想法？这样，有功之人都不遵守法律了。我之所以坚持不赦免他，也正是为了这个原因。”② 第一个故事发生在贞观三年（629 年），唐太宗在处分老部下时还有点顾及情面，但经批评能知错便改；第二个故事发生在贞观九年（635 年），这一次唐太宗已经接受了上次教训，不经提醒就能自觉地坚持公正原则，而且还对大臣们进行了一番教育。

关于赏罚要坚持公正公平，很多时代都有人强调过。例如，北宋学者李觏指出：“奖赏的事，有地位有势力的贵人先占有；刑罚的事，只有无钱无势的平民遭受。君主并不因此而对臣民感到羞愧，臣民对君主当然感到不平，这难道是治国的道理吗？所以，圣明的君主不分亲疏，不分贵贱，一切都按法

① （宋）司马光：《资治通鉴》卷 193：“濮州刺史庞相寿坐贪污解任，自陈尝在秦王幕府……（太宗采纳魏征的意见之后）曰：‘我昔为秦王，乃一府之主；今居大位，乃四海之主，不得独私故人。大臣所执如是，朕何敢违！’”

② （唐）吴兢：《贞观政要·论刑法第三十一》：“太宗曰：‘虽是藩邸旧劳，诚不可忘；然治国守法，事须画一；今若赦之，使开侥幸之路……’”

律规定办事。”①北宋名臣包拯也在向皇帝的上书中强调：“赏者必当其功，不可以恩进（因私恩得到）；罚者必当其罪，不可以幸免。”②表现的是刚正不阿、公正无私的忠臣直士形象。

公正和公平是紧密相连的，我们现在讲原则也经常是将二者联系在一起说的。但要细分起来，二者又有些区别，像上面所讲的以亲疏贵贱左右赏罚的问题，主要是属于不公正问题。公正当然是决定赏罚是否正确和效果如何的关键。然而常识告诉人们，要做到赏罚得当，公平也是非常重要的，哪些该赏，哪些该罚，赏多赏少，罚轻罚重，这些都要在事实清楚的基础上把握好。比如奖赏，要认真分析功劳的高低、成绩的大小、影响的深浅等，使奖励等级与功劳成绩的大小相适应，做到合情合理、恰当公允，否则不能服众。汉高祖刘邦消灭项羽，平定天下后，便论功封赏。由于群臣争功，一年多未能定下功劳的先后顺序来。汉高祖认为萧何的功劳最大，封他为酂侯，给他的封地最多。众功臣对此不满，说：“我们这些人披着铠甲，拿着武器，多的身经百战，少的也经历数十战，攻城略地，都立下了大小不等的功劳。而萧何不曾有汗马之劳，只是舞文弄墨，发发议论，从未参加过战斗，封赏反而在我们之上，这是为什么？”高祖说：“诸位懂得打猎吗？”众将回答：“懂得。”高祖又问：“知道猎狗吗？”回答：“知道。”高祖说：“打猎时，追捕兔子等野兽的是狗，而发现踪迹能指出野兽所在位置的是人。现在诸君只是能擒获野兽，功劳相当于猎狗；至于萧何，他能够发现踪迹进行指挥，功劳相当猎

① （宋）李觏：《刑禁第四》：“赏庆则贵者先得，刑罚则贱者独当，上不愧于下，下不平于上，岂适治之道邪？故王者不辨亲疏，不异贵贱，一致于法。”转引自张长法主编：《资政类纂》，北京燕山出版社 1992 年版，第 1055 页。

② （宋）包拯：《上殿札子》。转引自张长法主编：《资政类纂》，北京燕山出版社 1992 年版，第 1058 页。

人。而且，诸君只是单身跟随我，多的也不过是带来两三个人，而萧何却是将自己宗族几十人都带来跟随我，这样的功劳是不能忘记的。”群臣听了，都不敢再说什么。① 刘邦用猎狗和猎人来比喻众人和萧何功劳的不同，显然有些粗鲁，但他能够分清功劳的性质和大小，说明刘邦看人看事确有过人之处。其实，在这里刘邦对萧何功劳的概括并不算好，还是他在总结为什么能取得天下的原因时说得更为全面。在刘邦项羽长达五年的争战中，萧何一直镇守后方，管理百姓的生产和生活，源源不断地向前线供应粮草和补充兵员。刘邦几次战败，有时狼狈到只带几个随从逃走，如无萧何及时补充兵员粮草，何谈东山再起？所以说将萧何定位功劳第一是公平的。

唐太宗在赏罚公平上也是个明白人。贞观元年（627 年），唐太宗论功行赏，房玄龄、杜如晦、长孙无忌均封为公，功劳并列第一等，实封食邑三千三百户。唐太宗的叔父淮安王李神通上奏说：“高祖起义的旗帜刚举，我就率兵先来响应。现在房玄龄等只是些舞文弄墨的人，却功居第一，我心里不服。”唐太宗重申了“赏当其劳，罚当其罪”的原则，然后说：“现在按功勋大小行赏，房玄龄等有运筹帷幄、安定社稷的功劳。所以汉朝的萧何，虽然没有战场拼杀的功劳，但有指导和运筹全局的作用，因此能够功居第一。叔父是朝廷至亲，我实在不是吝惜封赏，只是不能为徇私情就随便让叔父与功勋卓著的大臣同等封赏啊！”② 李神通

---

① （汉）司马迁：《史记》卷 53，《萧相国世家》：“高帝曰：‘夫猎，追杀兽兔者狗也，而发踪指示兽处者人也。今诸君徒能得走兽耳，功狗也。至如萧何，发踪指示，功人也。且诸君独以身随我，多者两三人。今萧何举宗数十人皆随我，功不可忘也。’”

② （唐）吴兢：《贞观政要·论封建第八》：“太宗曰：‘……今计勋行赏，玄龄等有筹谋帷幄，画定社稷之功。所以汉之萧何，虽无汗马，指踪推毂，故得功居第一。叔父于国至亲，诚无爱惜，但以不可缘私滥与勋臣同赏矣！’”

被封王，按说比国公高，为什么还要攀比呢？原来李神通的王，是唐高祖按老传统封的，凡是皇帝的兄弟和子孙不管有无功劳皆封为王。唐太宗即位后重新论功行赏，房玄龄等实际食邑（食邑内百姓将原来应缴给国家的赋税缴给受封者，因实际封给的户口数与名义上的规定数往往有差别，所以一般强调实封数），有的记载是三千三百户，有的记载是一千三百户，而李神通实际只享受五百户，因而攀比。唐太宗坚持原则，只考虑功劳大小，不论亲疏远近，既做到了公正，也做到了公平。

由上述可知，要想使赏罚起到劝善惩恶的作用，必须做到赏罚得当；要想赏罚得当，必须做到公正公平。关于这方面，我们可以引述南齐崔祖思的一段话作为小结，他在向齐高帝提出的一套治国方略中，这样说道："赏赐不是越丰厚越好，所担心的是不公平；惩罚不是罚得越重越好，所担心的是不恰当。例如，甲的功劳少，乙的功劳多，却赏赐了甲而舍弃了乙，天下就必定有好多人不再为善了；丙的罪行重，丁的过失轻，却处罚了丁而赦免了丙，天下就必定有好多人不肯再改正错误了。这样的话，赏罚等于没做，根本起不到劝善惩恶的作用。如果让人们看到，受罚的是平常受宠的人，受赏的是曾经有仇的人，那么杀一个人就会使全国震惊，赏一个普通人也会使全国高兴。"①

影响赏罚得当的因素，除了主要受亲疏贵贱、恩怨好恶的影响之外，有时还会有工作作风、认识水平等方面的影响。古人在这些方面留下的经验教训也是值得注意的。

---

①（梁）萧子显：《南齐书》卷28，《崔祖思传》："赏不事丰，所病于不均；罚不在重，所困于不当。如令甲勋少，乙功多，赏甲而舍乙，天下必有不劝矣；丙罪重，丁眚轻，罚丁而赦丙，天下必有不悛矣。是赏罚空行，无当乎劝沮。将令见罚者宠习之臣，受赏者仇雠之士，戮一人而万国惧，赏匹夫而四海悦。"

古往今来，工作作风方面就怕不实事求是，看风跟风。若赏罚宽严不实事求是，而是揣测上面的意图，那也就谈不上赏罚得当了。清代乾隆六年（1741 年），皇帝对内阁发了一顿火，他说：“总之，近来官员们办事都脱离不了观望、迎合的陋习。不论是中央的九卿，还是地方的督抚，我谆谆开导，不止是一而再、再而三，而这样的风气仍然不能改。我对应该从宽处理的事，从宽了一两件，那么大臣们便会紧跟着争相从宽处理事情；我对应该从严处理的事情，严办了一两件，那么大臣们就紧跟着争相从严处理事情。表面上看起来，似乎是君主有令臣子响应、雷厉风行的气象，而究其实质，大臣们这样紧跟上面意思、小心翼翼唯恐落后的原因，大多是出于自私自利的想法。这是不懂得治国理政的大政方针和为臣做人的基本道理，胡乱揣度上面的意图，是为功名利禄的得失而趋利避害的小计策。这与我至公无私、实事求是的要求怎么能够符合呢？”① 乾隆帝这段话之所以讲得深刻，说得透彻，在于他能够洞悉官场积弊。

实际奖惩工作中，不排除有这样一种情况，实施者主观上要求自己公正公平，实事求是，但仍出现赏罚不当的问题。那应该就是认识水平问题了。如前面所提到的，汉高祖将萧何定为功劳第一，唐太宗将房玄龄等定为功劳第一，很多人不服，经他们当面解释教育，众人才服。这是因为汉高祖、唐太宗他们站在大局上看问题，认识水平高。古人在这类问题上也有不少经验之谈，比如一些明君、贤相及其

---

① 《清高宗实录》卷 139：“总之，近来臣工办事，率狃于观望迎合之陋习，内而九卿，外而督抚，朕谆谆开导，不啻至再至三，而此风尚不能改。朕于事之应宽者，宽一二事，而诸臣遂相率而争趋于宽；朕于事之应严者，严一二事，而诸臣遂相率而争趋于严。自外观之，似有君令臣共，风行草偃之象，而究竟诸臣之趋承维谨者，多出于自私自利之念，不识大体，妄为揣度，此乃为功名爵位得失趋避之计耳。其于朕大公至正因物付物之心何曾符合耶？”

他有识之士认为，荐贤者应受重赏，做官得民心者应受重赏等。

公元前406年，魏国消灭了中山国。为此事出谋划策的是翟角，率兵攻占的是乐羊，受命治理的是李克，而这三个人都是翟黄推荐给魏文侯的。为了表彰翟黄荐人有功，魏文侯特地赏赐翟黄一副高级车驾，这副车驾的规格式样与魏文侯的一样。有一天，受魏文侯器重的名士田子方从齐国到卫国来，望见翟黄乘车外出，他以为是文侯，便将自己的车子移到路旁回避礼让，车到近前，却只见翟黄一人。田子方问道："你怎么乘坐这样的车子呢？"翟黄回答说："文侯想要讨伐中山国，我推荐翟角为他出谋划策；谋划好后要攻打时，我推荐乐羊率兵打下了中山国；得到中山国后，文侯发愁如何治理它，我又推荐了李克而将中山国治理得很好。因此文侯赏赐我这副车子。"田子方听了后说："这一赏赐，比起你的功劳来，恐怕还薄了些。"① 从针对中山国的定计、攻伐到有效治理这一过程中，翟黄没有在任何一个环节直接出过力，似乎论功行赏不考虑他也说得过去。但正是由于他在三个环节上分别推荐了三个优秀人才，才保证了整个过程的胜利，魏文侯认识到了这一点，使之坐车与自己同等规格，也算是特殊荣誉了。田子方不嫉贤妒能，认为赏赐还应该再重些，说明田子方与魏文侯认识虽有差别，但都认为荐人有功应该受重赏。

明洪武十八年（1385年），有个县令按规定应去职离任，但此县的老百姓到京城向皇帝反映县令清正为民，希望他能继续留任。明太祖朱元璋同意了他们的要求，赐手谕奖励该县令复职，并加赐衣服和钱。旁边的侍臣说："县令爱抚百姓是职所当然，

① （先秦）《韩非子·外储说左下》："（翟黄）曰：'君谋欲伐中山，臣荐翟角而谋得；果且伐之，臣荐乐羊而中山拔；得中山，忧欲治之，臣荐李克而中山治。是以君赐此车。'方曰：'宠之称功尚薄。'"

陛下赐给他的厚恩已是无以复加了。”太祖说：“郡县治理的好坏首先决定于郡守、县令。我过去在民间时经常发现，由儒生担任守令的，多迂腐无能而荒废政务；由吏员（基层办事员）提拔担任守令的，多奸诈油滑，玩弄法律，蠹政害民，无所不为……这是守令不得其人的缘故啊。”太祖话锋一转，继续说道：“为政以得民心为本。既已得到了百姓的爱戴，那么他要离开时，百姓哪能不爱惜挽留呢？如果是昏庸无能的官员，百姓视之如寇仇，唯恐他不早点离任，哪里还会挽留他呢？仅凭这一点，就可以知道这个人是贤与不贤了。如果守令都能爱抚百姓，国家何愁治理不好？因此，奖赏勉励他并非滥施恩惠啊！”① 朱元璋这段话有很多看点，不光是表达了得民心的官员应受重赏的观点，还明确提出了“为政以得民心为本”的理念；同时还讲了应该选用什么样的人担任州县长官的经验，不懂实际的书呆子不行，不学习、善应酬、专会围着领导转的人更不行。前者多迂腐，干不成事；后者多奸诈，足以害事。这些都是治国理政的金玉良言啊！

---

① 《明太祖实录》卷174：“上曰：‘郡县之治自守令始。朕向在民间，常见县官，由儒者，多迂而废事；由吏者，多奸而弄法，蠹政厉民，靡所不至……尚且为政以得民心为本，既得民心，则其去也，民岂得不爱而留之。不才者，民疾之如仇雠，唯恐其去之不速，岂肯留也。即此可以知其人之贤否矣。使守令皆能抚民，天下何忧不治？赏而劝之非滥恩也。’”

第十一章 育才

人才不是天生的，都是经过培养后形成的。培养人才的途径，不外乎国家培养和社会培养。古代的社会培养，主要是通过一些名人、学者的聚众讲学和有志学子的自学成才来实现的，家庭的励志教育在其中发挥了重要作用。古往今来，国家在人才培养中总是占有主导地位：一方面，国家对人才的培养贯穿于人才成长的全过程，而古代的社会培养主要是以向国家输送人才为目的，人才被国家录用之后，社会培养的任务也就完成了；更重要的另一方面是，只有国家重视，才能在全社会形成有利于培育大批人才、使广大人才不断成长并发挥作用的环境。而国家对培育人才是否重视，则决定于统治者高层的见识和水平。我国古代文明之所以能灿烂辉煌，这与古代社会人才济济密切相关。而人才辈出离不开历代明君贤臣及社会有识之士的大力提倡和采取的相关措施，以及由此潜移默化而形成的社会风气。古代社会的育才思想，无疑也是我们今天的一份珍贵的历史遗产。

第一节　百年大计　莫若树人

说到培育人才的重要意义，人们会很自然地想到管子的一段话。《管子·权修》的原话是："一年之计，莫如树谷；十年之计，莫如树木；终身之计，莫如树人。一树一获者，谷也；一树十获者，木也；一树百获者，人也。"这讲的是一种策略学：如作一年的打算，种谷比较合算；如作十年的打算，种树合算；如作一辈子的打算，或者说"百年之计"，那还是培育人才最合算。种谷子是种一获一的收益，种树是种一获十的收益，而如果培育人才则是百倍的收益。管子继续说道："如果我们能够努力培育人才，再科学合理地使用他们，那就会把各项事业都办得顺顺利利，而这是只有真正的君王才能做到的。"①

管子把重视育才寄托在那些明智君主的身上，是有充分道理的。尤其是在"朕即国家"的古代社会里，君主重视育才，就是国家重视育才。做君主的，如果能知道人才重要，诚意求贤，虚心待士，就算是个好贤求治的君主；如果对人才能用其所长，并充分信任，支持他们建功立业，那就是一个英明有为的君主；如果在以上基础上，还能注意培育人才，使治国大业后继有人，那就应该是个具有远见卓识的君主。当然，不管多么英明的君主，他也不是一枝独秀、鹤立鸡群的，其身后都有一个由贤臣组成的优秀群体。正是君臣之间的互相讨论和启发，使他们的思想水平不断得以提高。应该说，以唐太宗、明太祖、康熙帝等为代表的一批明智君主对育才问题都是非常重视的，

---

① （先秦）《管子·权修》："我苟种之，如神用之，举事如神，唯王之门。"

他们的一些见解颇有见地，这既反映了他们个人的明智，同时也代表了当时统治者高层的集体智慧，代表着一个时代的思想水平。

为什么明君贤臣都会重视人才的培育呢？大概是他们在治国理政的长期实践中，逐步认识并无法回避两个规律：一个是新陈代谢规律，另一个是人才成长规律。

新陈代谢，不舍昼夜。年轻的总要代替年老的，这是自然界和人世间的一般规律。因此，古今中外的官员队伍都会面临一个新老交替问题。无论是君主还是大臣，一旦步入老年，在操劳国事的心力交瘁和处理政务的力不从心中，自然会想到君主和大臣的位子都需要有人来接班，如不预先培育，势必后继无人。康熙帝曾经在与大臣的一次谈话中，非常实在地讲了自己的切身体会。康熙四十五年（1706 年）十月，康熙帝对担任武科殿试考官的大臣们说："现在天下太平已经很久了，曾亲自参加过战场指挥的大臣已经不多了，懂得海上用兵之法的就更少了。我在甲子年（那时康熙帝三十岁左右）南巡时，从江宁登船沿江而下到了黄天荡，突然江风大作，众人都很害怕，我却下令顶风前进，我站立在船头射江豚，没一丝不安。后来又一次南巡，乘船渡江，就感觉有点心跳。去年（五十出头）南巡我看见别人渡江就感觉心里发慌。由此看来，这前后的变化都是由年龄造成的，大概年轻时气血强盛，年老就气虚血衰。我曾问过一些老将，他们都说年轻力壮时能够登城杀敌，不畏艰险，现在老了就感到心怯了。凡是将军、提督、总兵，他们在年轻时迎着刀锋、冒着箭雨，历尽艰难险阻，由于效力有功而逐渐位列高官，家里也富裕了，而这时年龄也越来越大了。如果一旦发生战事，再让他们率兵前去，想着叫他们像年轻时那样奋勇杀敌，怎能办得到呢！”① 康熙帝用自身感受向大臣们讲述了一个人从年轻力壮到气虚血衰的自然规律，并指出大臣们同样逃脱不了这一规律，意在教育大臣们要自觉适应官员队伍的新陈代谢，重视使用年轻人。

人才成长也是有规律的。人才不是天生的，必须经过后天的学习锻炼逐步成长起来。因此，国家对人才的使用，应该先养后用，边用边养。朱元璋明白这一道理，他有句话说得很好：“国家于人才，必养之于未用之先，而用之于既成之后。”② 洪武二十三年（1390 年），有一个担任给事中的官员向朝廷推荐了一个士子。朱元璋问：“他适合担任什么官职？”回答说：“他适合做直接管理百姓的官。”朱元璋又问：“他有什么特长？”回答说：“他才高年少，勇于任事，敢作敢为。”朱元璋说：“自恃才高者大多不守中庸，说话办事往往过当，胆子大的人做事很少遵循常理，如果现在就让他做管理百姓的官，不见得合适。素来都是善于操刀者才让他去宰割，善于制作锦缎者才让他去裁衣，而学识还不充实的人就让他管理政事，这能行吗？后生年少未经历练，往往自恃有才而不谦虚谨慎，血气方刚而意气用事，很少有不生事扰民的。所以还是让他继续学习，进一步涵养他的道德情操，提高气质，等到学成之后再加以任用。”③ 朱元璋这段话涵义深刻，只有具备相当学识和有一定阅历者才好体会。按照我们的一般理解，“才高年少”正好可以委以重任“压担子”。这在一定条件下可以，比如曹操所讲的“唯才是举”的“乱世”，或者需要专门特

---

① 《清圣祖实录》卷 227（原文略）。

② 《明太祖实录》卷 99。

③ 《明太祖实录》卷 103：“上曰：‘才高者多过中，勇敢者少循理，居使牧民，未见其可……后生年少，未当历练，恃才轻忽，用其血气之勇，鲜有不生事扰民者。且令就学以养其德性，变化气质，俟学成用之。’”

长的行业。但朱元璋讲的是治世用人，而且是“牧民”之官，是负责州县全面工作的领导。自恃“才高”者，往往已经学到一些东西，嘴皮子很溜，讲起话来滔滔不绝，但学问还不成熟，学问越是深厚的人越是谦虚，无浮躁之气和张狂之态；“年少”者自然是缺少阅历，而做州县的一把手还应需要一定阅历。所以朱元璋认为，让“未经历练，恃才轻忽”的人去做管理百姓的官，很少有不生事扰民的。但朱元璋并不是不重视人才，他要求对才高年少者要加以培养，让他继续学习，通过学习“养其德性，变化气质”，学成再用。

当领导的，如果仅仅是在口头上表示重视培育人才，那还不是真正的重视；真正重视应表现在行动上，要探讨培育方法，采取培育措施。

朱元璋在攻克南京，还未登基之前，就已开始考虑如何培育人才的问题。甲辰年（1364 年）三月他发布了一道谕旨说，“现在疆土日益扩大，急需文武各类人才”，要开通多种渠道招揽人才，同时要注意培育年轻人才。“郡县官年龄在五十岁以上的，虽然在处理政务上干练通达，而精力已经衰退了。应该叫有关部门选择民间年龄在二十五以上的、资性明敏、有学识才干的年轻人，由中书省招聘，分配他们与年老的郡县官一起工作。到十年以后，老的退休，而年轻人也已熟悉政务。这样，人才就不会匮乏而青黄不接，而且做官的又能称职。”① 朱元璋想好了的事情，说办就办，马上命令“中书省通知有关部门，宣布这一决定”。

① （清）张廷玉等：《明史》卷71，《选举三》：“（太祖敕曰）郡县官年五十以上者，虽练达政事，而精力既衰，宜令有司选民间俊秀年二十五以上、资性明敏、有学识才干者辟赴中书，与年老者参用之。十年以后，老者休致，而少者已熟于事。如此则人才不乏，而官使得人。”

经历过我国改革开放初期干部人事制度改革的同志，大概都还记得，当时邓小平同志将干部的新老交替问题作为头等大事来抓，强调老同志“第一位的事情是要认真选好接班人”，“搞好传帮带”，并说这个问题如果解决不好，十年后要出大问题。我们再回过头来看，六个半世纪之前，朱元璋就已对官员的新老交替问题考虑得如此周详，像这样明确采取在工作中以老带新的培养办法，朱元璋应该是首创，确实了不起！我们不能不叹服古人在治国理政方面的丰富智慧！

朱元璋即皇帝位之后，一直十分重视求贤和育才问题，分别于洪武元年（1368 年）、三年（1370 年）、六年（1373 年）等年份下诏或作出有关指示，并派人带着钱和帛“分行天下，访求贤才”。与此同时，朱元璋特别重视人才的培养工作。他曾对礼部尚书讲：“很早的时候就有人说过，平常不注意培养人才，而用的时候还想得到贤才，这就像手里有块玉石，不去琢磨而希望玉能呈现美丽文采一样，这怎么可能呢？天下不是没有贤才，就看采取什么办法进行培养了。”① 早在洪武二年（1369 年），朱元璋就指示说：“治国以教化为先，教化以学校为本。”命令全国府、州、县、卫所，皆建学校，可以说是“没有一处该设学校的地方而不设学校，没有一个该受到教育的人而没有受到教育”。这话可能有些夸张，但史书上如此说，从侧面反映了当时兴办学校之盛。府、州、县学分别设置教授、学正、教谕以主持教学，并各配备训导若干名作为辅助。史称，当时全国“教官四千二百余人，弟子无算（即无数），教养之法备矣”。用现在话说，教育培

① 《明太祖实录》卷 193：“洪武二十一年九月……上谓礼部尚书李原名曰：‘昔人言不素养士而欲求贤，譬犹不琢玉而求文采。夫天下未尝无贤才，顾养之之道何如耳。’”

养人才的体制机制已经具备了。可能会有人用现在的“师生比”来理解古代（就像有人爱用古代“官民比”来评说公务员人数一样），认为全国教师四千多人并不算多。其实，这些学校的学生都是经过县试、府试、院试三级考试合格的生员，俗称秀才，并非所有愿意上学读书的孩子。教官对生员承担督促管理的职责，生员的学习方式是自学，所以一个县学只配备一名教谕、两名训导共三名教官。生员跟教官一样是吃公粮的，“师生每月发给食米，一人六斗，有关机构还发给他们鱼肉，教官按规定的标准领取月俸”。可见国家对培育人才是下了本钱的，同时也提出了“务求实才”的严格要求，对那些“顽劣而不合格的生员予以黜退”。编修《明史》的清代人是这样评价的：“明代学校的盛况，是自唐宋以来没有哪个朝代能比得了的。”①

君主之中重视培育人才的，朱元璋算是比较突出的，他有言论、有行动，而且有一些创新办法，舍得投入。应该说，凡是头脑清醒、希望国家长治久安的君主，都会从治国的实际需要出发重视培育人才问题的，但由于他们的认识水平不同，因而重视程度也会有差异，由于他们考虑问题的角度、工作的作风以及办事的魄力不同，因而采取的办法和实际效果也会有别。

第二节　重视培养接班人

培养接班人的问题历来特别重要。凡是做君主的，莫不欲自

① （清）张廷玉等：《明史》卷69，《选举志一》：“迄明，天下府、州、县、卫所，皆建儒学，教官四千二百余员，弟子无算，教养之法备矣。”（太祖谕曰：）“朕惟治国以教化为先，教化以学校为本。”“师生月廪食米，人六斗，有司给以鱼肉。学官月俸有差。”“务求实才，顽不率者黜之。”“盖无地而不设之学，无人而不纳之教。”“此明代学校之盛，唐、宋以来所不及也。”

己的基业世代相传，因此他们首先会想到将来自己的江山交给谁，他能否保住并将之传下去；还有那些贤臣们，他们都希望社会能够安定，国家能够长治久安，因此也都希望有个圣明君主来接班。由于阶级局限性和历史局限性的制约，选接班人的空间受到严格限制，首先必须在君主的儿子中选择（个别时期有兄终弟及的情况），为避免残酷的窝里斗，明代以前都采用嫡长子继承制，清代从雍正帝开始搞了点改良，由老皇帝在皇子中秘密指定，写下其名字密封于匣内，藏于乾清宫正大光明匾后。既然选择接班人没什么余地，所以明君贤臣们只能寄希望于对接班人的培养，因而对培养接班人问题倍加重视。在他们的有关思想里也有不少发人深省之处。

《贞观政要》是古代治国安邦的经验汇总，其中第四卷包括“太子诸王定分”“论尊敬师傅”“教戒太子诸王”“论规谏太子”等四节，可以说是集封建统治者培养接班人经验之大成，其中一些思想今天读来仍颇受启发。所以，我们不妨以此为主，间或引述一二其他史料，来梳理一下古代统治者对接班人的培养思路。

一、选好师傅

唐太宗认为：“人之善恶，诚由近习。”一个人是否善良，确实很大程度上都是跟周围人学来的。此所谓近朱者赤，近墨者黑。贞观八年（634 年）唐太宗对侍臣说：“一般人思想品德是不稳定的，可随着教育而变化。何况辅佐太子的师傅，自古以来就很难选择。”所以选好师傅这件事太重要了。他举了两个典型例子：“周成王年幼时，周公、召公做师傅，左右都是贤人，他每天听到的都是高雅良好的教育，足以使他不断增长仁德的品质，所以后来他就成了圣君。秦二世胡亥，用赵高做师傅，赵高教给他的都是严刑峻法那一套，等到他当了皇帝，便诛杀功臣，杀害亲族，残暴到了极点，很快就灭亡了。”然后唐太宗说，他要为太子和其他王子“精选师傅”，要求大臣们各举三两个“正直忠信者”以备选择。①

唐太宗强调选择师傅的重要性，确有道理。选师不当而导致事与愿违的例子并不难找。隋文帝杨坚，看起来比较简朴，也很勤政，但这个人却不是一个明智的君主，因为他不会看人用人。他开始立的太子是杨广的兄长杨勇，这本来是对的，但给太子选师傅没有选对，结果他对杨勇很失望，废掉了太子杨勇。为了这件事，隋文帝还非常恼火，严厉斥责东宫的官员，认为是他们没有尽到辅导的责任。这时，有个叫李纲的臣子勇敢地站出来，对文帝说：“今天太子被废这件事，是陛下您的过错，不是太子之罪。太子不是一般人，但性情同常人一样，如果他能得到贤明之士的辅导，完全能够继承皇帝大业。可为什么您却让只懂得歌舞狩猎、寻欢作乐之徒天天陪伴在他的左右呢？这是您在培养教育方面做得不够，难道这是太子本身的罪过吗？”② 一番话说得隋文帝哑口无言，他也暗自佩服李纲的见识，还提拔了李纲。

---

① （唐）吴兢：《贞观政要·论尊敬师傅第十》：“（太宗曰）中智之人无恒，从教而变。况太子师保，古难其选。成王幼小，周、召为保傅，左右皆贤，日闻雅训，足以长仁益德，便为圣君。秦之胡亥，用赵高作傅，教以刑法，及其嗣位，诛功臣，杀宗族，酷暴不已，旋踵而亡。故人之善恶，诚由近习。”（余略）。

② （宋）王谠：《大唐新语》卷10：“（李纲曰）今日之事，乃陛下过，非太子罪也。太子非常品，性本常人，得贤明之士辅之，足嗣皇业。奈何使弦歌鹰犬之徒，日在其侧。乃陛下训导之不足，岂太子罪耶！”

二、实施严格教育

贞观十一年（637 年），唐太宗任命礼部尚书王珪兼任魏王李泰的师傅。为此，唐太宗还专门对尚书左仆射房玄龄有一番谈话。唐太宗说："自古以来帝王的儿子，生在深宫，长在深宫，到他们长大成人，没有不骄奢淫逸的，所以一个接一个地灭亡，很少有能够自己救助自己的。我如今要严格教育子弟，希望他们都能安全自保。"这些话讲得可谓既深刻，又实在。他继续说，之所以选王珪做李泰的师傅，是因为王珪刚毅正直，"志存忠孝"。唐太宗让房玄龄去告诉李泰："每次面对王珪，就跟见到我一样，应当加倍尊敬，不得懈怠。"① 唐太宗是这样说的，也是这样做的。他要求做师傅的教育从严，对于严格教育子弟的师傅，他给予了积极支持和奖励。

贞观年间，太子李承乾屡次违反道德礼仪标准，奢侈纵欲日甚一日。担任太子左庶子的于志宁撰写了《谏苑》二十卷，对其进行规劝。太子右庶子孔颖达经常不讲情面地向太子劝谏，太子的乳母遂安夫人对孔颖达说："太子已长大成人，怎么可以屡次当面指责呢？"孔颖达回答说："我作为太子师傅，承蒙国家厚恩，应该尽我的职责，即使为此而死也没有怨恨。"于是对太子的规劝更多起来。唐太宗对孔颖达、于志宁二人的表现极为赞许，每人各赏赐丝绸五百匹、黄金一斤，以勉励他们对太子的教导。② 尽管唐太宗与几位大臣坚持严格教育，但太子李承乾实在不争

---

① （唐）吴兢：《贞观政要·论尊敬师傅第十》："（太宗曰）古来帝子，生于深宫，及其成人，无不骄逸，是以倾覆相踵，少能自济。我今严教子弟，欲皆得安全。"（余略）。

② 见（唐）吴兢：《贞观政要·规谏太子第十二》（原文略）。

气。除了孔颖达、于志宁外，李百药、张玄素都参加过对太子的教育，他们都曾苦口婆心地规劝太子，均遭太子斥责。后来太子竟然派刺客去杀张玄素、于志宁，唐太宗只好废掉这个不可救药的儿子。

三、坚持随时随事的教诲

唐太宗当上皇帝没过几年，就开始考虑如何将自己的后代教育好，让他们懂得统治者与老百姓的关系，让他们知道百姓的艰难，希望他们能够把自己的基业安安全全地传下去。为此，唐太宗可以说是煞费苦心，经常给有关大臣讲这件事，并抓住一切机会亲自对儿子们进行教育。他对辅导太子的官员们说："你们辅导太子，应该经常给他讲讲百姓中生活困苦的事情。"贞观十八年（644 年），唐太宗比较集中地讲了一次他在教育下一代方面的良苦用心，他对侍臣说："古代有胎教世子的传说，我没有时间顾上这件事。但是最近自从立了太子，遇事必定教育他懂得道理。见他将要吃饭，便问他：'你知道饭是怎么来的吗？'他回答说：'不知道。'我告诉他：'农民种地非常辛苦艰难，耕种收割都要付出全部劳力。国家只有做到不在农忙时征用劳役，才能常有这样的饭吃。'见他骑马，又问他：'你懂得马吗？'他回答：'不懂得。'我说：'马是能代替人跑路之苦的。按时让它休息，不耗尽它的体力，就可以常有马骑。'见他乘船，又问他说：'你知道乘船的道理吗？'他回答：'不知道。'我说：'船好比是国君，水好比是百姓；水能载船，也能翻船。比方你就是君主，你能不畏惧吗？'见他靠在一棵弯曲的大树下，又问他：'你知道这棵树的道理吗？'他回答：'不知道。'我说：'这棵树虽是弯的，按照墨线加工就可得到直的木材；做国君的即使没有德行，能接受劝谏也可以成为圣明君主。'"① 唐太宗为把太子培养成合格的接班人，可以说是用心良苦。

四、让其承担责任，经受锻炼，建功立业

《战国策·赵策四》记载着一个有名的故事"触龙说赵太后"，被《古文观止》收录，毛泽东同志也曾向大家推荐过此文。此文记述了赵国老臣触龙说服赵太后送他的幼子长安君到齐国做人质，以取得援军救赵的故事。赵惠文王死后，赵太后执政。秦国乘机攻赵，形势危急。赵向齐国求救，齐则要求以赵太后爱子长安君为人质方肯出兵。赵太后舍不得让爱子做人质，群臣强谏，太后生气地说："有谁再敢说让长安君做人质的，老妇我一定啐他一脸唾沫！"就是在这种情况下，老臣触龙求见太后，施展婉转巧妙的谈话艺术，寓大道理于人之常情之中，终于说服太后同意送长安君做人质，使齐国发兵救赵。故事很生动，值得一读，其中讲的大道理虽然文字不多，但发人深省。触龙对太后说："父母如真爱孩子，就会替他们作周到而长远的打算。"触龙给太后讲历史：各诸侯国三代以前的历代国君子孙被封为侯的，到现在没有一家能保留住侯爵的，为什么？"因为他们地位尊贵而无功勋，俸禄丰厚而无劳绩，无功无劳而拥有那么多国家给予的权力和财富。现在您给了长安君很尊贵

---

① （唐）吴兢：《贞观政要·教戒太子诸王第十一》："（贞观七年，太宗曰）卿等辅导太子，常须为说百姓间厉害事。""（贞观十八年太宗曰）近自建立太子，遇物必诲谕。见其临食将饭……曰：'凡稼穑艰难，皆出人力。不夺其时，常有此饭。'见其乘马……曰：'以时消息，不尽其力，则可以常有马也。'见其乘舟……曰：'舟所以比人君，水所以比黎庶，水能载舟，亦能覆舟。尔方为人主，可不畏惧！'见其依于曲木之下……曰：'此木虽曲，得绳则正；为人君虽无道，受谏则圣。'"

的地位，将富庶的地方封给他，赐给他很多象征国家权力和财富的宝物，却不趁现在您主持国政的时候让他为国家立下功劳，一旦有一天您驾鹤归天了，长安君靠什么在赵国立足呢?”① 这样一番道理讲下来，赵太后自然是如梦方醒一般。对后代最好的培养方法，就是要让他们承担责任，经受锻炼，经风雨见世面，为国为民作出贡献。

有些领导者在培养接班人时，往往不能放手使用，不管什么事还是自己说了算，被培养者只是执行而已，这就不是明智的做法。元朝至元十六年（1279 年），大臣董文忠向元世祖上了一道奏疏，说：“陛下当初让燕王任中书令、枢密使，现在他的才能已胜任中书令。”意思是说，让燕王担任实际职务，有职有权，经过实际锻炼，他就能够胜任。董文忠话锋一转，接着说道：“自从封燕王为太子后，屡次让他了解熟悉军国大事。然而十余年来，他始终谦虚退让、不肯管事的原因，并不是不执行您的指示，而是您对这事处理得不够专业啊。凡事都是先向您汇报，您已决定了，再去请示太子，这等于让臣子对君父之命加以肯定或者否定，太子当然不敢喽，所以只有唯唯诺诺或者沉默躲避而已。以我所见，不如令有关部门先请示太子，太子有了意见后再向您报告，如果其中有的意见不够妥当的，您再以诏书或者指示的形式作出决定。大概这样处理既顺理成章又不乱名分，太子必然不敢推卸责任了。”元世祖当天就把有关大臣叫来，告诉此意，命令实行。元世祖又对太子说：“这个董八郎，是懂得国家大政方

---

① （汉）刘向：《战国策·赵策》：“（左师公触龙曰）位尊而无功，奉厚而无劳，而挟重器多也。今媪尊长安君之位，而封之于膏腴之地，多予之重器，而不及今令有功于国，一旦山陵崩，长安君何以自托于赵？”

针的人，你要记住他。”① 董文忠的确高明，他只是把元世祖原来的程序改了一下，就达到了培养锻炼太子的目的。培养接班人，就要将他放到第一线，压担子，放手使用，使其在实践中经受锻炼和考验。

第三节　非学无以广其才

虽说是成才渠道各有不同，但都绕不过学习这一渠道。韩愈在《师说》里说过，“人非生而知之者”。既然人不是生而知之，那只能是学而知之。所以诸葛亮告诫儿子说：“才须学也，非学无以广其才。”② 要想增加才能，除了学习没有别的途径。不光诸葛亮这么认为，古代的政治家、思想家也都是这么认为的，所以他们重视教育，把督促激励学习、创造学习条件和自己带头学习看作是培育人才的重要手段。

孔子是伟大的思想家、教育家，弟子三千，贤人七十。但他不光是教别人，首先他自己就是一个爱好学习的模范。《论语》的第一句话就是他的学习感受：“学而时习之，不亦说乎?”从这句人们耳熟能详的名句里，我们仿佛看到了孔子孜孜不倦、乐在其中的学习态度。从下面这则生动感人的故事里，更能看到孔子不能须臾离开学习的精神品格。据王充的《论衡·别通篇》讲：孔子得了重病，他的弟子商瞿给他占卜去世的时间，结果说是中

---

① （明）宋濂等：《元史》卷148，《董文忠传》：“（董奏曰）自（燕王）册为太子，累使明习军国之事，然十有余年，终守谦退，不肯视事者，非不奉明诏也，盖朝廷处之未尽其道尔。夫事已奏决，而始启太子，是使臣子而可否君父之命，故惟有唯默避逊而已。以臣所知，不若令有司先启而后闻，其有未安者，则以诏敕断之，庶几理顺而分不逾，太子必不敢辞其责矣。”（余略）。

② （三国）《诸葛亮集·诫子书》。

午去世。孔子说："那就把书给我拿过来。不然，现在到中午这段时间干什么呢?"王充对此评论道："圣人真是好学啊，将要死了还不停止。"① 两千多年来，一代又一代做家长的、做老师的以及一些做长官的，都是用"学而时习之"这样一句极为普通的话，用"学而不厌""且死不休"这样一种好学精神，教育和激励孩子、弟子和年轻士子去发奋学习，立志成才。

学习是成才的必由之路。自古以来，人们说学习，主要是指读书学习，当然这里面包括个人自学、从师学习和国家有关机构培养等，这"书"的范围也是随着社会的发展而不断扩大。读书学习就是主动吸收前人的经验总结。古代出书的材料短缺，惜墨如金，出的书基本上都是有用之书，因而开卷有益。而现在就要小心点了，应该是善读书，读好书，读有利于成才的书。

古人认为，读书学习不仅长知识，增才能，还能益品德。《礼记》上说："玉不琢不成器，人不学不知道。"这也是人们耳熟能详的一句话。"不知道"的"道"，在这里是个名词，是指天地人生的"大道理"，相当于现在说的正确的"世界观""价值观"，不学习肯定不会懂得这样的大道理。荀子说："学习是不可以停止的"，"君子如能博学，又能做到一日三省，那么他就能非常智慧，而且行为没有过错"。② 在荀子看来，博学是基础，严格要求是条件。博学的人能明事理，在此基础上再每天注意反省自己，就会避免犯错误。董仲舒在回答汉武帝的对策时也说过："普通玉石不经雕琢，不能自成文采；君子不通过学习，就不会

① （汉）王充：《论衡·别通篇》："孔子病，商瞿卜期，日中。孔子曰：'取书来，比至日中何事乎？'圣人之好学也，且死不休。"

② （先秦）《荀子·劝学篇》："君子曰学不可以已。""君子博学而日参省乎己，则知明而行无过矣。"

形成他所应该具有的好品德。”① 按照董仲舒的说法，一个人比较完备的好品德是通过学习形成的，这应该是对的。幼时如受到良好的家庭影响和家庭教育，会初步形成诚实、友善等一些基本品格，随着以后学习的逐步深入，才会逐步形成一定的世界观、价值观。像“乐以天下，忧以天下”，“先天下之忧而忧，后天下之乐而乐”这样的高境界，只有像孟子、范仲淹这样的博学者才能在脑子里升华出来。但有些命题反过来就不成立了，君子品德要靠学习养成，可博学者不一定都是君子品德。

古代君主用鼓励、鞭策读书的办法来培养人才的，历史上不乏其例。三国时期，孙权曾劝大将吕蒙多读点书，吕蒙回答军中事务繁忙，没有时间读书。孙权批评说：“难道我要求你像博士一样去专门研究经书去了吗？只不过是让你多了解一些过去的事情。你说事务繁多，难道比我的事还多？我少年时读过《诗经》《尚书》《礼记》《左传》《国语》，只是没读过《易经》。自做江东统帅以来，我又阅读《史记》《汉书》《后汉书》和各家兵书，自己感觉大有所益。”讲了自己的体会后，孙权又说：“汉光武帝当年在指挥作战的岁月，仍手不释卷。曹操也说自己是老而好学。你为什么就不能自勉呢？”并当场开出了学习书目：“你现在急需读《孙子》《六韬》《左传》《国语》《史记》《汉书》《后汉书》。”吕蒙于是勤奋读书。鲁肃原来看不起吕蒙，认为他只不过就是一个武夫而已。后来鲁肃接替周瑜当了全军主帅，经过吕蒙驻扎的地方，发现吕蒙的文采韬略与以前判若两人，吕蒙还为鲁肃如何对付关羽出了三条好计策。鲁肃对吕蒙肃然起敬，说吕蒙“再也不是当年的吴下阿蒙了”。吕蒙也高兴地说：“士别三日，

---

① （汉）班固：《汉书》卷56，《董仲舒传》：“然则常玉不琢，不成文章；君子不学，不成其德。”

就该刮目相看。"[①] 孙权为什么要让吕蒙读书？因为他看准了吕蒙是一个难得的后备人才，要培养他，而且认定鼓励学习是培养人才的好方法。结果，鲁肃死后，吕蒙就接替鲁肃成为东吴军队的主帅。

唐太宗是一位重视以学习培养人才的帝王。帝王的重视与学者的重视有所不同，其最大不同在于：帝王如果真重视了，那就不仅在理论认识上强调重要性，还要在行动上有所作为。史载，贞观二年（628 年），也就是唐太宗当皇帝的第二年，他就在兴学育人方面开始了大动作：一是调整有关用人政策，"大收天下儒士"，广泛收录有学问的人才，赏赐布帛，提供车马和饮食，让他们到京城来优先任职。太学生中的优秀人才，可以兼任官职。二是扩大国学规模和招生名额，在国学中建造房舍四百间，国子学、太学、四门学及俊士等各类学校都增加学生名额，书学（培养书法人才）、算学（培养天文、数学人才）各学校增设博士和学生。驻守宫廷的卫士，也配备博士教他们读经书，有能够通晓经学的准许参加科举考试。三是准许唐朝境外的人前来游学，"吐蕃及高昌、高丽、新罗等的首领，也都派遣子弟前来要求入学，有几百人之多"。这样，"在国学之内，读书的和讲学的，差不多达到万人。儒学之兴盛，前所未闻"。[②]

唐太宗废掉太子李承乾之后，将李治立为太子。为了把李治培养好，让他将来能当一个合格的皇帝，唐太宗撰写了《帝范》一书赐给李治。他在书中写道："教化百姓培育人才，最好的办法就是

① 见（晋）陈寿：《三国志》卷 54，《吕蒙传》文中注（原文略）。

② （唐）吴兢：《贞观政要・崇儒学第二十七》："贞观二年……是岁大收天下儒士……于国学造舍四百间，国子、大学、四门、俊士亦增置生员，其书、算各置博士、学生……而吐蕃及高昌、高丽、新罗等诸夷酋长，亦遣子弟请入于学以百数。国学之内，鼓箧而升讲筵者，几至万人。儒学之兴，前古未之闻也。"

让大家学习。”他又说：“不临深渊，不感到大地的深厚；不读书学习，不知道人的聪明智慧是从哪里来的。”“虽然人天生就有思辨的能力，但没有坚持不断的学习也是不会有成就的。”唐太宗讲这些道理的目的，归根结底是希望自己的接班人将来能当一个好皇帝，以使李氏王朝世代相传。所以他还明确告诉李治，要想当一个好皇帝，不读书是不行的。他说：“要想端身拱手、轻松自如便能了解天下事，借鉴古今治国经验而实现无为而治、英名远扬、国家富强、光耀天下而不朽，唯一的办法就是不断学习。”①

唐太宗能有上述言论，一方面由于他认识深刻；另一方面也得益于他与大臣们经常一起讨论治国经验和学习心得，受大家启发。有一次唐太宗与侍臣们讨论治国关键在人才的问题，谏议大夫王珪进言：“做臣子的如果不学无术，不知道历史上的有关论述和做法，怎能担当重任。”② 另一次讨论人的本性与学习的关系时，中书令岑文本说：“人天生的本性都是相近的，而后天形成的情感是受客观影响而变化的，必须用学识驾驭情感来完善人的本性。《礼记》上说：‘玉不琢不成器，人不学不知道。’所以古人勤奋学习，并称之为最美的品德。”③ 这些大臣的言论都受到了唐太宗的大加赞扬。

元代规定，地方各级机关的吏员（从事文书工作及其他事务性工作，不属于官员）有两条晋升出路：文化水平较高，“兼通

---

①（唐）李世民：《帝范·崇文篇》：“敷教训人，莫善于学。”“不临深溪，不知地之厚；不游文翰，不识智之源。”“性怀辩慧，非积学不成。”“端拱而知天下，无为而鉴古今，飞英声，腾茂实，光于天下不朽者，其唯为学乎！”

②（唐）吴兢：《贞观政要·崇儒学第二十七》：“人臣若无学业，不能识前言往行，岂堪大任。”

③（唐）吴兢：《贞观政要·崇儒学第二十七》：“夫人性相近，情则迁移，必须以学饬情以成其性。《礼》曰：‘玉不琢不成器，人不学不知道。’所以古人勤于学问，谓之懿德。”

经史”者可以选拔到中央机关做吏员，称为“贡举吏员”；“儒吏兼通”的优秀吏员还可以选拔为官员。针对大批吏员文化不高、不识大体的现状，朝廷对他们提出了参加“在职培训”的要求。至元九年（1272 年）八月，中书省和御史台呈请说：“府、州、司（各地安抚司等）、县的吏员，幼年时就因各种原因不上学了，后来就充当衙门的差役。这些人对礼仪之教浑然不知，而对贿赂请托一套却越来越熟悉，日积月累，熏染成性。待到他们年长，便在官府任事，往往贪赃枉法，有的就被判刑入狱，‘盖因未尝读书心术不正所致’。”以上报告的是各地衙门吏员素质不高的基本情况，并指出其根本原因就是这些吏员未尝读书，不知礼仪，不懂从事公务的基本原则和要求，因而在风气不正的工作环境中熏染成习，思想偏邪，心理扭曲。中书省和御史台紧接着提出了解决措施：“今后各地各衙门的吏员，在办公的闲暇时间，要听从长官的约束管教，接受品学优秀者的教育培训，只要能够粗略学习一部经书一部史书，略通义理，便足以正心修身，革除贪图便宜、拉关系走后门的坏毛病，说不定还能成为有涵养的有用之才。”① 从而为成为“贡举吏员”或被选拔为官员创造条件。虽然不能说只要读书学习就一定廉洁奉公（因为同样是学习，能不能联系思想实际正心修己，效果大不一样），但可以说读书学习是普遍提高人员素质的好办法。更值一提的是，七百多年以前能够提出这种利用工作的闲暇时间，随时随地进行“在职培训”的好办法，真是难能可贵！

① （元）《通制条格》卷 5：“府州司县人吏……盖因未尝读书心术不正所致。今后各处人吏，若于簿书优暇之际，从各官长拘钤，就有道师范教训，但能涉猎一经一史，参通义理，足以正心修己，革去趋利徇情之弊，庶几涵养成材。总管府贡举吏员，取兼通经史者……若委儒吏兼通，谨慎行止，不作过犯、无过犯，为众推服之人，保明荐举。”

朱元璋在兴学育才方面比一般帝王更有魄力。明洪武八年(1375年)，朱元璋命令御史台的官员选拔国子监的学生，分配到北方各地从事教育工作。他指示说："实现国家太平需要良好的风气和习俗，良好的风俗来自于教育化导。教育化导搞得好，普通百姓可以成为君子；缺乏正确的教育和引导，虽然是中等素质的人也有可能堕落为小人。最近北方的战乱刚刚结束，人们很少知道学习，想要得到有学问的人才，很不容易。你们应该在太学的学生中，选取年龄较大学习优秀的，派往北方各郡担任教育工作，这样可能就会使当地人们知道努力学习，人才便可兴旺起来。"于是从国子监学生中选拔了三百六十六人，发给廪食（俸禄性质的粮食)，赐给衣服，把他们分配到北方各郡去了。①

清代从顺治到嘉庆对皇子的学习是抓得很紧的，因而这几代经过严格教育成长起来的皇帝又都十分重视学习。如康熙帝就是中国历史上少有的爱好学习的帝王。他五岁入书房读书，昼夜苦读，不论寒暑。他读"四书"，"必使字字成诵，从来不肯自欺"。即位后学习目的更加明确，即从书中"体会古帝王孜孜求治之意"，因而读书更加勤奋。这样一个酷爱读书，而且对读书的好处有着切身体会的帝王，在培养后代的方法上自然首选督促读书学习，他要求皇子们读书百遍，还要背诵。② 康熙帝对全国的教育非常重视，因而特别重视对教官的遴选。清代参加科举考试的士子首先要考生员，被录取为生员的士子们被分到各府、州、县学学习，国家在这些学校设置教官以管理和教授生员。这些教官

---

① 《明太祖实录》卷98："上谕之曰：'致治在于善俗，善俗本乎教化。教化行，虽闾阎可使为君子；教化废，虽中材或坠于小人。近北方丧乱之余，人鲜知学，欲求方闻之士，甚不易得。今太学诸生中，年长学优者，卿宜选取俾往北方各郡分教，庶使人知务学，人材可兴。'于是选国子生林伯云等三百六十六人，给廪食，赐衣服而遣之。"

② 参见阎崇年：《正说清朝十二帝》，中华书局2006年版，第68页。

的品学素质无疑对全国士子的培养关系重大。康熙五十三年(1714年)四月，康熙帝在给吏部的一道谕旨中说："教官承担着教育培养士子的重大责任，其职位非常重要。今后各地选拔的教官应先送到京城，让大臣面试合格后才能任职。"① 要想保证人才培养的质量，先选好教师，这不失为培育人才的又一好的经验。

尽管古代有部分明智君主和不少有识之士懂得兴学育才的重要性，也采取了一些有效措施，但由于阶级局限性和受社会发展水平的限制，当时人们培养人才的视野主要局限于对已有人才的选拔和继续培养上，还不可能将视野扩大到广大百姓，也不可能从儿童开始普及教育。清朝末年，两江总督刘坤一、湖广总督张之洞，给朝廷上过名噪一时的《变通政治人才为先遵旨筹议折》，其中说道：以前的选拔人才办法，从汉至隋以荐举为主，唐以后以考试为主，但总体来说，两种选拔人才方法"都是在已成才的人当中进行甄别选拔，而没有考虑如何对尚未成才的人进行教育并使之成才"，在国家危难之际，这样的做法根本不能解决人才缺乏的问题，因此必须"设立文武学堂"。② 张之洞等人的批评大体是对的，但设立学堂普及教育的任务就不是封建统治者所能承担的了。

第四节 培养首重德行

《三字经》上说："窦燕山，有义方；教五子，名俱扬。"这两句话总体看不难理解，但"义方"指什么，需要明确一下，因

① 《清圣祖实录》卷258："上谕吏部：'教官有教养士子之责，员缺甚属紧要，嗣后掣选教官者应取至京师，令大臣面试方可补授。'"

② （清）张之洞：《张文襄公全集·奏议》卷52："一曰设立文武学堂。取士之法……汉魏至隋，选举为主……唐宋至明，考试为主……要之，皆就已有之人才而甄拔之，未尝就未成之人而教成之。"

为它是弄明白为什么老窦能把五个儿子都培养成名人的关键。《左传·隐公三年》里说，有个大臣向君主进谏说："臣闻爱子，教以义方，弗纳于邪。"此为"义方"的出处。意思是说，要真正爱护自己的儿子，就要按照一定的规矩，用正确的方法去教育他，不让他接受坏的东西。可见，"义方"即指做事应该遵守的一定规矩方法。那么，古代"义方"的内容具体指什么呢？唐代谏议大夫褚遂良曾在一次上疏中向唐太宗建议如何教育皇子的事，其中说道："我看到《左传》里说：'爱子教以义方。'什么是义方呢？忠、孝、恭、俭，就叫义方。"① 施以忠诚、孝顺、谦恭、节俭方面的教育，都属于品德教育。古人认为，教育子孙、培养人才，首先要抓好品德教育，这是教育成功的关键。

为什么培养人才首重品德教育？因为古代主流思想认为：立人先立德；德不立，终不能立人。这一思想与使用人才的德才观是一致的。正如前面讲过的，古代公认的用人标准是德才兼备，以德为先。一方面，我们承认德的具体内容总是打着时代和阶级的烙印；另一方面，也应当承认古代关于德才关系的表述是科学的、正确的。正如习近平同志在全国组织部长会议上所讲的：德才兼备、以德为先，是中央反复要求的用人标准，"一些干部出问题，主要不是出在才上，而是出在德上"。古往今来的成才和用人经验都说明，培养人才既要重视对文化知识和才能的培养，更要重视对品德的培养，而且要把品德教育放在首位。

古代所提倡的德行是以儒家思想为基础的，内容非常丰富，有的概括为"忠、孝、节、义"，有的说"礼、义、廉、耻，国之四维"，《论语》里又特别强调"仁"和"恕"，有的朝代又强

---

① （唐）吴兢：《贞观政要·太子诸王定分第九》："（褚遂良谏曰）臣闻《传》曰：'爱子教以义方。'忠、孝、恭、俭，义方之谓。"

调官员要“清、慎、勤”，等等。对青少年进行品德教育应有所侧重，褚遂良将教育子弟的“义方”解释为“忠、孝、恭、俭”应该是比较好的选择。忠孝是传统道德的核心，先知忠孝，才能后知节义；恭俭是养成良好品行的基础，谦恭才能见贤思齐，修身正己，养成其他良好品质，而“俭以养德”，在家节俭可以保证足食，在朝节俭可以保证清廉。

单以节俭而论，这是立志成才、矢志为国为民建功立业者的必备品格。读读古人的有关论述，对于我们今天的人来说，无论是教育子女，还是砥砺自己，都不无益处。有一本现代人不太瞧得起的清代小书，叫《弟子规》，是古人专门用来教育少年儿童的启蒙书籍，其中说道：“惟德学，惟才艺，不如人，当自励。若衣服，若饮食，不如人，勿自戚（郁闷，不高兴）。”又说：“衣贵洁，不贵华，上循分，下称家。”着装贵在整洁大方，不能奢华，要符合自己的职业和身份，也不能超出家庭经济状况去追求高档。若从小将这些教导入心入脑，养成品格，便不至于做官之后贪腐无状。《康熙政要》里专有一篇《论俭约》，记叙了康熙皇帝与大臣多次讨论节俭问题的情况。有一大臣说：“今天下大患，实由于文臣剥民以奉己，武臣克兵以肥家。”康熙帝教导大臣们说：“禁止奢侈而崇尚节俭，这一道理非常正确。”又说：“俭以成廉，侈以成贪，这是必然的道理。”①

品德教育的方式多种多样，古人在这方面亦有不少好的做法和经验。比如，随时随事进行教育。长辈教育子弟多使用这一办法，往往事先并无计划，遇到某种场合、某项事情，见景生情，偶有所感，便对子弟教育一番。像前面提到的，唐太宗见太子吃

① （清）章梫：《康熙政要·论俭约》：（圣祖曰）“禁止奢僭而崇尚节俭，极当于理。”“语云俭以成廉，侈以成贪，此乃理之必然者。”

饭、骑马、乘船等，都不失时机地教育太子要体恤百姓，爱惜物力，居安思危。

又如，抓住培养对象将来可能遇到的重大问题，重点进行教育。唐太宗和魏征都看到了皇家子孙后代的先天弱点，就是不接触社会实际，不知道稼穑艰难，养尊处优，好逸恶劳，只爱听吹捧自己的假话，不愿听逆耳真言，结果就会犯一个致命错误，那就是亲小人远君子。一旦如此，必然会走上一条不归路，那就是亡国败家。所以唐太宗把亲君子远小人的教育摆在特别重要的位置。

又如，针对做官后容易出现的问题，经常进行告诫教育。在这方面，朱元璋做得比较突出，而且不乏名言警句，在此不妨用原话加以介绍。他说："大抵人有才能者，不失于贪鄙则失于骄蹇。"① 有才能的人志得意满之后，如果不注意谨慎守法和戒骄戒躁，最容易在两方面栽跟头，一是贪腐，二是骄纵傲慢。因此他告诫臣子们，有才能的人要"小心畏法"。在另一场合，他又说："譬如驰马能戒于险阻则不坠，肆意于平旷则颠蹶。"并说他经常"以此自警"，希望与大家共勉。② 骑马如能多加小心，即使在险要难走的地方也不会掉下马来；如果粗心大意，就是在平原旷野也会翻落马下。朱元璋是以骑马比喻做官做事，要臣子们自警自励。他还常劝臣子们积善积德，说道："积善如积土，久而不已则可以成山；积恶如防川，微而不塞必至于滔天。""人能改过迁善，如镜之去垢，光辉日增。"③

再如，针对表现出来的缺点，有的放矢进行教育。针对被培

---

① 《明太祖实录》卷17。
② 《明太祖实录》卷8。
③ 《明太祖实录》卷70。

养者的缺点，采取适当办法促其觉悟，从而使其受到教育。宋朝时，鞠咏因文学出众受到王化基的赏识。王化基担任杭州知府时，鞠咏进士及第，被任命为大理评事，然后派往杭州仁和县担任知县。鞠咏分到了王化基的手下，自认为王化基是自己的文学知己，当然非常高兴。将上任时，先写了一封信连同自己作的诗，寄给了王化基，以感谢王公过去对自己的提携鼓励，并说如今又成了王公的下属，今后可以以文字相乐了。王化基看到他存在骄傲情绪，有些得意忘形，便没有答复他的信。等鞠咏到任后，王公对他没有任何特殊礼遇，反而对他的工作督促得非常严格。鞠咏大失所望，不再对王公因过去相知而会照顾自己抱有什么希望了，从而专心干好自己的本职工作。后来，王公入朝成为参知政事，第一个推荐提拔的就是鞠咏。有人问其中缘故，王公说："凭鞠咏的才气，他不愁将来没有好的发展，所担心的是他过于自负和骄傲。我故意压抑他，目的是让他提高品德修养。"鞠咏听说后，才醒悟到王公才是真正的知己。① 从王化基的做法里我们可以看到，对于人才，不是只看他的才气，而更要关注他的品德修养；对于自己所欣赏的人，不是捧着他、照顾他，而是针对他的缺点给予严格要求，这样才有可能将一棵"好苗子"培养成栋梁之材。

第五节　实践锻炼不可或缺

读书固然重要，但死读书肯定没有出息。如果一个人只会记诵书本，轻视实践，不懂实际生活，不但肯定不能成为治国治军的领导人才，不能成为出谋划策、运筹帷幄的谋划人才，甚至也

① （宋）魏泰：《东轩笔录》卷2："（王化基答曰）鞠咏之才，不患不达，所忧者气峻而骄。我故抑之，以成其德耳。"（余略）。

不能成为鉴古知今、通达事理的学者或者有所作为与创造的专家。古代所谓培养人才，主要是指培养治国理政人才。以培养治国理政人才而言，读书在于明理；而明理必以对现实社会的广见博闻、对实际生活的切身体会为基础，否则，即使对书本词句烂熟于心，也不能深刻理解，不能深切领悟，因而也就不能将书本知识转化为自己的知识和才能。实际上，只要具有一定的社会实践经验和实际生活经验，而不必凡事亲力亲为，那读书的效果就与死读书大不相同了；如果在有了一定知识和能力之后，再有目的地到实践中去进一步体会和锻炼，那就更是如虎添翼，学识和能力大增。

东汉王充在《论衡》里讲了这样一番道理，他说："齐地世代刺绣，普通妇女没有不会的；襄邑世代织锦，再笨的妇女也是织锦的巧手。天天看，日日做，手就熟练了。"又说："处理政务能力需要经验的不断积累，当然从事机关文案工作的文吏在前，而钻研学问的儒生在后，这是从朝廷的角度来看。如果从讲论儒学的角度来衡量，则儒生在上，而文吏在下。要说种田，那农民最棒；要说经商做买卖，则商人最能。"因此，一个人在某方面能与不能，就看他是干与不干。"读书人在各方面都很聪明，做各种事没有做不好的，只是有人不肯做罢了。""现在的将相，只认为自己的子弟在处理政务方面聪明，但不懂得他们是由于熟悉政务才显得有能力"，"不懂得儒生们是由于没有接触政务而显得笨拙"。[①] 王充在这段话里至少说明了两点意思：一是熟能生巧，

---

① （汉）王充：《论衡·程材篇》："齐部世刺绣，恒女无不能；襄邑俗织锦，钝妇无不巧。日见之，日为之，手狎之。""儒生材无不能敏，业无不能达，志不肯为。""科用累能，故文吏在前，儒生在后。是从朝廷谓之也。如从儒堂订之，则儒生在上，文吏在下矣。从农论田，田夫胜；从商讲贾，贾人贤。""今世之将相，知子弟以文吏为慧，不能知文吏以狎为能……不知儒生以希为拙"。

实践出能力；二是读书人固然聪明，但要做好某项事情，还须积极参与实践。

从实践锻炼的角度看，担任一个职务的时间不宜太短，尤其是一些需要积累知识和经验的职务更是如此。金世宗经常和大臣们在一起讨论用人问题，有一次金世宗问："我们的学士院（同其他朝代的翰林院）在出优秀人才方面，怎么大大不如过去呢?"右丞相张汝霖回答说："人才是需要培养的，如果能让他们在某种职务上得以久任，自然就可以得到这方面的优秀人才。"① 这话是有道理的，其他行政职务虽然不像翰林院那样需要久任，但任职时间也不宜过短，因为时间过短难以积累经验，也增长不了多少才干，只能是"镀金"而已。

由于看到了实践在人才成长中的重要作用，所以有人进而主张选拔担任重要职务的官员，应该是具有实践锻炼经历的人员。基本办法有两个：一是直接从实际工作的第一线选拔优秀人才担任重要职务；二是挑选素质条件好的优秀人才，安排到第一线进行锻炼，然后再任以重要职务。具体采用哪一办法，要根据拟任职务的工作性质、专业要求以及后备人员状况等具体情况而确定。

《韩非子·显学》里有一句为很多人所熟悉的话："明主之吏，宾相必起于州郡，猛将必起于卒伍。"表面意思是说，凡是英明君主，他任命的丞相一定是有在州郡工作的经历，他使用的猛将一定是从普通战士逐步提拔上来的。它所包含的意思是：有过基层工作经历的丞相才可能是合格的丞相；从士兵干起的将领才会是敢打仗、会打仗的将领。

唐太宗亲自发现并破格重用的大臣马周也提出过类似观点。

① （元）脱脱等：《金史》卷8，《世宗本纪下》："右丞张汝霖曰：'人材须作养，若令久任练习，自可得人。'"

侍御史马周向唐太宗上过一道奏疏，先是讲了刺史、县令的重要性，接着讲了如何重视他们的办法。他说："治理国家'以人为本'，要想使百姓安乐，关键是选好刺史、县令。"刺史、县令是当时两级地方长官，他们直接接触百姓事务，即所谓"临民治事"，他们的形象代表了朝廷形象。所以，"朝廷一定不能只重视中央官员的选拔使用，而对刺史、县令不上心，从而不重视对他们的选拔使用。"那么应该如何重视呢？马周说："自古以来郡守（汉代称郡守，唐代称刺史，都是中央所属的地方长官）、县令，都是精心选拔贤德的人来担任。而且，凡打算提拔担任将相的人，一定要先让他们去代理地方官接触百姓（古代称为"临民"）；或者直接从秩次为二千石的郡守中选拔入朝担任丞相及司徒、太尉。"① 丞相、司徒和太尉在汉代被称为"三公"，是当时最高的文武官员。选拔朝廷高官的办法有一种导向作用，强调朝廷高官必须有在地方工作过的经历，有两个效果：一是彰显了地方长官的重要性，同时也鞭策地方长官尽职尽责，更加努力，以争取担任朝廷大臣的机会；二是突出了实践锻炼的重要性，古人认为治国便是治民，作为一个高级官员来说，如果没有临民治事的经验，才能就不够全面。

为了培养全面人才，古代还提出了京官和地方官交流任职的办法。交流任职也就是给官员增加实践的机会，让官员经受全面锻炼。清顺治十年（1653 年），皇帝给吏部的谕旨说："国家任用官员，是中央和地方互相交流使用。在中央的官员，若

---

① （唐）吴兢：《贞观政要·论择官第七》："马周上疏曰：'理天下者以人为本，欲令百姓安乐，在刺史、县令……自古郡守、县令，皆妙选贤德，欲有迁擢为将相者，必抚试以临民，或以二千石人为丞相及司徒、太尉者。朝廷必不可独重内臣，外刺史、县令，遂轻其选。'"

已熟悉国家方针政策和法律制度，就可以由京官出任地方官；在地方的官员，若已熟悉地方的风俗和民情，就可以由地方官调任京官。只有中央和地方的困难挫折都经历过，才能产生真正的全面人才。”① 在中央和在地方工作的官员，他们所掌握的行政知识、行政能力各有所长，交流任职可以实现互补，知识和能力更加全面。古人能提出这样的用人思想，说明他们对人才成长规律已有相当深刻的认识。当然，交流任职的主要对象是有培养前途的人才，并不是大面积的互换，否则会大大增加行政成本，降低行政效率。

对于优秀人才的成长来说，实践锻炼不可或缺，但不是说凡经过实践锻炼者都会成为优秀人才。同是培养，同是锻炼，效果总是有所不同。培养锻炼，对于作为实施者的国家机构来说是主动行为，对于接受锻炼者来说便是被动行为。但具体到实际锻炼过程来说，却有被动接受锻炼和主动迎接锻炼的区别，其效果就大不一样。同样是到艰苦地区第一线，若接受锻炼者心怀为国为民之志，有意识地锻炼自己，往往态度积极，充分发挥主观能动性，再苦再累也心甘；但若处处为自己打算，患得患失，就会情绪低落，消极应付。实际上，绝大多数在“临民”第一线工作的人员，都是属于正常的工作安排，并不是以有意培养锻炼为目的的。在同样的环境条件下，能不能脱颖而出，成为优秀人才，往往决定于个人的志向、心态和勤奋程度。

历史上有很多名人，都经历过苦难岁月，遭受过重大挫折。这些不期而至的苦难和挫折，对承受者来说绝对不是一种有意培

① 《清朝文献通考》卷59，《选举十三·考课》：“（顺治十年）谕吏部曰：国家官人，内外互用。在内者，习知纪纲法度，则内可外；在外者，谙练士俗民情，则外亦可内。内外扬历，方见真才。”

养，但确实是一种逆境考验。面对逆境，有的心灰意冷，一蹶不振；有的则不甘沉沦，自强不息。孟子曾随口列举出舜、傅说、管仲、孙叔敖、百里奚等几位著名历史人物，指出他们都曾经是或出身微贱，受尽煎熬；或沦为俘虏、囚犯，备受侮辱。孟子因此总结出至今人们仍喜欢引用的名句："天将降大任于斯人也，必先苦其心志，劳其筋骨，饿其体肤，空乏其身，行拂乱其所为，所以动心忍性，曾益其所不能。"司马迁也一口气列举出众多身处逆境而写出不朽著作的著名人物，他说："盖文王拘而演《周易》；仲尼厄而作《春秋》；屈原放逐，乃赋《离骚》；左丘失明，厥有《国语》；孙子膑脚，兵法修列；不韦迁蜀，世传《吕览》；韩非囚秦，《说难》《孤愤》；《诗》三百篇，大抵贤圣发愤之所为作也。"司马迁以上述人物自励，自己虽受宫刑，忍受了不该承受的奇耻大辱，但最终写出了不朽的史学名著《史记》。

范仲淹在《岳阳楼记》里提出一种境界："不以物喜，不以己悲。居庙堂之高，则忧其民；处江湖之远，则忧其君。是进亦忧，退亦忧。然则何时而乐耶？其必曰：'先天下之忧而忧，后天下之乐而乐'欤！"可以说，立志成才者，只要有了这种境界，不但会在培养锻炼中脱颖而出，也会在逆境锻炼中成为优秀人才！